Katharine Hepburn

MOI

Histoires de ma vie

Traduit de l'américain
par Françoise CARTANO

PRESSES DE LA RENAISSANCE
37, RUE DU FOUR 75006 PARIS

Si vous souhaitez recevoir notre catalogue et être tenu régulièrement au courant de nos publications, envoyez vos nom et adresse en citant ce livre aux

Presses de la Renaissance
37, rue du Four 75006 Paris

et pour le Canada à

Édipresse
945, avenue Beaumont
Montréal H2N 1W3

Titre original : *Me - Stories of my life.*

ISBN 2-85616-608-3 H 60-3655-2

A mes parents

PROLOGUE

J'ai une amie qui ne cesse de me demander pourquoi j'écris ce livre. Surtout après avoir mille fois déclaré : non. Il s'agit de ma vie privée. Non, c'est un sujet que je refuse d'aborder. Pour quelle raison ai-je changé d'avis ? Je me le demande moi-même. Quelque chose m'a changée, moi. Il me semble — je dis bien il me semble, et je sais — que je me suis toujours vécue comme comédienne. Et il se trouve qu'au cours de ces dernières années j'ai vu cette « créature » — ma création — marquer un peu le pas et dire : « Eh bien, qu'est-ce qui se passe, qu'est-ce qu'on fait maintenant ? On est en train de laisser filer le temps, là. Il faut bouger ! »

Suffit ! Tu me fatigues. Terminé, de me cacher derrière toi. Et puis qui es-tu, d'abord ? Pas moi. Tu es « cette superbe poupée, grande et belle ». Tu es la face gagnante de la pièce. Celle qui est née au bon moment. Avec le bon physique. Le bon tout. Tu as eu de la chance. Les choses ont bien marché pour toi et tu es devenue riche. Parfait. Tu as profité de la vie et je suis contente pour toi. Maintenant, c'est moi qui prends la relève.

Qu'est-ce que tu racontes ? Qui je suis ?

Je suis moi, tout simplement — ce que l'on appelle le pouvoir caché derrière le trône. Je suis ton — ton personnage. Ce n'est pas ainsi que l'on dit ? La voix qui te souffle : « Fais ceci », « Ne fais pas cela. » Ta référence.

Je mène ta barque. Toi, tu es la barque. Tu commences à

prendre de l'âge et je risque de ne plus pouvoir te vendre aussi aisément que par le passé.

Ton pied droit n'est pas si flambant que cela. Je veux dire qu'il te fait souffrir. En 1982, tu as percuté ce poteau télégraphique. Vraiment pas malin ! Sous prétexte de faire des commentaires brillants sur ce chantier naval qui se trouve juste à l'extrême sud-est de Saybrook Point. Écoute — d'accord, ça fait mal ! Mais tu as quand même échappé à l'amputation. Oui, bien sûr, tout ton corps s'est trouvé déséquilibré par le choc — et maintenant, tu as aussi des douleurs dans le dos.

Enfin ! À quoi tu t'attends ? Tu as toujours pris ton corps pour un fait acquis. Tu as bien de la chance d'avoir été dotée d'un corps résistant, pour commencer. Oui, les deux opérations de l'épaule — les capsules, ils appellent ça, n'est-ce pas ? Et puis, bien sûr, la hanche droite est une prothèse. Une histoire qui remonte à quand, déjà ? 1973 — voilà qui fait un bail. Bref, tu as de la chance : cette opération a été une réussite parfaite. Bon sang ! La veine que tu as ! Tu vois clair ! Tu entends bien ! Tu peux faire du vélo ! Jardiner ! À genoux, d'accord, mais c'est une position reposante, non ? À genoux !

De toute façon, c'est là que j'interviens — moi, ton personnage. Je ne crois pas que tu aies jamais eu conscience de la commodité que je t'offrais. Toujours là. Je vais te dire ce que cela représente : je suis ton soutien lorsque tu fais le mauvais choix — et que le projet où tu es embarquée ne marche pas. Je suis là pour tenter de t'expliquer les choses.

Tu sais ce que je suis, en réalité ? Je suis le principal cadeau que m'aient fait mes parents. Et lorsque cette réponse m'est apparue, j'ai su en même temps pourquoi j'avais été prise de l'envie soudaine d'écrire ce livre. Je désirais trouver la vraie raison cachée derrière le masque. Cette parcelle de fibre qui peut être développée en chacun de nous, elle est là, présente, qui attend d'être sollicitée. Voilà ce qui d'un coup m'a frappée. Comment avais-je réussi à faire fonctionner le tout ? Où avais-je puisé assez d'intelligence pour survivre à l'aventure théâtrale du *Lake* et au premier échec de ma carrière cinématographique — la période des box-offices catastrophiques ? Comment m'étais-je forgé une telle dose d'utile bon sens ? Parce que c'est cela qui permet de ne pas sombrer. Tu avais assez d'argent pour prendre les choses du bon côté, diras-tu. Certes. Mais l'argent ne suffit pas. Je ne risquais pas de crever de faim, mais j'aurais pu être laminée.

Il faut trouver l'erreur que l'on a commise et redresser le tir.

The Lake — par exemple. J'ai accepté que le metteur en scène, Jed Harris, me dicte ce que j'avais à faire. Je savais que j'étais en train de me laisser marcher sur les pieds, et je ne me suis pas rebiffée. Je n'ai pas dit : « Écoutez, c'est sur moi que repose ce spectacle, et si vous faites de moi un personnage falot, je serai un personnage falot. » Ce qui s'est passé.

L'histoire du *Lake* et de ma survie a été déterminante pour moi. J'ai appris à assumer, à dire : « Adressez-moi les reproches. C'est moi qui suis responsable. »

Quant au cinéma, même chose. Par une sorte de comparable naïveté, j'ai été amenée à dire « Oui, d'accord » au lieu de « Non, cela ne me convient pas ».

Apprendre à assumer ses responsabilités — nous devons tous en passer par là.

Nous y voilà. Il faut être à la hauteur de ses possibilités.

Mais comment y parvenir ? Ne voyez-vous donc pas ce que je suis en train de faire, et pourquoi ? J'écris l'histoire de ma vie. J'y ai été contrainte. Que puis-je faire d'autre ? Je dois dire que c'est la raison probable qui conduit tout le monde à écrire sa vie.

Il est sacrément loin, le temps où je dévalais l'escalier, dans *The Warrior's Husband*, avec un cerf sur les épaules. J'étais à mille lieues d'imaginer alors qu'un jour viendrait où j'hésiterais devant des marches en me demandant si j'étais capable de les descendre sans me flanquer en bas du fichu escalier. Ce que c'est la « vie » !

Mais venons-en à MOI.

Je suppose qu'il me faut tenter d'admettre que j'ai fait le plus extraordinaire usage de ce corps — ce dos, ces jambes, etc. Je les ai soumis aux traitements les plus rudes et ils ont accompli des exploits. Je ne peux certes pas les blâmer de s'être un peu raidis. Ils m'ont rendu de fiers services. Ils sont fatigués.

Alors laisse-nous un peu de répit, Kath — tu entends ? Du répit. Lève le pied.

Et réjouis-toi d'avoir encore un pied à lever...

ÉCRIS UN LIVRE !

Première Partie

Les parents

Avant de vous parler vraiment de moi, j'aimerais vous parler, ou du moins vous donner une idée du monde dans lequel je suis née. Mes origines. Mon milieu. Je fais bien sûr allusion à ma mère, — à mon père. Mes parents.

Ma mère est morte alors que j'avais la quarantaine passée.

J'avais plus de cinquante ans quand mon père nous a quittés. Je les ai donc eus à... Bref, ils ont été présents en permanence pendant quarante ans — à mes côtés. Je les ai eus à moi.

J'étais dans cette pièce.

Avec Papa à gauche de la cheminée.

Maman à droite de la même cheminée.

Thé à cinq heures tous les jours.

Le monde dans lequel je suis née, c'est eux.

Eux mes origines, mon milieu.

Ma mère :

Katharine Martha Houghton est née le 2 février 1878. Fille de Caroline Garlington et de Alfred Augustus Houghton, son époux.

Alfred Houghton était le frère cadet d'Amory Houghton, le patron de la Corning Glass Company. L'entreprise avait vu le jour à Cambridge, puis avait déménagé à Brooklyn, pour finir à Corning. La première femme d'Alfred était morte en lui laissant une fille, Mary. Il épousa ensuite Caroline Garlington. Ils eurent ensemble trois filles — Katharine, Edith, Marion.

Alfred et sa femme formaient un couple heureux. Ils jouissaient d'une situation financière confortable. Pas riches. Pas pauvres. Lui jouait du violon, elle du piano. Ils s'intéressaient à Robert Ingersoll, le « grand agnostique », et assistaient à toutes ses conférences. Ils avaient déserté l'Église officielle. Alfred avait environ vingt ans de plus que Caroline. Apparemment, il entretenait des relations compliquées avec son aîné Amory Houghton. Amory l'avait congédié de l'usine de verre parce qu'il était toujours en retard. Alfred dirigea alors une autre usine, la Buffalo Scale Works. C'était une nature plutôt cyclothymique, sujette à de sérieux accès de dépression. Pendant une de ses périodes dépressives, alors qu'il était venu rendre visite à Amory à Corning, il disparut. On le retrouva mort d'une balle qu'il s'était tirée dans la tête, sur la voie ferrée. Pas de lettre — rien.

Caroline s'est donc retrouvée seule avec ses trois filles à élever. Et puis on a découvert qu'elle était atteinte d'un cancer à l'estomac. Caroline se savait condamnée à relativement brève échéance. Sa hantise était d'abandonner ses filles à l'éducation d'une famille qu'elle jugeait désespérément réactionnaire. Elle désirait que ses filles fassent des études. Elle visita donc Bryn Mawr College avec ma mère et prit des dispositions pour y inscrire Maman tandis qu'Edith et Marion seraient pensionnaires dans l'institution dirigée par Miss Baldwin, à deux pas ou presque de l'université.

À la mort de leur mère, Katharine avait seize ans, Edith quatorze, et Marion douze. Katharine reprit le flambeau maternel concernant leur avenir. Elle voulait faire des études, à Bryn Mawr. Elle entendait aussi mettre ses jeunes sœurs dans le droit chemin et ne pas accepter la férule de l'oncle Amory. De son côté, l'oncle Amory avait l'habitude que ses volontés soient exécutées. Il estimait qu'une fille devait rester une fille, que l'on envoyait apprendre les bonnes manières dans un pensionnat pour jeunes filles de bonne famille afin d'en faire une dame. Et voilà que ces filles voulaient faire des études — être indépendantes. La situation était bloquée.

Les filles ne sortirent victorieuses qu'après le coup du tuteur imaginé par Maman et qui coinça définitivement l'oncle

Amory. Avant cela, les « petites » furent confiées aux soins successifs des divers membres de la famille, « à l'essai » pourrait-on dire.

Elles arrivaient bien résolues à se montrer gentilles et charmantes MAIS terriblement bruyantes. Elles sautaient à pieds joints sur le plancher juste au-dessus du salon. Elles communiquaient entre elles par cris et hurlements. Bref, tout le monde n'avait d'autre hâte que de se débarrasser d'elles.

Et puis Maman s'avisa qu'elle était en âge de désigner elle-même son tuteur. L'oncle Amory avait la charge de gérer ses biens, mais il n'était pas son tuteur légal. Elle menaça de choisir un de ses ennemis intimes et, lui forçant ainsi la main, obtint gain de cause. Elle partit à Bryn Mawr, ses cadettes pour l'institution Baldwin avant de rejoindre l'une et l'autre Bryn Mawr.

Pour vous donner une toute petite idée de l'atmosphère dans laquelle grandit Maman, je reproduis ici une lettre adressée par le même oncle Amory à sa nièce, en 1904. Elle en dit long sur cet oncle qui tenait les cordons de la bourse.

Corning, N.Y., le 4 février 1904.

Chère Katharine,

Je reçois ta lettre en date du 1er février et note que tu as, au cours des sept années écoulées, emprunté de l'argent auprès de Miss Mary Towle, jusqu'à atteindre une somme se montant aujourd'hui à mille dollars, compte non tenu des remboursements que tu as déjà effectués sur ton salaire. Tes revenus ont toujours été confortables, et tu n'aurais jamais dû te trouver dans la nécessité d'emprunter, Mary Towle commettant d'ailleurs une grande erreur en acceptant de te faire des avances d'argent. Mon opinion te concernant n'a guère varié : tu es pour moi dépensière, menteuse, malhonnête, dénuée de qualités. Ainsi donc tu as dilapidé des milliers de dollars sans honorer les dettes que tu avais contractées. Mais je ne te pense pas capable de comprendre tes propres erreurs. Et puisque tu acquittes aujourd'hui ta dette envers Mary Towle, tu pourrais peut-être envisager de solder les diverses autres dettes dont tu es débitrice. Lorsque tu verras Tom, dis-lui je te prie qu'il ne pouvait prendre pire décision.

Je te joins un chèque de mille dollars et débite la même somme de ton compte. Je veux croire que tu endosseras ce chèque en portant au dos la mention — payable à Mary R. Towle, suivie de ta signature, Katharine M. Houghton, et que tu enverras le tout à Mary R. Towle.

Avec un profond écœurement,
Ton oncle affectionné,
A. Houghton, Jr.

Tu étais encore une petite fille que tu réussissais à aller à Buffalo acheter je ne sais quelle fanfreluche sans permission (marchandise rendue, du reste) et ton père a fait ce commentaire : « Kathie a une cervelle d'oiseau. » C'est exact. Kathie a une cervelle d'oiseau ; elle a toujours eu une cervelle d'oiseau et l'aura sans doute jusqu'à la fin de ses jours.

Caroline Garlington avait trente-quatre ans quand elle est morte. Elle devait avoir une très forte personnalité. Ma mère parlait beaucoup d'elle : sa beauté, sa force de caractère — la détermination qu'elle mit à assurer à ses filles une éducation poussée et leur indépendance par rapport à la Corning Glass Company du très autoritaire Amory Houghton. Elle avait un seul credo : Faites des études ! Allez à l'université !

Aujourd'hui encore, je garde l'image de ma mère comme elle se dépeignait, assise à côté de sa propre mère. Sa mère était très jolie. Et je sentais l'énorme influence qu'elle avait dû exercer sur celle qui était l'aînée de ses trois filles. Ainsi ma mère fut-elle celle qui reçut en héritage la puissante philosophie de George Bernard Shaw :

« Voici la vraie joie de ma vie : être l'outil d'une cause que l'on tient pour essentielle ; être usé jusqu'à la corde avant de se voir jeter au dépotoir ; être une force de la nature ; et pas une petite boule de maux et doléances, se plaignant sans cesse que ce monde n'ait pas pour seul souci d'assurer son petit bonheur. »

Ne t'avoue jamais vaincue.
Lutte pour ton avenir.

L'*indépendance* est la seule et unique solution.

Les femmes valent bien les hommes.

En avant !

Tu n'es pas très riche mais tu possèdes un *esprit indépendant*. Le savoir ! Les études... Ne renonce jamais ! Creuse ton propre sillon.

Ne te plains pas.

Ne gémis pas.

Pense de façon positive.

Ma sœur Peg raconte qu'un jour elle pleurait seule dans son coin parce que Marion et une camarade refusaient de jouer avec elle. « Je les comprends, a dit Maman. Tu es une pleurnicheuse. »

Peg a compris la leçon. Elle s'est mise à prendre les choses du bon côté.

Peg : « Untel ne m'aime pas. »

Maman : « Eh bien, s'il s'agissait d'un homme de goût, il t'aimerait. Et si ce monsieur n'a aucun goût, pourquoi aurais-tu envie de lui plaire ? »

Un jour, pendant qu'elle était à Bryn Mawr, Maman eut besoin d'argent. La seule chose qu'elle trouva fut une étudiante cherchant des cours de trigonométrie. Elle était nulle en trigo. Elle a pris les manuels, contacté la fille, et pendant six semaines elle a gardé deux leçons d'avance sur son élève. À la fin du semestre, la fille était reçue, et Maman aussi.

Mon père :

Docteur Thomas Norval Hepburn. Né le 18 décembre 1879. Fils du révérend Sewell Snowden Hepburn et de Selina Lloyd Powell, son épouse.

C'était le benjamin de tous les enfants. Les autres s'appelaient Charles, Lloyd, Sewell et Selina. La famille vivait en Virginie et possédait également une ferme à Still Pond, dans le Maryland. Cette ferme est toujours dans la famille. Elle a pour nom « Delight » (Délice). La mère de mon père appartenait à la très distinguée famille Powell. À l'instar des autres grandes familles du Sud, les Powell étaient sortis sensiblement appauvris de la guerre civile. Papa avait une adoration pour sa mère. Ils étaient très proches et, à travers elle, il nourrit une haute estime pour le sexe féminin. Elle fut son idéal — une battante mue par des principes élevés. Elle croyait fort aux vertus de l'instruction.

Grand-père était pasteur de l'Église épiscopale. Il ne gagna jamais plus de six cents dollars par an.

Côté maternel, les Powell représentaient une prestigieuse lignée qui s'était établie très tôt en Virginie. Papa fréquenta le Randolph-Macon College en Virginie où il obtint une licence, puis une maîtrise. Il partit ensuite faire sa médecine au Johns Hopkins Hospital de Baltimore. Là-bas il fit la connaissance de la sœur de ma mère, Edith. Ils pratiquaient l'un et l'autre l'escrime pour garder une activité physique.

Papa et Maman se rencontrèrent chez Edith. Cette rencontre eut un effet décisif sur Maman qui, complètement fascinée, prit un poste d'enseignement sur place pour ne pas lâcher sa proie. Ils commencèrent à se fréquenter assidûment. Elle avait l'impression que Papa s'intéressait beaucoup à elle, mais il ne se déclarait pas. Elle en vint à penser qu'il la menait en bateau. En désespoir de cause elle finit par dire un jour : « Vous savez, ce qu'il y a d'extraordinaire dans notre relation, c'est que le jour où l'un de nous deux se mariera, cela ne changera rien entre nous. »

Indignation de Papa : « Comment pouvez-vous dire une chose pareille ? Si je ne vous épouse pas, je n'épouserai jamais personne. »

Maman : « Suis-je censée prendre cela pour une demande en mariage ? »

À quoi Papa répondit que cela faisait maintenant six mois qu'il ne faisait pas autre chose. Elle s'attachait trop à la lettre et pas assez à l'esprit. « Je vous croyais plus perspicace ! »

Edith abandonna ses études en médecine et épousa le Dr Donald R. Hooker, avec qui elle s'installa à Baltimore.

Papa reçut plusieurs propositions de postes très intéressants dans divers hôpitaux de New York, mais il estimait que la vie n'y avait rien d'idéal. Lui et Maman se marièrent et partirent s'établir à Hartford, Connecticut. Ils désiraient fonder une grande famille. L'un et l'autre se passionnaient pour l'amélioration de la condition des hommes et des femmes.

Au début, mes parents habitèrent juste en face de l'hôpital de Hartford où Papa assura les fonctions d'interne, puis de médecin résident. Les médecins résidents étaient censés dormir sur place, à portée de sonnette. Papa avait trouvé une maison dans Hudson Street, la rue de l'hôpital, sur le trottoir d'en face. Il bricola son propre système de sonnette. Comme il était très fort en course à pied, il n'est jamais arrivé en retard, et ne s'est jamais fait prendre.

Le temps passa et Maman se promenait un jour dans le parc. Tom, son fils aîné, marchait à côté d'elle, et moi, Kathy, j'étais dans ma poussette. « Et voilà, songea-t-elle, je suis la mère de deux bambins adorables, l'épouse d'un homme beau et brillant, promis à une grande carrière. Mais moi, là-dedans, moi, qu'est-ce que je deviens ? Est-ce là mon seul avenir, ma seule raison d'être ? Il doit bien y avoir autre chose. J'ai une licence, et même une maîtrise. »

Elle rentra chez elle un peu perplexe, et Papa arriva comme une tornade en disant : « Regarde un peu le journal, là. Une certaine Emmeline Pankhurst prend la parole ce soir à propos des femmes et du droit de vote, si... » Ils assistèrent à la réunion. Papa s'était manifestement rendu compte que Maman commençait à étouffer dans le cadre où elle était confinée. Il avait trouvé la solution. Maman devint la présidente de l'Association des suffragettes du Connecticut.

Les femmes.

Leurs problèmes.

Le droit de vote.

La prostitution.

La traite des Blanches.

Les grossesses des adolescentes.

Les maladies vénériennes.

Les vastes réunions publiques.

Elles révélèrent nombre de problèmes à la conscience des gens de Hartford :

« Connaissiez-vous l'existence d'un important hôtel de passe, juste à côté du poste de police ? »

« Saviez-vous qu'un enfant s'était noyé dans une fosse d'aisances ouverte à telle adresse ? »

Maman prit un stand à la Foire du Connecticut, avec un bidon de gaz pour gonfler des ballons. Des ballons violets, blancs et verts portant le slogan « DROIT DE VOTE POUR LES FEMMES ». Je devais avoir huit ans. Je gonflais les ballons que j'attachais au bout d'une ficelle de six pieds, puis je sortais dans la rue et je me lançais à la poursuite d'un malheureux visiteur venu pour la fête foraine, et je le harcelais jusqu'à ce qu'il accepte de prendre un ballon, de bon ou de mauvais gré. D'une voix plus qu'insistante, je scandais : « Droit de vote pour les femmes, tenez, prenez, droit de vote pour les femmes », et ils prenaient.

Quand les hommes étaient conviés à s'exprimer par vote, les suffragettes installaient systématiquement leurs propres bureaux de vote, juste à côté des urnes officielles. Elles mettaient un grand panneau annonçant (une idée lumineuse de Papa) : BUREAU DE VOTE RÉSERVÉ AUX FEMMES, AUX DÉBILES, ET AUX CRIMINELS. Maman était une des oratrices vedettes. Elle était vive, drôle et constituait une preuve vivante que les femmes n'étaient pas des demeurées et méritaient le droit de vote.

Oh ! j'oubliais. Le premier jour de la grande semaine « C'est arrivé à Hartford », Maman fit faire une photo de la fosse d'aisances où s'était noyé un enfant. Elle porta ensuite le cliché au *Courant* (le journal local) avec un article relatant l'accident. Eh bien, croyez-le si vous voulez, ils ont publié le tout, sans y prêter attention. Naturellement, l'article avait disparu dans la seconde édition.

Papa reçut un jour un patient désirant s'assurer que tout allait bien et qu'il pouvait se marier sans problème. Il était en parfaite santé. Dix mois plus tard, il amène son épouse. Elle souffrait de blennorragie purulente grave avec péritonite. Et elle en mourut. Papa découvrit que la veille des noces, pour enterrer sa vie de garçon, le fiancé et ses copains s'étaient soûlés et avaient terminé la soirée dans un bordel. Le futur avait attrapé une blennorragie qu'il avait transmise à sa femme. Ainsi commença le combat de Papa pour la création d'un Bureau d'hygiène sociale de Nouvelle-Angleterre (afin d'informer le grand public sur les maladies vénériennes et leur prévention).

Il alla trouver le Dr Eliott, de Harvard. Il voulait lui demander d'accepter la présidence du mouvement. Il sonna donc à son domicile et pria le maître d'hôtel de remettre au Dr Eliott le rapport qu'il avait rédigé sur le projet. Eliott descendit aussitôt et dit qu'il venait de recevoir un courrier du président des États-Unis lui confiant la charge d'ambassadeur en Angleterre, mais il estimait que la proposition de Papa était plus importante. C'est ainsi qu'Eliott devint le premier président du Bureau d'hygiène sociale de Nouvelle-Angleterre.

Il y eut une réunion extrêmement controversée au Parson's Theatre. C'était en 1912. Le but de la manifestation était de faire connaître les terribles méfaits des maladies vénériennes et de la prostitution. De la traite des Blanches. D'envisager des solutions. Maman avait persuadé le maire de l'époque, Edward Smith, de présider les débats. Plusieurs spécialistes éminents des maladies vénériennes devaient prendre la parole :

Le Dr Robert M. William de Philadelphie — autorité reconnue en la matière.

Le Dr Edward Janney.

Clifford Roe, de Chicago-Baltimore, pour ses travaux sur la prostitution.

Venaient ensuite des enquêteurs spécialisés dans la traite des Blanches.

Les journaux très conservateurs — *The Hartford Courant* et le *Hartford Times* — traînèrent le projet dans la boue. La Connecticut Equal Franchise League (qui militait pour le droit de vote pour tous) soutint activement la manifestation. L'opposition était violente. Au 133 Hawthorn Street, le téléphone sonnait sans interruption. Le maire tenta sans y parvenir de se dégager de la présidence des débats. Le slogan de Papa, « La Vérité est libératrice », s'affichait partout sur des calicots. Le grand soir arriva enfin. Papa emmena les orateurs au Parson's Theatre en voiture. Pendant le trajet, il creva un pneu arrière. Il ne s'arrêta pas et continua de rouler sur la jante — il ne s'arrêta pas parce qu'il n'osait pas. Les ouvreuses étaient des femmes en tenue d'infirmière ou en toge universitaire. Les foules qui se pressaient dedans et dehors étaient gigantesques.

La manifestation fut un succès fantastique et l'on fit force compliments à mes parents pour le mal qu'ils s'étaient donné. Janvier 1912. Une grande première qui porta ces problèmes sur la place publique. Socialement, mon père et ma mère furent étiquetés. Snobés par certains, ils étaient portés aux nues par d'autres. La lutte continua et nous savons tous, bien sûr, qu'« ils avaient raison ».

En 1917, Maman quitta la présidence de l'Association des suffragettes du Connecticut pour adhérer au Parti national des femmes d'Alice Paul, nettement plus offensif. Elles gagnèrent le droit de vote en 1920.

Ce fut ensuite la croisade pour le contrôle des naissances. Élevés dans une pareille atmosphère, Tom et moi étions habitués à être utilisés dans les manifestations et habitués aussi à essuyer de fort subtiles rebuffades. Et puis les rebuffades finirent bien entendu par cesser, et l'on se mit à nous aimer beaucoup parce que nous étions les enfants de gens très tournés vers l'avenir. De sorte que non seulement nous avions nous aussi la plus grande admiration pour nos parents, mais nous ne tardâmes pas à prendre conscience du fait que nous étions les rejetons de deux êtres remarquables.

Et ces deux-là étaient effectivement stupéfiants. La porte de notre maison était ouverte en permanence. Entrez donc .. Expliquez-nous cela... Restez dormir ici... Partagez notre déjeuner... Mais non, mais non, nous avons toujours de la place.

Et je me dis : combien vous me manquez, tous les deux. J'avais l'habitude de me tourner vers vous. C'était le paradis. Pouvoir toujours me tourner vers vous, dans le malheur ou dans la joie. Vous étiez là : forts — drôles. Deux rocs. Vous avez tant fait pour moi ! Quelle chance d'être un enfant de l'amour et de vivre dans un climat de chaleur et d'attention.

Je regarde la maison où je vis — ici, chez moi. Tapis d'Orient. Meubles anciens : rustique anglais et français. Toujours du feu dans la cheminée. Un parfum de cendres. Brassées de fleurs des champs dans les vases. En ce moment — juillet —, profusion de millefeuilles (blanches, roses), de fleurs de carotte sauvage (blanches), de laiterons (orange et rouge). Salicaires — grappes pourpres. Merveilleuse rigueur. En plus de toutes les fleurs du jardin — les fleurs des champs. Chaque dimanche, quand nous étions enfants, nous allions herboriser.

Je me rappelle les promenades, à Hartford surtout. Papa nous entassait tous dans la voiture. Serrés comme des sardines dans la vieille Maxwell — sans portières. Et la vieille Reo, immense ! Avec les deux petits strapontins à l'arrière, deux places supplémentaires en plus de la grande banquette noire. Les adultes montaient toujours devant. Et hop ! qu'il pleuve ou qu'il vente, on partait. Direction les lacs de barrage, les forêts, les montagnes.

Je me souviens de ce pauvre Sinclair Lewis, qui habita à Hartford pendant qu'il écrivait *Arrowsmith* (au début des années vingt, sans doute), essayant de grimper à un arbre. En vain. Il était tout sauf athlétique, le futur Nobel de littérature.

Mais j'ai une merveilleuse anecdote, concernant Sinclair Lewis.

Lui et sa femme Gracie vinrent s'installer à Hartford dans une maison un peu à l'écart de Prospect Avenue. Une petite rue. J'ai oublié le nom. Toujours est-il que les gens allèrent les saluer, évidemment. Un jour, Maman se trouvait à une soirée et Sinclair Lewis s'est approché d'elle.

« Pourquoi n'êtes-vous pas venue nous rendre visite ? »

Maman l'a regardé, lui a souri.

« Qu'à cela ne tienne. Rentrez chez vous tout de suite et je viendrai vous rendre visite. »

Sinclair Lewis est parti. Maman est allée sonner à sa porte.

De retour à la maison, elle a raconté à Papa que les Lewis étaient des gens formidables et qu'elle les avait invités à dîner le vendredi suivant. Puis elle a ajouté : « Tu sais qu'il boit beaucoup... je pense qu'il faudra prévoir de l'alcool — du scotch. »

C'était pendant la prohibition. Papa refusa d'acheter du whisky. Maman était au désespoir. Et Papa de demander à brûle-pourpoint :

« Quel est son numéro de téléphone ? »

Maman le lui donna.

Papa appela aussitôt.

« Mr. Lewis, si vous devez absolument vous soûler demain soir pour supporter notre compagnie, je vous conseille d'apporter vos propres munitions. »

Le plus drôle de l'histoire est que jamais il n'a bu la moindre goutte d'alcool, rien, chaque fois qu'il est venu à la maison.

Notre amitié a duré des années.

Oh ! je voulais vous dire autre chose. L'autre jour, je faisais le poirier, et je me suis dit qu'il devait être assez inhabituel, pour une personne de mon âge, de se livrer à ce genre d'exercice. Je monte cette position d'un seul élan et je suis capable de la tenir trois ou quatre minutes de rang. Je pose la tête sur mes deux mains jointes et ce sont mes avant-bras qui me permettent de maintenir l'équilibre. Je me suis rendu compte que je repose pratiquement sur le front.

Et puis j'en suis venue à me demander ce qui avait bien pu m'inciter à faire si souvent le poirier. Et j'ai pensé à Papa et à tous les tours que sa nature athlétique nous enseigna.

Je savais marcher sur les mains. Faire les reins cassés et avancer à quatre pattes dans cette position. Je savais exécuter des sauts de mains. J'étais capable de faire un saut périlleux en me lançant des épaules de Papa. À partir d'un plongeoir, j'arrivais à faire un tour et demi. Un demi en plongeon arrière. Un jour Papa a dit qu'il aimerait me voir faire un départ couru sur le tremplin et entrée dans l'eau les pieds d'abord, pointes tendues, et les bras levés à la verticale. J'ai essayé et fait un gigantesque plat sur le dos qui m'a laissée K.O. Mais l'important était d'avoir essayé. Nous étions capables d'utiliser notre corps comme un instrument. Monter. Descendre. Sauter.

Il était très amusant de réussir à faire toutes ces choses. Nous avons beaucoup ri tout en ayant le sentiment d'accomplir des exploits, au cours de notre petite enfance. Merci Papa.

Oh ! Papa — toutes ces fleurs dans les bois — et dans les monts Talcott — tu t'en souviens ? Sabots-de-la-Vierge. Trilliums (rouges, blancs). Laurier-rose, primevère, ancolie. Épigée rampante. Le premier qui trouvait une fleur d'épigée rampante gagnait quelque chose. Ce n'était pas tâche facile. Une petite fleur délicate — cachée par des espèces de feuilles sèches —, très jolie, sentant très bon.

Que puis-je dire de plus ? J'ai eu de la chance de les avoir pour parents. Ils étaient très amoureux. Papa avec ses cheveux roux et son caractère vif. Certains disent que je lui ressemble. J'espère que c'est vrai, et j'en suis fière. Maman, avec sa réelle compréhension des choses de la vie. Elle adorait Papa. Elle nous adorait tous. Elle avait de la profondeur. De l'esprit. Certains disent que je lui ressemble. J'espère que c'est vrai, et j'en suis fière. Ils aimaient beaucoup lire à voix haute — Shaw, Emerson, O'Neill. Ils ont accepté tous les cadeaux de la vie. Sans rechigner. Avec un bel appétit. Ils avaient le sens des vraies valeurs — ils étaient doués pour le bonheur.

Mon père et ma mère ont eu six enfants :

Tom — né le 8 novembre 1905 ;

Kath — née le 12 mai 1907 ;

Dick — né le 8 septembre 1911 ;

Bob — né le 4 avril 1913 ;

Marion — née le 24 avril 1918 ;
Peg — née le 17 mai 1920.
Nous formions une famille heureuse.
Nous formons toujours une famille heureuse.

Papa et Maman ont été des parents parfaits. Ils nous ont élevés dans un grand sentiment de liberté. Avec eux, PAS DE RÈGLES. Il y avait simplement des choses que nous faisions, d'autres que nous ne faisions pas parce qu'elles risquaient de nuire à autrui.

Nous étions proches, et nous sommes restés proches.

Nous formions une grande famille. Enfants, il y avait Tom et moi, Dick et Bob — et puis Marion et Peg. Comme vous le voyez, je suis nettement plus vieille que mes sœurs. Pour elles j'étais comme une adulte. Elles avaient onze et treize ans de moins que moi — elles auraient presque pu être mes filles.

Bob et Dick étaient plus proches — mais c'étaient des garçons. Quand je suis allée à l'université, à dix-sept ans, ils avaient dix et douze ans. De sorte que nous n'avons jamais été à égalité — il y avait mes parents, moi et Tom, et puis les enfants.

Quand ils étaient petits, ils venaient me voir à New York. J'avais l'impression qu'ils étaient mes enfants. Je les faisais s'habiller correctement, et je les emmenais au théâtre, au cinéma, dans les musées, partout. Maman s'est occupée personnellement de leurs études quand l'argent est devenu moins évident, au début des années trente. C'était une pédagogue merveilleuse, et les filles l'adoraient. Moi, j'étais une sorte de tata riche, et nous nous amusions comme des folles. On visitait, on se lançait dans des aventures. Je suis sûre que c'est la raison pour laquelle je n'ai jamais eu d'enfants à moi.

Les parents que j'ai connus n'ont certainement pas été les mêmes que ceux qu'ont connus Marion et Peg — et ni Dick ni Bob n'étaient traités à égalité avec moi. C'étaient des gamins. Comme je viens de le dire, j'ai eu l'expérience de la maternité, sans les contraintes qui y sont attachées.

Quand ils ont grandi et qu'ils se sont mariés, nous sommes restés très proches. J'ai eu cette chance — après la mort de mes parents — d'avoir toujours mes sœurs, plus les jumelles de Peg et les trois enfants de Marion, et à un degré à peine moindre, mes frères Bob et Dick et leur petite famille. Chez nous la famille comptait beaucoup et compte toujours beaucoup. Leurs problèmes sont aussi les miens, et réciproquement. Nous sommes une espèce de « clan » qui forme bloc. N'est-ce pas merveilleux ? J'ai le sentiment d'avoir de la chance. Je me sens aimée, je me suis toujours sentie aimée.

Marion est morte de façon très brutale alors qu'elle avait dans les soixante-dix ans. Nous en avons tous ressenti un grand choc. Nous avions vécu dans l'idée que les choses ne changeraient jamais. J'ai poussé son mari Ellsworth Grant à se remarier très vite. Marion et lui se connaissaient depuis toujours et s'étaient mariés à vingt ans. Il n'avait jamais vécu seul. Il a trouvé Virginia Tuttle. Tout va bien.

Je n'ai pas de détails à raconter concernant mes frères et sœurs. Ils font tellement partie de moi que sans eux, je le sais, je n'aurais jamais pu être moi. Ils sont ma « boîte » — ma protection. Chaque jour et chaque nuit de ma vie, je ressens l'absence de Maman, celle de Papa et celle de Marion.

Hartford

Je suis donc née le 12 mai 1907, malgré tout ce que j'ai pu prétendre par ailleurs. À Hartford, dans le Connecticut — au 22 Hudson Street, qui se trouvait à l'époque juste en face du Hartford Hospital. La rue n'existe plus. L'hôpital l'a dévorée. Papa avait alors terminé son internat et n'était plus tenu de vivre dans l'hôpital même.

Hartford est la capitale du Connecticut. C'est une ville charmante, pleine de parcs, de montagnes, d'ormes, avec quelques belles maisons anciennes — idéale pour le ski et le patinage en hiver, chaude en été.

Très peu de temps après ma naissance, nous sommes allés nous installer au 133 Hawthorn Street. La maison avait une cheminée, sur laquelle était gravée la phrase : « Écoute la chanson de la vie ». Il s'agissait d'une ravissante construction de style début victorien, avec trois pignons dont celui du centre était le plus élevé. De la brique, peinte, avec des ornements noirs ouvragés. Vous aurez une idée en regardant la photo (voir photo). 1840. Elle aussi a disparu. Elle se trouvait juste après l'usine électrique Arrow, du côté est. Du côté ouest, juste avant Forest Street, des dénommés Bennett construisirent une maison, qui faisait l'angle des deux rues. Ils firent aussi construire un court de tennis en ciment et devinrent des amis très intimes. À l'extrémité sud de notre propriété, il restait une trace de court en terre battue. Nous disposions en fait d'un terrain plutôt long et très large, avec un cours d'eau qui longeait le mur de l'usine, tout au bout d'une sorte de bosquet — de pins et de sapins-ciguës essentiellement — et un grand rosier grimpant qui courait sur la limite ouest. Devant la propriété, l'allée qui menait à l'entrée dessinait un vaste cercle. La maison se trouvait en retrait d'une bonne vingtaine de mètres par rapport à la rue. L'hiver, quand il y avait beaucoup de neige, nous construisions un haut mur de neige, très épais, autour de ce cercle. Il s'ensuivait de rudes bagarres. On aurait dit une forteresse féodale.

La pelouse, généreuse, courait jusqu'à la voie ferrée. Près de cette voie ferrée, c'était Brownie Park. Aujourd'hui, la route nationale a tout dévoré. Il y avait une très jolie pièce d'eau, dans Brownie Park. Et beaucoup de rats. Je crois que les rats savent nager. Nous avions un radeau sur l'eau. Une haie de rosiers Paul Scarlet servait de clôture ouest à la propriété. La partie est se terminait par un ravin, avec beaucoup d'arbres, de sorte que l'usine était invisible — une sorte de bois, plein de jonquilles, de martagons et de trilliums. Un lieu vraiment idyllique. La voie ferrée — puis Brownie Park — puis une haie de cèdres — puis les restes d'un court de tennis — puis un autre petit bois — puis la pelouse — puis la maison.

À l'est de l'allée circulaire se trouvait un ensemble de gros arbres. Certains avaient été coupés pour faire des tables ou des sièges. C'est là que nous nous retrouvions à l'heure du thé, à partir du printemps. C'était joli. On s'y amusait beaucoup.

Les gens, les voisins et amis, passaient facilement. À l'heure du thé de préférence.

Tiens, vous voyez ce sapin-ciguë, dans la partie ouest de la propriété. Regardez-le bien. C'est en haut de cet arbre que je grimpais toujours. Les voisins appelaient Maman.

« Kit ! Kath est en haut du sapin !

— Oui, je sais. Ne lui faites pas peur. Elle est inconsciente du danger. »

Il y avait un autre arbre, un orme, qui joua un rôle important dans notre vie. Il est là. Juste à l'ouest de l'allée, et à une quinzaine de mètres de la rue. Cet arbre avait un tronc très long, et pas de branches basses. La première se détachait à vingt mètres au moins du sol, et partait à l'horizontale. Elle était assez robuste et Papa y avait accroché une échelle de corde.

Nous escaladions les barreaux de bois jusqu'à un trapèze monté sur un système de poulies qui permettait de parcourir une longue corde qui allait de l'orme jusqu'à l'extrême bout de la propriété. Nous nous installions sur le trapèze, en position assise ou en cochon pendu, et nous parcourions ainsi toute la longueur de la corde qui partait de très haut pour aboutir, bien entendu, au niveau du sol. C'était grisant ! On passait ainsi au-dessus de l'allée de gravier jusqu'à la porte de derrière en traversant toute la grande pelouse jusqu'au bout du jardin.

Les gens étaient morts de peur. Papa était un excellent athlète. Il tenait à ce que nous le devenions — si nous survivions. Maman, qui n'avait rien d'une championne d'acrobatie, souffrait quand elle voyait sa fille, suspendue par les pieds à un trapèze, se balader dans les airs au-dessus de l'allée. Mais elle ne disait rien. Elle trouvait le spectacle amusant.

Le dimanche et pendant les vacances, nous allions nous promener dans les bois. Nous faisions de l'escalade. Nous grimpions le plus haut possible dans un arbre et, suspendus par les mains au bout d'une haute branche, nous nous laissions tomber dans le vide pour faire plier l'arbre jusqu'au sol. Les bouleaux se prêtaient particulièrement bien à ce jeu : ils sont très souples. C'était très amusant.

Nous avions une vie formidable. Grâce à Papa, nous étions toujours au cœur de l'action. Grâce à Maman, nous n'étions jamais à court de petits gâteaux et sodas naturels à base de gingembre, de salsepareille ou d'essence de bouleau. Mais le plus grand cadeau qu'elle nous a fait, c'est l'absolue liberté de faire du bruit, de crier à loisir. Jamais de réprimandes. Tu veux le faire ? Eh bien vas-y, fais-le ! Tu me raconteras.

Je l'ai déjà dit, Papa avait une vieille Maxwell. Immatriculée 3405. Vous pouvez la voir en photo. C'est moi qui suis assise sur la banquette avant. Il rentrait toujours du travail de bonne heure et se débrouillait pour être à la maison à quatre heures et demie. Il avait décidé une fois pour toutes de ne pas être un étranger pour ses propres enfants. Tous les gosses du quartier se retrouvaient chez nous pour lui faire un comité d'accueil. Il était adoré.

La 3405 ! La 3405 ! Nous poussions tous le même cri dès que sa voiture se profilait au bout de la rue. Il remontait l'allée, puis il allait se changer ; prenait une tasse de thé, avec Maman, et passait l'heure qui suivait à jouer avec nous au base-ball ou à la balle au prisonnier. Nous nous installions sur notre court ou celui des Bennett.

Imaginez un peu que ce docteur Thomas N. Hepburn, mon père, nous tirait sur des luges, derrière sa voiture, dans les rues de Hartford, Connecticut, chaque fois qu'il avait bien neigé, nous faisant défiler ainsi les rues Hawthorn, puis Forest, puis Farmington Avenue, jusqu'à Woodland, Asylum Avenue et Elizabeth Park. Variante : Woodland-Keeney Park. Une longue corde fixée à la banquette arrière traînait derrière la voiture. Toutes les voitures étaient ouvertes à tout vent — du moins je le croyais. Libre à celui qui en avait envie de s'accrocher à la corde. Tenait qui pouvait. Papa essayait de nous faire lâcher prise à chaque virage en donnant un coup d'accélérateur. Il n'a jamais réussi à se débarrasser de moi. Rigolade garantie.

Je me souviens qu'un jour, qui était celui de mon anniversaire, je me suis dit : « Formidable, c'est mon anniversaire ! Je vais pouvoir choisir la balle au prisonnier. » Je préférais de loin ce jeu au base-ball.

J'ai dit : « La balle au prisonnier. »

Tous les autres ont crié : « Non, on joue au base-ball.

— Mais, Papa, c'est mon anniversaire, alors j'ai bien le droit...

— Tu as le privilège de pouvoir faire plaisir à tout le monde, a dit Papa. Puisque c'est ton anniversaire. »

Et nous avons joué au base-ball. C'est pas juste !

Autre incident, du même genre. Nous étions nettement plus jeunes, dans les huit ans.

Pour les fêtes d'anniversaire nous avions coutume d'organiser un jeu que nous appelions « la queue de l'âne ». On tend un grand tissu sur lequel est dessiné un âne — grandeur nature. Les invités ont les yeux bandés, et on leur donne une queue qu'ils doivent aller épingler sur l'âne.

Un peu avant mon anniversaire, je me suis entraînée. Je savais où serait installé le tissu avec l'âne. J'ai bien étudié les contours du tapis, que je sentais sous mes semelles — neuf pas, je tends le bras à gauche, hop ! à la bonne hauteur.

Le jour de la fête, lorsque j'ai épinglé la queue presque à la perfection, Maman s'est écriée joyeusement : « Bravo, excellent. Tu...

— J'ai gagné ! J'ai gagné ! ai-je dit.

— Pas du tout, a dit Maman. Tu ne peux rien gagner. C'est toi qui reçois. C'est donc toi qui donnes les lots. »

Ça c'est vraiment nul, je me suis dit. Si c'est ça la vie !

Notre première gouvernante, à Tom et à moi, s'appelait Lizzie Byles. Elle était mariée avec un certain Cecil Byles. Elle était très anglaise et tout allait pour le mieux. Et puis, lorsque Maman s'est lancée dans les suffragettes et qu'elles ont ouvert une permanence au 22 Pratt Street, Lizzie a été mobilisée là-bas : elle savait taper à la machine. Adieu la gouvernante.

Je dois dire que depuis le début nous avions aussi une cuisinière — Fanny Ciarrier —, avec son fils Marcel qui avait mon âge et avait toujours vécu avec nous. Elle était d'origine franco-italienne, et n'y voyait pas d'un œil. Elle savait tout faire en cuisine, tout et le reste aussi. Si nous avions besoin de quelqu'un — bonne à tout faire, gouvernante, peu importe —, Fanny importait l'oiseau de France ou d'Italie. C'était un ange, et nous l'avons eue avec nous toute notre vie. Quand elle est morte, Maman n'a pas tardé à la suivre.

Le frère de Fanny était chef de cuisine au Hartford Club.

Mes parents l'avaient recrutée en répondant à une annonce. Elle se disait prête à louer ses services — une demande d'emploi. Papa avait une théorie selon laquelle, quand on s'apprête à embaucher du personnel de maison, le mieux est d'aller voir sur place comment ils vivent. Papa et Maman se sont donc rendus au domicile de Fanny pour la rencontrer. Au milieu de l'entretien, il faisait très chaud dans la pièce. Fanny s'est levée et a ouvert une fenêtre. Elle a raison, s'est dit Papa, l'air est confiné. Et il l'a embauchée. Définitivement. Pour notre plus grand bonheur. Un amour de femme.

J'ai appris à monter à bicyclette dans Keeney Park. J'avais trois ans. Le vélo avait été fait spécialement pour moi à la Pope Manufacturing Company. Papa m'a mise sur la selle et m'a lâchée dans une pente. Terrorisée, j'étais. Loin en bas, il y avait un petit vieux. Il se déplaçait lentement, en bas de la pente — et il n'y avait personne d'autre à l'horizon. Attirée comme par un aimant, j'ai foncé droit sur lui, et j'ai fini par lui rentrer dedans. Mais je n'étais pas la première gamine sur un vélo tout neuf qu'il voyait. En fait, il m'attendait.

Bref, j'ai appris très vite. Et bientôt, les gens téléphonaient à Maman : « Votre petite Kathy vient de passer en bicyclette dans Farmington Avenue, au-delà de Sigourney Street, et elle file vers le centre ville.

— Je vous remercie », répondait Maman.

Dans Keeney Park, j'ai aussi fait une folle équipée en compagnie d'un cheval. Il y avait une famille du nom de Anninger. Ces gens louaient des chevaux à la Troup B. Armory, dans Farmington Avenue, juste après Quaker Lane. Du temps que j'étais à Oxford School — l'école de filles privée de Hartford — nous venions là pour les leçons d'équitation. Le sergent Anninger me faisait toujours monter un poney nommé Leopard. Il avait une robe tachetée, j'avais le visage criblé de taches de rousseur, je l'adorais. Et puis les années ont passé. Je suis devenue célèbre, et un jour je suis retournée voir le sergent Anninger pour louer un cheval. Entre-temps, il avait installé ses écuries dans Keeney Park. Apparemment, il s'est imaginé que mes talents d'écuyère avaient progressé au même rythme que ma bonne fortune, car il m'a confié sa monture personnelle. Et nous voilà parties — mes sœurs Marion et Peg, et moi-même — pour une folle équipée dans les sous-bois, par monts et par vaux. Je dois avouer que je me suis cramponnée aux rênes. Mais j'ai survécu.

« Alors, Kathy, tout s'est bien passé ?... » Le cher homme...

« Très bien. Je suis revenue entière, n'est-ce pas ? »

J'ai commencé l'école à quatre ans à la West Middle School. Une école publique. La maternelle et tout le cycle primaire. Je prenais Hawthorn Street vers l'est, puis je remontais vers le nord par Laurel Street, je traversais Farmington Avenue en direction de Niles Street, sur la droite, et c'était là tout de suite, à gauche. Deux petits kilomètres, au total. J'ai même pris la tête d'un groupe de gosses qui voulaient que l'officier de police O'Malley soit maintenu à son poste, au croisement de Farmington Avenue avec Laurel Street. Les autorités avaient décidé de l'affecter ailleurs. Il était sympathique. Nous avons protesté et gagné : O'Malley est resté.

À l'extrémité est de Niles Street se trouvait l'église de la Trinité. La fille du pasteur était ma meilleure amie — Florence

Miele. Elle était jolie — superbes cheveux bruns ondulés, longs. Moi, j'avais des taches de rousseur — et les cheveux coupés à la garçonne. En fait, entre mon frère aîné Tom et mes deux jeunes frères Dick et Bob, être une fille n'était pas un cadeau. Pour tout vous dire, ils m'appelaient Jimmy.

Bref, l'anecdote suivante illustre une fois de plus les choses inexplicables que font parfois les enfants. Nous étions en dernière année de primaire. Notre institutrice s'appelait Miss Lynes. Elle était grande, mince, d'allure sévère. Mais à l'intérieur, c'était tout le contraire. J'étais bonne en arithmétique, qui était sa spécialité. Elle m'aimait bien et je lui rendais son affection. Nous nous l'étions fait comprendre tacitement.

Un jour, Florence et moi avons raconté un mensonge à nos familles respectives concernant l'endroit où nous devions déjeuner, et nous sommes restées cachées dans l'école. Les institutrices mangeaient généralement dans une grande pièce en longueur, au premier ou au deuxième étage — donnant sur Niles Street. Lorsque nous avons été bien sûres que toutes les institutrices étaient réunies pour le repas, Florence (la fille du pasteur) et moi (la fille de deux personnes très soucieuses du « sort de l'humanité »), nous sommes sorties comme des folles dans la rue et, à pleins poumons et avec les accents de la plus parfaite vulgarité, nous nous sommes mises à crier à tue-tête : « Hou-hou, mémère Lynes ! Hou-hou, mémère Lynes ! »

Notre exploit a fait la honte de l'école, celle de nos parents, et a dû laisser Miss Lynes bien perplexe. Maman m'a forcée à porter un pot de géraniums de Hawthorn Street jusqu'à l'école et à l'offrir à Miss Lynes — façon de reconnaître ma culpabilité et de manifester mon regret. Miss Lynes a posé les fleurs sur son bureau. Elles y sont restées plusieurs semaines — humiliation quotidienne pour moi.

Et dire qu'il y a tant de géraniums en Californie — pour m'empêcher d'oublier : quand on commet un péché, il faut payer.

Miss Lynes m'a pardonné. Nous sommes restées amies pendant des années.

Maman et Jo Bennett (Mrs. Toscan Bennett) étaient à la fois très amies et à l'avant-garde du combat pour le droit de vote des femmes, le contrôle des naissances, la reconnaissance des droits des Noirs, la lutte contre la prostitution. La mère de Jo Bennett, Katharine Beach Day, était aussi membre du mouvement. C'était une femme riche : elle avait voiture avec chauffeur, appartenait à la vieille aristocratie de Hartford, était reçue dans le monde. Une autre amie de Maman s'appelait Emily Pierson, de Cromwell, Connecticut, et était la fille du propriétaire de Cromwell Gardens (immense pépinière avec serres ; vente en gros ; spécialité de roses). Emily avait fait sa médecine et s'appelait en fait le Dr Pierson. Elle exerçait à Cromwell et était une progressiste convaincue.

Ces femmes avaient donc du caractère, ne manquaient pas d'argent, et elles appartenaient à la bonne société, ce qui, à l'époque, comptait beaucoup.

La plupart des maris partageaient les convictions de leurs épouses. Ça, c'était inhabituel.

Papa avait le dynamisme et l'intelligence, mais il n'avait pas d'argent à part celui qu'il gagnait. Toscan Bennett avait de l'argent et des relations familiales.

À l'heure du thé, notre maison devenait une sorte de forum. Nous autres enfants étions admis, mais nous ne disions pas grand-chose — voire rien du tout. Nous croisions des célébrités de l'époque — comme Emmeline Pankhurst, Margaret Sanger, Rebecca West, Richard Bennett — et une kyrielle de distingués professeurs et docteurs de l'université.

Papa demanda à George Bernard Shaw d'écrire une préface pour *Les avariés*, pièce de théâtre traitant des maladies vénériennes, écrite par l'académicien français Eugène Brieux. Il fit imprimer à ses frais cent — ou peut-être mille — exemplaires du texte en anglais, qu'il envoya un peu partout avec une présentation du Bureau d'hygiène sociale. Il demandait au destinataire de régler le prix du livre si sa lecture l'avait impressionné. Il obtint quatre-vingt-dix-huit pour cent de réponses positives. Richard Bennett monta la pièce à Broadway. C'était le père de Constance et de Joan*.

Un jour, j'ai repensé à tout cet épisode et j'ai fouillé un peu dans le courrier de Papa pour tenter de retrouver sa correspondance avec G. B. Shaw. Manque de chance, il l'avait jetée. Pour lui, ce qui comptait, c'est qu'il avait accepté et que la

* Deux actrices de l'époque célèbres (*NdT*).

pièce avait pu être présentée aux gens dans une langue qu'ils comprenaient. Faire que ce monde soit plus facile à vivre pour chacun — et surtout pour les défavorisés. Le progrès.

Nombre de personnes étaient en violent désaccord avec les causes défendues par mes parents. Nous étions vilipendés par les réactionnaires sans en éprouver trop d'amertume. Les chiens aboient, la caravane passe. Ne pas se laisser abattre par l'hostilité de l'opposition — sourire — ne voir et entendre que ce qui est positif — bonjour — merci — tout à fait passionnant — oh, je suppose qu'elle ne m'a pas entendue.

Et puis, petit à petit, nous avons été rejoints par la majorité. Maman avait raison, et Papa aussi, bien entendu. Et naturellement, nous sommes devenus nous aussi fréquentables. Pour le plus grand bénéfice des déshérités, des opprimés, des pauvres, faut-il le préciser ? Les causes pour lesquelles ils se battaient ont finalement joué en leur faveur.

Nous avions le sentiment d'avoir pour parents des êtres d'exception — nous avions une chance inouïe d'être leurs enfants. Ce sentiment, nous l'avons encore. Souvent, ma sœur Peg, qui dirige une exploitation agricole, dit en me regardant : « Tu te rends compte ? Papa et Maman. La chance que nous avons eue ! »

Quant à mon frère Bob, le docteur, il ne tarit pas d'éloges sur eux. Tout comme Dick, qui écrit des pièces de théâtre.

Nous sommes tous conscients de notre bonne fortune. Quand je pense à tout ce dont nous avons bénéficié, tout ce que nous avons appris !

Tous les sports — le golf, le tennis, le plongeon, la natation, la course, le saut. Papa est à l'origine de l'édification d'un grand plongeoir avec tremplin, au bout de la jetée. La lutte, la gymnastique au sol, les agrès à Fenwick. C'est lui qui a lancé là-bas les rencontres sportives et compétitions que nous organisions régulièrement. Notre famille remportait tellement de premiers prix qu'on a limité le nombre de victoires par personne.

J'adore plonger. En fait, j'adore tous les sports, oui ! J'étais maigre comme un clou, super costaude et je n'avais peur de rien. À Fenwick il y avait une jetée, et un plongeoir au bout de la jetée. La hauteur du plongeoir par rapport à la surface de l'eau variait évidemment avec la marée. Une rambarde longeait la jetée, à un mètre environ de hauteur. Afin d'avoir plus d'élan, je me mettais debout sur cette rambarde et je sautais ensuite sur le tremplin pour plonger — en exécutant soit un saut de carpe, soit un saut de l'ange, soit un saut périlleux, soit un tire-bouchon. Avec départ couru sur le tremplin, je faisais un coup de pied à la lune. Debout à l'extrémité de la planche, j'exécutais un plongeon en arrière, avec ou sans départ en équilibre. Un vrai plaisir.

Je multipliais les plongeons compliqués — et je ne crânais pas qu'un peu. Un jour, on a fait un concours. Ma grande copine Ali Barbour — je parlerai beaucoup d'elle dans le chapitre sur Fenwick — ..., bref, elle n'avait rien d'une athlète, a fait un plongeon prière. L'expression dit bien ce qu'elle veut dire : on se met à genoux au bout du tremplin, et on se laisse tomber.

Toujours est-il qu'il s'agissait bel et bien d'un concours. J'étais sûre de gagner. J'ai fait mon coup de pied à la lune. On ne peut pas rêver plus périlleux. Il faut courir sur toute la longueur du tremplin, lancer une jambe en l'air, à la verticale, cambrer le dos en arrière, joindre la seconde jambe à la première, pointes de pied tendues, faire un plongeon arrière en direction du tremplin et effectuer une torsion complète du corps pour revenir en position frontale avant de pénétrer dans l'eau. J'ai réussi — brillamment, croyais-je. Ali a fait son plongeon prière — pathétique à mon avis. Et Ali Barbour a été déclarée vainqueur. Vous vous rendez compte? Paraît que j'avais les orteils légèrement écartés et que les pointes n'étaient pas parfaitement tendues. Mince alors! Les orteils. Quel camouflet! Battue par un plongeon prière, moi. Non mais!

Le golf est devenu une sorte de spécialisation, pour Bob et moi. Nous allions passer l'été à Fenwick où il y avait un parcours à neuf trous, privé, où nous avions le droit de jouer n'importe quand, parce que nous étions des enfants. Papa était un poteur hors pair. Nous avons commencé à cinq ans. Quand j'ai eu douze, treize ans, Maman m'a fait donner des leçons au club de golf de Hartford, par un Anglais qui s'appelait Jack Stait. Bob a cultivé ses dons naturels. Nous sommes devenus franchement bons. Maman, qui n'avait jamais pratiqué aucun sport, se bagarrait avec le golf, la natation et le plongeon. Elle croyait aux professeurs.

Pendant l'hiver, alors que nous habitions Hartford, j'ai

décidé d'étudier seule au lieu d'aller à Oxford — le lycée privé pour jeunes filles. Je voulais avoir la possibilité de jouer au golf tous les jours. En réalité, je désirais surtout éviter d'aller dans un lycée, quel qu'il soit. Trop de filles. Trop de curiosité. Je vais vous expliquer pourquoi.

Mon frère Tom, qui était mon aîné de deux ans et demi, venait juste de mourir dans d'étranges circonstances. Je l'adorais. J'avais quatorze ans.

À vrai dire, la mort de Tom est restée inexpliquée. C'était aux alentours de Pâques. Kingswood — le lycée privé pour les garçons, à Hartford — était en vacances. Tom et moi devions aller à New York, chez tante Mary Towle. Elle habitait une très jolie maison dans Charlton Street, en plein Greenwich Village. Elle avait fait ses études à Bryn Mawr en même temps que Maman, et elles étaient devenues de grandes amies. Tatie était avocate. La maison voisine de la sienne, dans Charlton Street, était occupée par Bertha Rembaugh. Bertha avait été un temps son associée, et puis elle était devenue juge. Elles étaient très gentilles et réussissaient parfaitement dans leur carrière. Mary Towle ne s'est jamais mariée. Nous l'appelions Tatie, elle était drôle et généreuse. Quand nous venions la voir, elle nous emmenait au théâtre et nous montrait tout ce qu'il y avait à voir dans la ville.

Cette fois-là, nous devions voir *Un Yankee à la cour du roi Arthur**.

Je suis incapable de vous dire ce que nous avons fait en rentrant du théâtre. Mais quand j'ai raconté la soirée ensuite, j'ai dit que Tom m'avait regardée et qu'il m'avait dit : « Tu es ma chérie, n'est-ce pas ? Tu es la fille au monde que je préfère. » Pourquoi ai-je dit cela ? Était-ce vrai ? Je veux dire, est-ce que Tom a vraiment prononcé ces mots ? Je ne sais plus.

Tom couchait dans une sorte de chambre-grenier, tout en haut de la maison. La pièce servait de débarras et était pleine de coffres et de malles. Il n'y avait pas de plafond : c'était directement la charpente, avec les poutres. Il dormait sur un divan, contre le mur.

Les faits sont les suivants : le lendemain matin, je suis montée

* Adapté de l'œuvre de Mark Twain (*NdT*).

le réveiller. Je l'ai trouvé là — à côté du lit —, les genoux repliés, pendu à un bout de drap. Accroché à une poutre. Il était mort. Étranglé.

C'était insensé.

Dans un état d'absolue hébétude, je l'ai détaché et étendu sur le lit.

Tom était mort. Sans vie, bien mort.

Oui. Je l'ai touché. Froid. Il était mort.

Que faire ? Qui prévenir ? Tatie était trop émotive — elle allait devenir folle.

Un docteur. Vite, un docteur.

J'ai redescendu l'escalier et je suis sortie dans la rue. J'avais vu une plaque de médecin sur une des maisons d'en face. J'ai traversé, je suis allée sonner à la porte. Il devait être huit heures du matin. La porte s'est entrouverte, une femme a jeté un œil.

« Oui ?

— Mon frère est mort. »

Un temps de silence.

« Pardon ? dit-elle.

— Mon frère... il est mort.

— Alors le docteur ne peut plus rien pour lui, si ?

— Non. »

Clac.

Elle a refermé la porte. Elle m'a claqué la porte au nez.

Je suis restée plantée là un moment. Non... oui, c'est trop tard pour le docteur. Elle a raison, oui. Le docteur... trop tard, il ne peut plus rien faire, le docteur. Mon Dieu... pauvre Tatie... Elle va...

Je ferais mieux d'y retourner.

Bon, et maintenant ?

J'ai sonné chez tante Bertha. Qui a répondu. « Tom est mort », j'ai dit. Et puis j'ai éclaté en sanglots. En me disant que c'était la réaction qui convenait : quand les gens meurent, on pleure — mais à l'intérieur de moi, j'étais pétrifiée.

Tante Bertha a pris les choses en main. Elle a prévenu Tatie. Et puis elles ont appelé Papa et Maman. Papa et Maman sont venus à New York, avec Jo Bennett.

Ensuite, je me souviens seulement de la confusion. Nous étions sur un bateau qui traversait l'Hudson, avec le corps de Tom, pour aller à un crématorium dans le New Jersey. Je me revois debout avec Papa, à l'avant du ferry. J'ai regardé du côté de Maman — qui était avec Jo —, à six mètres de moi, peut-être. Elle pleurait. Ma mère qui pleurait. Oh ! mon Dieu ! Je devais faire quoi, moi ? Jamais encore je n'avais vu ma mère pleurer. Et plus jamais je ne l'ai vue pleurer. Plus jamais. Elle était vaillante.

Elle avait eu son lot de problèmes. Sérieux. Le suicide de son père. Sa mère morte d'un cancer à trente-cinq ans. Elle, qui avait quinze ans, à l'époque. La charge de ses deux sœurs cadettes, douze ans et quatorze ans. Si elle a pleuré, elle a pleuré toute seule.

Mon père non plus ne pleurait pas. Il prenait la vie comme elle venait.

Une seule fois je l'ai vu — comment dirais-je ? — pris au dépourvu. C'était au début de l'année 1951. Papa et moi étions allés à Fenwick, notre résidence d'été. Nous avions laissé Maman à Hartford pour ne pas la priver de sa sieste habituelle. Nous devions être rentrés pour le thé, à cinq heures. À notre retour, nous allons directement au salon. Pas de feu dans la cheminée. Le fauteuil de Maman, vide. Pas de feu. Nous nous précipitons au premier et nous ouvrons la porte de la chambre. Maman était là, allongée sur le lit — morte.

J'ai regardé Papa.

« Oh ! non — non, disait-il. Je ne peux pas... elle ne peut pas... ce n'est pas vrai...

— Descends, Papa... Descends... Ne regarde pas... »

Maman faisait sa sieste tous les jours. Un rite nécessaire. Elle était en train de s'habiller pour prendre le thé. Elle a dû sentir que quelque chose n'allait pas. Elle aura quitté son cabinet pour revenir dans la chambre, et elle se sera allongée sur le lit. Elle était en train de tirer la couverture sur elle quand... pftt ! — morte.

Je suis restée plantée là... Ma mère... morte... ma mère chérie... la seule que j'aurai jamais... partie.

Je lui ai pris la main — encore chaude —, j'ai desserré les doigts qui tenaient le drap, et puis je l'ai embrassée et je suis descendue rejoindre Papa.

Pas d'adieux. Partie, comme ça.

Après la mort de Tom, Maman s'est rendue ostensiblement au cimetière de Cedar Hill pour l'inhumation des cendres, mais par la suite, elle n'a plus jamais parlé de lui. Jamais elle n'a dit : «Je vais au cimetière.» Papa non plus. Ils ont continué à vivre.

Au début, les journaux ont dit que Tom s'était suicidé. Mais personne ne voyait ce qui avait pu motiver un tel acte.

Puis Papa a déclaré qu'il était tout à fait possible que Tom ait voulu s'entraîner à se pendre. Papa nous avait raconté le coup de la fausse pendaison qu'il faisait, dans sa jeunesse.

Dans les matches de football ou de base-ball, les équipes originaires des États du Nord étaient très prévenues contre l'attitude sudiste vis-à-vis des Noirs. Ils avaient le sentiment que les Virginiens — Papa était virginien — étaient cruels et se croyaient supérieurs aux Noirs. Afin d'agacer un peu ces Nordistes, les Virginiens avaient entraîné plusieurs Noirs à simuler la pendaison. Papa était orfèvre en la matière. Il fallait garder le cou dans une position précise — un truc, quoi — pour éviter que le nœud coulant bloque la respiration. Le jeu consistait à monter une fausse querelle avec un Noir, et à le pendre dans un accès de colère feinte. De quoi flanquer une attaque aux Nordistes.

Un jeu bien dangereux. Est-il possible que Tom ait voulu s'y essayer en utilisant un morceau de drap en guise de corde, que le nœud coulant ait glissé sans qu'il puisse rien y faire? Papa voyait dans cette hypothèse une possibilité tout à fait plausible. Cette idée a dû lui être une terrible torture, mais nous n'en avons jamais parlé.

Personne dans la famille ni parmi ses amis proches ne pouvait envisager un geste délibéré de sa part.

Jimmy Soby, qui était le condisciple de Tom à Kingston School, ne voyait aucune explication. Tom faisait partie des éléments les plus brillants du lycée : on lui avait confié la charge d'élèves plus jeunes, c'était un excellent athlète, il avait de très bons résultats — un tempérament de meneur. Alors pourquoi?

On évoqua vaguement, à l'époque, une possible déception sentimentale — il aurait peut-être courtisé une fille, qui n'aurait peut-être pas répondu à ses avances, ce qui l'aurait peut-être conduit par désespoir à... Bref, nous ne saurons jamais.

Au début, je n'ai pas réussi à croire qu'il ait pu vouloir s'entraîner à la pendaison... Aujourd'hui je m'interroge. Au fond de mon cœur — je m'interroge.

Mais le comportement de nos parents nous a marqués de façon étonnante. Ils refusaient les lamentations, quelles que soient les circonstances.

Ce qui comptait, c'est que Tom était mort. Sous le coup de ce choc atroce, Maman a pleuré. Certes. Mais elle n'a jamais laissé la tragédie de sa mort s'installer dans la vie de la famille. La maison n'est pas devenue triste.

Ma sœur Peg a perdu son fils, Tom, pendant la guerre du Viêt-nam. Il a d'abord été porté disparu, puis déclaré mort. Un jour, sa sœur jumelle parlait de lui aux autres enfants, plus jeunes. Il était tellement ceci, tellement cela. Peg a entendu.

« Ne fais pas cela ! a-t-elle dit à sa fille.

— Mais..., a protesté cette dernière.

— Il n'y a pas de mais. Il est mort. Nous l'aimions tous très fort mais il n'est plus là. Pas de lamentations. Ça ne sert à rien. »

Elle a raison, bien sûr.

Il reste que cet événement a eu pour effet apparent de me couper du monde comme je l'avais connu.

J'ai essayé de retourner en classe mais c'était... comment dirais-je... j'étais... je me sentais à part des autres. Je connaissais une chose que mes camarades ignoraient : la tragédie.

Elles étaient curieuses, et moi je refusais d'en parler, d'en discuter. Je n'en avais pas envie, et je ne le faisais pas. L'année scolaire s'est achevée à la fin de mai et je ne suis jamais retournée en classe. J'ai décidé d'étudier seule à l'automne.

Heureusement pour moi, j'étais grande pour mon âge et Maman me prêtait sa voiture pour aller à des leçons particulières : physique, anglais, français, histoire. J'aurais pu faire les trajets à bicyclette, mais la voiture était plus pratique. Comme Papa comptait le commissaire de police parmi ses patients, les flics faisaient en sorte de ne pas me voir. En fait, tout s'est très bien passé jusqu'au jour où je devais partir en Pennsylvanie pour visiter Bryn Mawr avec Maman. J'avais fait un saut en voiture jusqu'au club de golf pour récupérer mes clubs. J'avais beaucoup entendu parler du Merion Cricket Club, et comme il se trouvait tout près de Bryn Mawr, j'avais dans l'idée de l'essayer.

En descendant Asylum Avenue — une grande artère nettement à l'est de Scarborough —, un vieux monsieur a surgi sur ma droite (ce qui lui donnait la priorité sur moi), venant d'une petite rue. Pour l'éviter, je me suis déportée sur le mauvais côté de la chaussée. Mais au lieu de tourner franchement, lui aussi a fait un écart sur la gauche, de sorte que nous sommes entrés en collision. J'ai également percuté le poste d'appel de la police. L'aile de sa voiture était emboutie. Il n'était pas blessé. Moi non plus. Il a pleuré en me serrant dans ses bras. Je me suis dit que le mieux que j'avais à faire était de pleurer. Ce que j'ai fait.

Le commissaire a appelé Papa :

« Bonjour, docteur. Vous êtes au courant pour Kath ?

« Elle est rentrée dans un vieux bonhomme, dans Asylum Avenue. Il a une aile emboutie. C'est de sa faute à lui, oui, mais elle est quand même dans son tort, évidemment.

« Eh oui, complètement, même. En plus, docteur, elle a endommagé la borne d'appel de police secours. Et puis, je suis au regret d'avoir à vous le dire, mais l'avant de votre vieille Reo est plutôt en... Bref, je suppose qu'avec cinq mille dollars au total, ça devrait couvrir les frais, docteur. »

Maman et moi étions dans le train qui roulait vers Bryn Mawr.

Heureusement !

Mes années d'éducation sans école ont été très agréables. Comme je l'ai déjà dit, Jack Stait me donnait chaque jour une leçon de golf. J'avais apparemment toutes les qualités pour faire une excellente joueuse. J'étais capable d'expédier la balle à plus de cent cinquante mètres. Je me débrouillais fort bien avec les fers. Mon seul défaut était d'être une très mauvaise poteuse. Incroyable. Je me demande aujourd'hui si ma tête ou mes mains tremblaient déjà. Non pas de façon visible, mais de telle sorte que le moindre état de tension me rendait maladroite. Enfin, quoi qu'il en soit, j'étais incapable de poter. Et je le suis toujours. Voilà.

J'avais été très soulagée de ne pas avoir à fréquenter une école, ni à supporter la compagnie de filles. Mes deux vraies amies, Ali Barbour et Timmy Robinson, avaient quitté Oxford School pour faire leurs études à Ethel Walker School, à Simbury. La solitude ne me posait pas de problème. Nous avions une couturière — Mary Ryan — qui venait à la maison tous les jeudis. Je parlais avec elle. Elle était irlandaise et charmante. Et puis j'avais aussi un petit théâtre que j'avais fabriqué dans une caisse en bois. Le sol — vert — avait des rainures, tous les deux, trois centimètres, parallèles à la scène. Je pouvais y installer les décors et les acteurs. C'est moi qui inventais les histoires.

J'avais aussi un rideau, qui s'ouvrait et se fermait.

J'organisais des spectacles pour mes frères, Dick et Bob. Apparemment, ils appréciaient.

Papa nous emmenait toujours au cinéma le samedi soir. Il y avait trois salles possibles — le Strand, le Majestic, l'Empire. L'Empire passait des westerns et il était facile de garer la voiture. Des westerns muets — Tom Mix, William S. Hart. Mes grands héros. J'adorais le cinéma. J'adore toujours. Quel fantastique médium ! Beatrice Joy et Thomas Meighan dans *Manslaughter*.

Il faut que je dise la vérité. Il y avait aussi le Poli's Theatre dans Main Street. Mais nous n'y allions jamais parce que c'était de la comédie musicale et Papa n'aimait pas.

Oh ! je me souviens d'une chose amusante. Maman ne venait pratiquement jamais avec nous au cinéma. Elle estimait que le cinéma était... enfin, pour tout dire, je ne sais pas trop ce qu'elle estimait. Je me souviens pourtant d'un incident, au Majestic. Papa étant occupé, Maman était venue avec nous. Il s'agissait d'un film très mélodramatique, mais pour Dieu sait quelle raison, Maman l'a trouvé comique. Elle s'est mise à rire assez fort — et n'en finissait pas de rire. L'ouvreuse est venue et l'a priée de sortir. J'étais morte de honte. Quelle humiliation ! Vous comprenez donc aisément que Maman n'avait guère de goût pour les histoires qu'on voit au cinéma. Elle était très cérébrale. Étrange que le sort lui ait donné une future reine de l'écran pour fille.

Pour mes parents, donner le jour à une fille qui s'intéressait au théâtre était franchement incongru. Ils assistaient à toutes les pièces de qualité qui passaient au Parson's Theatre. Si cela nous chantait, ils nous prenaient des billets pour une séance en matinée. Nos visites étaient peu fréquentes. À l'époque, je soudoyais Dick ou Bob pour qu'ils aillent m'acheter des revues de cinéma à la boutique du coin. Ces publications me fascinaient. Eux profitaient de l'occasion pour nous acheter des glaces, sundae avec nappage de chocolat, guimauve et morceaux de chocolat. On appelait ça des Chocolate Imperials. L'argent pour m'offrir ces divins plaisirs, je le gagnais en hiver en déblayant la neige dans notre allée et devant certaines maisons voisines. Pendant les autres saisons, je tondais les pelouses et ratissais les feuilles mortes.

La maison du 133 Hawthorn Street que nos parents occupaient depuis très longtemps se trouva promise à la démolition, l'usine électrique Arrow devant s'agrandir et occuper tout l'espace du 133.

Avec quatre enfants et un cinquième en route, Papa se devait de résoudre rapidement le problème. Il trouva le 352 Laurel Street. Rien à voir avec le cachet du 133, mais la meilleure affaire du moment. Il avait entrepris des travaux considérables et coûteux. Nous étions prêts à emménager lorsque l'association Forest Street acheta le 133 et le fit classer monument historique. Ils appelèrent aussitôt Maman. Laquelle s'empressa d'appeler Papa pour le supplier de rester au 133. Mais Papa se montra inflexible et refusa. En disant qu'il avait signé pour deux ans au 352, point final. De sorte que nous avons déménagé.

Maman adorait le 133 Hawthorn Street. La maison et le jardin avaient un charme et une classe véritables. La seule pensée de devoir aller au 352 Laurel Street lui brisait le cœur. Je lui donnais raison. La maison du 133 était belle et unique en son genre. Celle du 352 n'avait rien que de banal. Pauvre Maman. Elle n'a jamais oublié. Je me souviens qu'à l'époque je me suis dit : quand on est placé devant un tel dilemme, il faut bien prendre garde à ne pas choisir une voie simplement parce que c'est elle qui était prévue. Quand on a le choix, il ne faut pas se laisser influencer par autre chose que par ce qui vaut le mieux à long terme. Nous n'étions pas très riches, et Papa songeait au gaspillage d'argent.

Nous avons vécu au 352 Laurel Street, et nous avons acheté un terrain au 201 Bloomfield Avenue, en face de l'université. Et nous avons commencé à imaginer la maison idéale.

Tom et moi sommes nés au 22 Hudson Street.

Dick et Bob au 133 Hawthorn Street.

Marion et Peg au 352 Laurel Street.

En ce moment, je suis justement à Hartford, où je fais de fréquentes visites. Je suis venue de New York en voiture. Je viens de passer Capitol Street et Laurel Street. Il y a ce gigantesque échangeur, maintenant, dont la construction dure depuis des années. À ce croisement se trouvait autrefois une boutique — Chez Childs. Un autre de mes crimes avait consisté à y faire des dettes — des barres de chocolat Hershey et des bâtons de réglisse. Comme mes capacités en ce domaine étaient sans limites, il a fallu mettre le holà. Je suis capable d'avaler une livre de chocolat sans sourciller — grâce au magasin Childs. Tout est question d'entraînement.

En remontant Laurel Street en direction de Capitol Street, après avoir passé la voie de chemin de fer, à l'angle de Laurel Street et de Hawthorn Street (sur votre droite) on passe devant l'ancienne boucherie-alimentation générale Murphy. Le bâtiment est encore là. Biscuits fourrés à la figue — une merveille —, et ce gâteau sec à la vanille enrobé d'une substance diabolique à base de guimauve et de chocolat (un tel bonheur pour les dents et le système digestif que la fabrication en a été interrompue). Oui, Mr. Murphy, où que vous soyez, sachez que je ne vous ai pas oublié. Des boîtes en fer-blanc avec un couvercle transparent qui permettait de voir et de sentir le goût, au lieu de ces saletés d'aujourd'hui empaquetées hermétiquement. Et Mr. Murphy nous laissait goûter.

Quittons néanmoins Mr. Murphy et tournons à gauche, ou vers l'ouest, dans Hawthorn Street, jusqu'à ce qui était autrefois le 133. L'usine d'abord, la Arrow Electric Company, puis le bout de notre pelouse, toujours là. L'allée.

La maison a disparu — du gothique victorien, avec trois pignons et des ornementations noires. L'allée — les arbres — la grâce, la simplicité — le ruisseau, les jonquilles. Disparus. Même le ruisseau s'est transformé en canalisation. C'est le goût du jour, ça : on aime les choses dans des tuyaux, dans des boîtes de conserve, surgelées, informatisées. Il faut se méfier. On ne fabrique pas des âmes éprises de beauté, des imaginations pleines de tendresse, des esprits indépendants, en enfermant les gens dans une boîte dépourvue d'air et d'espace — marquée XY-113-609-00. Enfin, c'est vrai, nous sommes tellement nombreux, il faut bien faire de la place.

Ils ont tout de même épargné la partie nord de Nook Farm. Ce qui inclut le nord de Forest Street. La maison de Mark Twain et celle de Harriet Beecher-Stowe, l'auteur de *La case de l'oncle Tom*. Ma sœur Marion a participé à ce projet. Superbe travail que ces deux restaurations ! Malgré une génération entière de différence, j'y retrouve l'atmosphère dans laquelle j'ai grandi. Les tapis en fibre végétale sur les planchers, à l'étage — les cheminées en ardoise et en faux marbre — la cuisine — les fenêtres en saillie pour capter le soleil. Des endroits douillets à vivre. Remplis d'idées pour le confort et le bien-être. Allez-y voir. Tous les détails. Ils ont tout reconstitué fidèlement. Les tapis et l'absence de rideaux sur la façade sud. Les peintures florales de Harriet Beecher-Stowe. Les meubles peints par elle. Le jardin : elle faisait pousser les tomates et les géraniums côte à côte. Oh ! les géraniums !

Je vous l'ai déjà dit, gamine je sillonnais Hartford en voiture pour me rendre à mes différentes leçons. Sans permis de conduire, bien sûr. Un jour, je quittai Asylum Avenue en tournant vers le sud dans Prospect Street. À l'angle d'Elizabeth Park. Un cantonnier me fait signe d'arrêter — nous échangions un sourire et un geste amical tous les matins quand je passais —, je m'arrête donc —, il vient jusqu'à ma voiture et me donne une grosse boîte de bonbons. J'étais aux anges. Et me voilà repartie. Le soir, pendant le dîner, je raconte l'histoire à mes parents. Fureur de Papa.

« Tu dois rendre ces bonbons.

— Mais, j'en ai mangé la moitié...

— Tu dois les rendre. Un point c'est tout. Et ne pas t'arrêter. »

Je n'allais pas rendre une boîte à demi mangée — alors j'ai changé d'itinéraire.

Vous rendez-vous compte qu'en ce temps-là Asylum Avenue ne dépassait pas Steele Road et se transformait en chemin — un chemin au milieu des broussailles, des arbres, vous voyez le genre —, un vrai chemin de terre, quoi ! Et quand nous étions petites, on nous disait de nous méfier parce qu'y traînaient parfois des hommes qui... bref, on risquait d'y rencontrer des exhibitionnistes !

« Et que faut-il faire dans ces cas-là ? ai-je demandé à une amie qui m'avait raconté que l'aventure lui était arrivée. Qu'est-ce que tu as fait ?

— À ton avis ? J'ai regardé, tiens. C'était ce qu'il voulait, non ?

— Ben, oui, je suppose que oui. »

Maintenant, je souris toujours lorsque je dépasse Steele Road, dans Asylum Avenue. Ceci étant, on en rit, mais en fait, c'était effectivement ce qu'il voulait.

C'est drôle, n'est-ce pas ? Pour moi, il y a deux Hartford : le Hartford d'autrefois, et celui d'aujourd'hui. Je reviens, je retrouve le passé, mais en même temps que j'ai cette image, je saute un paquet d'années, et je vois le présent.

Le Connecticut. La chance que nous avons. Nous avons de merveilleuses fleurs des champs, des parcs, des montagnes, de très jolies vieilles maisons. Un rythme qui nous convient — tantôt lent, tantôt rapide. Des cours d'eau, des lacs, la mer du Long Island Sound. Un climat merveilleux, des arbres, des jardins, de la neige, de la pluie. Et les dimensions idéales : ni trop grand, ni trop petit.

Bref, c'est chez moi, c'est mon pays. J'y ai été bloquée par la neige. J'y ai eu une maison détruite par un ouragan. J'y ai fait du tennis. Du golf. Je me suis amusée. J'ai vécu là, et je serai enterrée là.

C'est là que j'ai épousé Luddy, le 12 décembre 1928. C'est le grand-père Hepburn qui nous a mariés. Marion et Ellsworth se sont mariés là — un grand mariage. J'étais demoiselle d'honneur, avec Peg. Papa et Maman sont morts là, tous les deux. Maman en 1951, Papa en 1962. Santa (la seconde femme de Papa, Madeline Santa Croce) s'est sentie seule dans une si grande maison. Elle est partie vivre dans l'appartement de sa sœur.

Papa aura été le dernier véritable habitant de la maison de Hartford.

Après la mort de Maman, il a épousé Santa. Une de ses infirmières. J'ai toujours eu le sentiment que Papa avait épousé Santa parce qu'il ne voulait être à la charge d'aucun de ses enfants. Ça a marché. Santa était amoureuse de lui depuis toujours et rien ne pouvait la combler davantage. Il lui a offert une vie merveilleuse — faite d'étude et d'aventure. Ils ont fait des voyages passionnants, en Grèce et en Égypte. Je les ai accompagnés deux fois. Frances Rich est venue aussi avec nous, une fois — on s'est bien amusés. Et puis Papa est tombé malade.

En 1960-61-62, il a commencé à se sentir très mal. Santa s'est occupée de lui jusqu'au moment où la charge est devenue un peu trop lourde pour elle, et Phyllis, mon amie, est alors venue l'aider.

Je me souviens d'une longue conversation que j'ai eue au téléphone avec mon frère Bob, à propos de Papa. Je vivais avec Spencer Tracy sur la côte ouest à l'époque, de sorte que je n'étais pas très au courant de l'état de santé de Papa. Surtout que lui ne se plaignait jamais. Il refusait carrément de dire qu'il souffrait. En fait, Bob m'a dit qu'il était passé par des moments terribles. On avait découvert que sa vésicule biliaire avait éclaté. Elle était pleine de cailloux, et les cailloux s'étaient évidemment répandus avec la bile dans tout l'abdomen, lequel était maintenant dur comme de la pierre, et un processus d'empoisonnement progressif s'était déclenché. Bob m'a précisé que la douleur avait dû être insupportable — ce dont Papa n'a pas dit un mot : il trouvait absolument indigne de se plaindre de sa santé. Il avait été opéré par le Dr Welles Standish. Mais sa tension artérielle avait baissé trop brutalement, provoquant des séquelles cérébrales qui avaient affecté ses facultés de pensée et de parole. Il avait dû subir ensuite une opération de la prostate. Bob s'en était chargé. Il n'était pas habituel d'opérer un parent proche, mais Bob estimait qu'il était le mieux placé pour faire cette opération. C'était sa spécialité. Il avait donc opéré. Bob m'a dit que Papa s'était comporté littéralement comme s'il observait tranquillement son propre décès — sans jamais se plaindre. Il s'était contenté d'endurer et ce n'est qu'à la fin qu'il avait croisé le regard de Bob, et lui avait souri avec un clin d'œil.

Je suis retournée à Hartford pour une courte visite. Papa avait quitté le premier étage pour s'installer au rez-de-chaussée, dans son bureau, qui possédait heureusement une salle de bain. Il semblait heureux, comme toujours, mais très affaibli.

Un matin, je prenais mon petit déjeuner avec Bob, dans la salle à manger. Nous avons traversé le couloir pour voir si Papa allait bien. On aurait dit qu'il était en train de quitter tranquillement ce monde. Il souriait... il nous a regardés — et il a cessé de respirer. Son menton est tombé. Il a fermé les yeux... il n'était plus là — parti. Bob et moi sommes restés sur place. Papa avait été un homme tellement remarquable... Fort. Déterminé. À la fois dur et drôle. Jamais nous ne l'oublierons.

Quand Bob racontait cette scène, il s'arrêtait, vaincu par

l'émotion. Le souvenir restait vif : Papa avait une tolérance à la douleur qui dépassait l'imagination.

Une telle montagne d'énergie arrivait ainsi au bout du rouleau. Il avait quatre-vingt-quatre ans. Il s'était dicté ses propres lois, et n'en avait jamais dérogé d'un iota — « C'est à chacun de mener sa propre barque. »

Nos parents auront été de fantastiques exemples. Nous avons eu une chance merveilleuse.

Nous allons maintenant écrire la fin du 201 Bloomfield Avenue.

Santa est restée dans la maison plusieurs années et puis elle a décidé d'aller vivre chez sa sœur. Elle se sentait seule dans cette maison, qui était de toute façon trop grande pour elle désormais. Elle nous a fait part de son souhait.

Bob ne voulait pas habiter là. Peg ne pouvait pas. Moi non plus. Dick vivait à Fenwick.

C'était donc bien la fin de la maison de Hartford.

Nous avons tout vidé, remis en état, et donné le 201 Bloomfield Street à l'université de Hartford.

Ce déménagement fut quelque chose.

Fenwick

C'est l'été et nous sommes en route pour Fenwick.

Fenwick est depuis toujours mon autre paradis. Le pays se trouve à l'embouchure du fleuve Connecticut, à quelque soixante-dix kilomètres de Hartford. Papa a déniché cet endroit en 1913. J'avais alors cinq ans et demi.

À l'époque, Fenwick, c'était... de l'espace, et une quarantaine de maisons. De grandes maisons, en bardeaux ou en planches. Deux étages. Un petit air victorien. De vastes porches. Il y avait aussi des plages, avec beaucoup de cailloux et de coquillages, une jetée, et en bas de la jetée, une sorte de grand pavillon (aujourd'hui disparu) servant d'établissement de bains.

La station comptait encore un vieil hôtel, immense, construit au beau milieu d'un très rustique terrain de golf à neuf trous, entre le tout premier tee et le neuvième green.

À l'extrémité nord-est se trouvait un yacht-club.

Il s'agit en fait d'une presqu'île qui part de Saybrook vers le sud. En dessinant une espèce de chaussette. Fenwick est virtuellement entouré par les eaux. Côté sud, c'est Long Island Sound et Long Island. Côté est, c'est Lyme, sur la rive gauche du Connecticut. C'est par l'ouest que nous sommes rattachés à la terre ferme.

À l'origine, le lieu s'appelait Lynde Farm. À l'extrême pointe sud-est — le bout de la chaussette — se trouve un très joli phare ancien, construit en 1760. Un autre phare devait être construit en mer, vers 1860, relié à la terre ferme par une digue. Et qui marquait, tout en le contrôlant, le terme de la navigation fluviale du fleuve Connecticut.

Tout le monde connaissait tout le monde. Et tout le monde — enfin presque tout le monde — venait de Washington Street, à Hartford. Des gens qui s'appelaient Brainard, Brainerd, Davis, Buckley, Bulkeley, j'en passe... Rien que des gens très bien — très républicains — genre « assurés tous risques par Aetna Life Insurance ».

En 1917, par un heureux hasard, le vieil hôtel et le yacht-club brûlèrent pendant une sévère tempête. (Cet incendie fut certes heureux, mais était-il le fruit du hasard ?) Ainsi disparurent opportunément les deux bars à ivrognes qui drainaient dans la communauté une clientèle indésirable. Fenwick étant la propriété quasi exclusive des assurances Aetna, ce feu fut accepté comme un événement tout à fait bienvenu. Tout le monde était assuré par Aetna. Il n'y eut donc personne pour se plaindre. Et en l'absence de bars, la fâcheuse incursion des buveurs du week-end cessa.

Pour les enfants, Fenwick était un paradis. J'ai déjà parlé du golf à neuf trous, privé. Les enfants y étaient admis en permanence. Nous sommes devenus plutôt bons. Il y avait aussi deux courts de tennis. Il y en a quatre aujourd'hui — un en ciment, les autres en terre battue. Le golf n'est plus privé. Il s'est enrichi de nouveaux greens intéressants et de quelques pièges grâce auxquels il se défend fort bien.

Pour moi, c'est vraiment — je vais me répéter — un paradis. Ici, j'ai toujours été, et je suis encore, une personne comme les autres. Je viens depuis que j'ai six ans. L'autre soir, j'ai pris un verre avec un certain Jack Davis en compagnie de qui j'avais gagné une course à trois jambes (on court par deux, la jambe gauche de l'un des partenaires étant attachée à la jambe droite de l'autre) alors que nous avions dans les dix ans — il y a soixante-dix ans de cela. À présent, Charlie Brainard et moi sommes les plus vieux habitants. La vie inscrit ici sa marque, comme partout ailleurs.

Fenwick était pour nous un lieu extraordinaire. Exclusivement habité en été, et déserté dès le début du mois de septembre, à la rentrée des classes.

Enfant, je me suis fait à Fenwick de grandes émotions en

compagnie de mon amie Ali Barbour. Nous jouions en secret les monte-en-l'air. Jamais d'effraction, mais nous trouvions toujours le moyen de pénétrer dans toutes les maisons. Un jour, nous sommes entrées par la bouche d'aération d'une chambre froide. C'est là que j'ai volé un casse-noix en forme de crocodile. Je l'ai gardé un moment dans ma chambre, et puis j'ai eu tant de remords que je suis allée le remettre. Nous n'avons jamais été prises. J'étais les jambes, Ali était le cerveau.

L'un des épisodes palpitants aura été notre incursion dans la maison des Brainard. Elle était très grande et très haute. Je suis grimpée jusque sur le toit, après le deuxième étage. Ali ne pouvait pas arriver si haut. J'étais censée entrer par une lucarne restée imprudemment ouverte, tout en haut du toit. Ensuite, je devais ouvrir une fenêtre du second étage pour Ali. J'ai enjambé le rebord de la lucarne — à l'intérieur, c'était l'obscurité totale. Le noir absolu. J'ai sauté. Par chance, j'ai atterri sur le palier du second, juste à côté de ce qui aurait été un plongeon direct par la cage d'escalier, jusqu'au rez-de-chaussée. L'un de mes grands frissons. Et l'une de mes grandes frayeurs.

Le plus drôle est que nos expéditions n'ont jamais été découvertes jusqu'au jour où Ali a eu une amourette avec un certain Bob Post. Il a participé à une de nos équipées — qui devait être la dernière, du reste. Impossible de trouver une voie d'entrée. « Ya qu'à enfoncer la porte, celle de derrière », a dit Bob. Et de nous saisir d'un lourd madrier de près de deux mètres pour marteler la porte de derrière. Bien entendu, l'opération a fait du raffut et la cuisinière des voisins a été témoin de toute la scène.

Une fois à l'intérieur, nous avons trouvé des boîtes de talc, avec de grosses houppettes en cygne que nous avons secouées un peu partout, maculant les boiseries de poudre blanche. Un vrai chantier, et bien entendu nous nous sommes fait prendre, et ce pauvre Papa a dû payer les dégâts — sans parler de notre honte. Je me serais naturellement passée de Bob Post.

C'est aussi avec Ali Barbour que nous avons monté *La Belle et la Bête*. Je faisais la Bête, Ali était la Belle. Nous avons joué sur le porche de sa maison, avec le public assis sur la pelouse qui nous séparait de la maison voisine. Tout le monde est venu voir notre pièce et nous avons fait une recette de soixante-quinze dollars avec laquelle nous avons acheté un phono Victrola pour les Indiens Navajos. L'évêque du Nouveau-Mexique avait parlé d'eux dans un sermon, un dimanche, à l'office. Nous étions animées de nobles pensées.

Nous disputions aussi de grandes courses, à Fenwick — des courses individuelles, de relais, à trois jambes —, et des concours de plongeon. On s'amusait beaucoup. Pas étonnant. Nous étions tous très jeunes.

Notre maison se trouvait à l'extrémité est de la principale rangée de maisons. Nous disposions d'un grand bout de plage et d'une vue complètement dégagée à l'est.

Au fil des années, Papa a fait construire des jetées. Grâce à elles, nous avons fini par avoir une très jolie plage de sable.

L'ouragan de 1938 qui a soufflé notre maison a détruit celle des Brainard — charpente brisée. Morgan Brainard n'a pas reconstruit, il a acheté celle des Prentice-Post, à l'ouest de chez lui, mais un peu plus en hauteur — davantage exposée aux regards, mais moins aux intempéries.

Une chose me rend perplexe en ce moment même. Comme vous le voyez, j'ai cette maison. Sauf qu'en fait, je ne l'ai pas vraiment. Je devrais dire que nous sommes... nous sommes un certain nombre à avoir le sentiment que c'est notre maison. Nous arrivons par la route, nous laissons la voiture au garage, nous entrons, nous nous installons où nous voulons. Enfin, pas exactement où nous voulons... mais... il faut que je vous explique... il y a une grande cuisine. C'était une cuisine plus un office, mais Dick — mon frère — n'aimait pas l'office, alors il a abattu la cloison et maintenant... bref, je vous laisse imaginer. J'ai été très surprise la première fois.

Quoi qu'il en soit, il y a maintenant une grande cuisine. Avec deux éviers — doubles. Une grande cuisinière — deux fours, six brûleurs. C'était la cuisinière de Luddy, mon ex-mari.

Luddy n'est plus là aujourd'hui — il est mort, et moi j'avais toujours aimé sa cuisinière. Nous avons donc dit à son fils, ou à sa fille, ou aux deux, que nous aimions bien la cuisinière, parce qu'elle avait six brûleurs et que, vu sa taille, elle semblait faite pour notre immense cuisine. Mon frère Dick est allé là-bas et il n'a trouvé personne. Alors il a débranché la cuisinière, l'a chargée dans sa remorque, et il est parti. Ils ont dû avoir une sacrée surprise à leur retour.

Par conséquent, voyez-vous, tous les repas sont préparés dans la grande cuisine. En fait, on pourrait dire que Dick vit à la cuisine, et l'on pourrait ajouter que cela se voit. Deux éviers, donc, avec une fenêtre au-dessus de chaque bac — et entre les deux, la cuisinière en question. Au-dessus, une série d'étagères pour les trucs et les machins. Voilà pour le premier mur. Sur celui d'en face est accrochée une grosse pendule française, de quarante centimètres de diamètre environ, belle, ancienne. Un coucou. Plus divers ustensiles et bibelots intéressants. Ravissants sur le mur chaulé.

Il y a ensuite une grande glacière, posée sur une paillasse carrelée — la glacière de Dick. Derrière, sur la même paillasse (à cause de possibles ouragans) et jouxtant la première, se trouve ma glacière, plus petite. Les deux glacières remplacent plus ou moins l'ancien mur de l'office.

Mon côté de la cuisine est celui où se trouvent toutes les étagères à vaisselle. La partie de Dick est évidemment plus grande, avec une table ronde au milieu, quatre chaises autour de la table, et une lampe Tiffany juste au-dessus. Dick occupe — et c'est le mot qui convient — cette cuisine. Elle constitue le cœur de son empire. Elle ne manque pas de charme. Dick a du goût. Ses invités s'y retrouvent et l'on y discute abondamment. Il fait la cuisine et le service. Son fils Tor et Tess, la femme de Tor, font de même. Dans la partie la plus petite, Phyllis et moi faisons la cuisine et servons les repas. Souvent, nous n'avons même pas l'occasion de saluer les gens qui viennent, s'installent, discutent, prennent leurs aises. Dick peut être en train de raconter l'intrigue de la dernière pièce qu'il a vue à l'O'Neill Center de Waterford. À moins que Tor ne soit lancé dans un cours sur les marchés financiers. Parfois, ce sont les invités qui font des discours. En tout cas, c'est le cœur vivant de la maison. Tout de même, si nous ne voyons pas toujours les convives, nous les entendons. La cuisine n'a pas de porte, l'office non plus.

La grande salle à manger familiale d'autrefois donne directement sur la cuisine. Et quand je dis directement, c'est vraiment directement, car il n'y a pas de porte entre les deux. Enfin, à l'origine il y avait une porte battante. Laquelle a dû agacer Dick, qui l'a supprimée.

Phyllis (ma secrétaire, que je présenterai plus tard) et moi, nous recevons nos hôtes dans la salle à manger, ou dehors, sur la terrasse, qui prolonge la salle à manger. Ce qui ne nous empêche évidemment pas d'entendre les conversations qui se tiennent dans la cuisine. On se croirait dans une salle de restaurant à l'heure de pointe.

Nous dormons tous dans nos anciennes chambres :
La mienne se trouve au premier, dans la partie est.
Dick et Tor occupent le second étage, un côté chacun.
Nous cohabitons, pour le meilleur et pour le pire.
C'est là que je passe mes moments de liberté.
Comme vous le voyez — c'est une maison familiale.
Un peu bizarre, mais apparemment, le système fonctionne.
Dick vit là en permanence.
Je viens en visite — pour mes week-ends prolongés.

Bryn Mawr

J'ai fait mes études supérieures à Bryn Mawr College, en Pennsylvanie. Je faisais partie de la promotion 1928. La première année, j'avais une suite sur le campus — deux pièces, au rez-de-chaussée, première porte à droite. Pavillon Pembroke. Pembroke West, précisément, car il y avait aussi Pembroke East. Les deux étaient séparés par une grande porte. À l'étage se trouvait une immense salle à manger. Mes amies de Ethel Walker étaient dans un autre pavillon — le Merion. N'ayant plus été à l'école depuis plusieurs années, je n'étais franchement pas à l'aise dans une institution universitaire, ni au contact de tant de filles que je ne connaissais pas. J'allais me coucher de très bonne heure. Je me levais ensuite à quatre heures ou quatre heures et demie, et je traversais le hall pour avoir les douches, eau chaude-eau froide, et les toilettes à moi seule. Mon petit déjeuner habituel se composant de fruits, de céréales et de lait, je pouvais le prendre dans ma chambre, ce qui me permettait d'échapper encore à la promiscuité avec les autres filles. À vrai dire, j'ai fini par éviter complètement la salle à manger commune. Au début du semestre, j'y avais tenté une incursion en me dirigeant vers la table de Pembroke West. J'étais vêtue d'une jupe évasée bleu roi, fermée sur le devant par de gros boutons blancs, et d'un pull marin bleu et blanc au goût du jour. Je ne me prenais certes pas pour une reine de beauté. J'étais seulement d'une timidité douloureuse. À ma grande horreur, j'ai entendu une voix — new-yorkaise — venant du secteur où j'étais censée m'asseoir :

« Tiens, la Belle Timide ! »

J'ai failli m'évanouir. Dieu sait que je ne me trouvais pas spécialement belle. Non, ce n'est pas vrai. J'ai continué bravement d'avancer. Je me suis assise. J'ai mangé. De toute l'année je n'ai pas remis les pieds dans cette salle à manger.

J'ai pris l'habitude d'aller manger avec mes amies au Merion, ou je m'offrais le College Inn pour le dîner. Papa me donnait soixante-quinze dollars par mois et l'on pouvait se nourrir pour pas grand-chose à l'époque.

J'ai fait mon premier voyage en Europe à la fin de cette première année d'université — l'été 1926 —, avec mon amie Alice Palache. J'avais cinq cents dollars, elle en avait sept cent cinquante. Nous devions visiter l'Angleterre à bicyclette, mais lorsque nous sommes descendues du bateau, dans le train qui nous emmenait vers Londres, nous avons été très impressionnées par les collines et les petites montagnes, si bien que nous avons décidé d'acheter une voiture et de dormir à l'intérieur, ou à la belle étoile, ou dans une meule de foin, pour compenser. Alice a surtout souffert d'être ainsi privée de son café du matin. Moi, je ne buvais pas encore de café — j'étais alors parfaitement heureuse avec un fruit, des céréales et du lait froid. En revanche, le bain chaud et la douche froide me manquaient cruellement.

Parfois, nous profitions d'un repas pris dans une auberge pour aller « nous laver les mains » et, s'il y avait une baignoire, je me déshabillais et m'aspergeais rapidement sous les robinets. Je me déplaçais toujours avec une serviette de toilette à portée de main. C'était très amusant. Nous avons traversé toute l'Angleterre, le pays de Galles et l'Écosse, jusqu'à Édimbourg. À notre retour à Londres, nous avons revendu la voiture plus cher que nous ne l'avions achetée, ce qui était un sacré coup de chance.

Nous sommes ensuite allées à Paris, où nous avons séjourné à l'hôtel Cayré, boulevard Raspail — avec un petit restaurant juste en face où nous prenions la plupart de nos repas. Nous avions une table à côté d'un grand miroir mural, et Alice Palache piquait des crises en prétendant que je passais mon temps à m'étudier et m'admirer dans la glace.

Nous avons visité la ville de long en large — ce qui était évidemment passionnant — et nous sommes rentrées fauchées.

Pendant ma deuxième année, j'ai partagé un logement avec une fille dont j'avais fait la connaissance, ce qui a bien arrangé les choses. De toute façon, je m'étais habituée aux autres et j'imagine qu'elles s'étaient habituées à moi. Je faisais partie d'un petit groupe. On fonctionne mieux avec la protection de quelques amies. Ces amies, je les ai d'ailleurs plus ou moins gardées par la suite, surtout celles qui vivaient à New York ou dans le Connecticut. Mes trois dernières années à Bryn Mawr n'ont rien eu de traumatisant. Je n'étais membre d'aucun club, mais j'ai joué dans plusieurs pièces, ce qui m'a bien plu — et puis je ne me suis pas ennuyée et j'ai même beaucoup ri avec mes copines. Une de mes amies, Lib Rhett, avait une voiture. Quelle bénédiction ! Nous sommes allées partout.

J'ai joué le premier rôle masculin dans une pièce de A. A. Milne (qui doit surtout sa notoriété à ses livres pour enfants, dont le très célèbre *Winnie l'Ourson* (*Winnie the Pooh*), *The Truth About Blaydes*. J'étais adolescente et devais porter une perruque pour cacher mes cheveux longs. Et un pantalon un peu étriqué. Il s'agissait d'une pièce moderne. Je me souviens d'un moment d'angoisse absolue, le jour où nous avons donné une représentation au Colony Club, à New York. Je ne sais par quel miracle, je me suis débrouillée pour mettre une main dans ma poche de pantalon avant de m'asseoir. Et puis j'ai voulu ensuite retirer la main de cette poche. Impossible. J'ai fait plusieurs tentatives. J'étais de plus en plus gênée et je n'arrêtais pas de me tortiller. Le tout s'est soldé par un grand éclat de rire du public.

J'ai aussi joué Teresa dans *La berceuse* de l'Espagnol Martinez Sierra.

Pendant ma dernière année, j'ai interprété Pandore dans *Femme de la Lune* de John Lyly, un poète anglais de la Renaissance. La représentation, qui s'inscrivait dans le programme d'un grand festival de printemps, a eu lieu dans le cloître de la bibliothèque, avec le soleil qui inondait nos visages. Cette pièce de la fin du XVIe siècle n'avait jamais été montée en Amérique et suscita un grand intérêt intellectuel.

J'avais été choisie pour le rôle par Samuel Arthur King. Le Dr King donnait un cours d'élocution qui était obligatoire. J'y étais très assidue. Ses services avaient été loués par Mr. Carey Thomas, le directeur de Bryn Mawr, qui était très conscient des déficiences de l'élocution américaine et de ses effets déplorables. Mes parents étaient également sensibles à ce problème et nous rappelaient souvent qu'une élocution agréable était une façon d'être agréable tout court.

Pandore était un rôle superbe. Ses humeurs variaient sous l'influence des différentes planètes. J'étais donc belliqueuse sous l'empire de Mars, amoureuse sous celui de Vénus, etc. Drôle, mélancolique, etc. Mon père devait déclarer que la seule chose qu'il avait vue pendant cette représentation, c'était la plante de mes pieds sales qui devenait de plus en plus noire. Et mon visage plein de taches de rousseur qui devenait de plus en plus rouge.

Quand j'étais à Bryn Mawr, il était interdit de fumer ailleurs que dans le fumoir, au premier étage. J'étais logée à Pembroke East, à l'époque, au deuxième étage, juste à la sortie de la salle à manger qui constituait une espèce de pont entre les deux Pembroke. C'était en 1927-1928 — j'étais en dernière année. Je revenais de prendre mon courrier, que j'étais en train de lire. La porte de ma chambre était restée ouverte.

« Tiens… qu'est-ce que c'est ? »

Un petit paquet. Je déchire l'emballage… un coffret de cigarettes aromatisées.

« Oh ! ça sent bon… si j'en essayais une… »

Je porte une cigarette à ma bouche, je l'allume, je tire une bouffée.

« Hum, plutôt bizarre. Bon, ça suffit. »

J'éteins la cigarette, je la jette.

Un peu plus tard dans la journée, un émissaire de l'administration me dit :

« Vous fumiez dans votre chambre. Quelqu'un vous a dénoncée. C'est contraire au règlement. »

Je le regarde, médusée.

« Qui m'a dénoncée ?

— Je ne peux pas vous le dire.

— Oh !… je vois… oui… eh bien… »

La vérité, c'est que n'étant pas fumeuse je ne connaissais aucune des règles régissant le droit de fumer. Manifestement, quelqu'un était passé devant ma porte et m'avait vue fumer cette cigarette aromatisée. Quelqu'un qui ne m'aimait pas trop, sinon cette personne m'aurait crié :

« Hé, attention, c'est défendu, ça ! »

Pas question de dire que je ne fumais pas. Ç'aurait été mettre la personne en question en situation délicate.

Une lettre m'a signifié mes huit jours d'exclusion. Faute d'avoir déclaré que je ne fumais pas. Une semaine de vacances.

Au Dr Thomas N. Hepburn

20 octobre 1927

Cher Dr Hepburn,

La copie d'une lettre adressée à Miss Hepburn que je joins à ce pli se passe de commentaires.

Toute personne ayant charge de cet établissement ne peut qu'avoir à cœur d'imposer ce point de règlement et de veiller à son strict respect. Je suis navré qu'après trois années passées ici, votre fille n'ait pas fait preuve d'assez de responsabilité personnelle pour éviter une mesure disciplinaire.

Avec ma considération distinguée.

(signé) Marion Edwards Park

A Miss Katharine Hepburn
Pembroke West

20 octobre 1927

Chère Miss Hepburn,

Attendu que vous avez enfreint le règlement stipulant qu'il est interdit aux étudiantes de fumer dans leur chambre, le conseil de discipline de Bryn Mawr m'a chargé de vous informer de votre exclusion des locaux et activités de l'université du dimanche 23 octobre à midi au vendredi 28 octobre au soir. Vos absences aux cours pendant cette période seront tenues comme non excusées.

Je suis navré que vous n'ayez pas cru devoir vous soumettre à une règle qui est le résultat d'un consensus parmi les étudiantes et qui, compte tenu de la configuration des bâtiments vastes, accueillant un nombre important de personnes plus ou moins prudentes et abritant quantité d'objets inflammables, devrait recevoir votre assentiment pourvu que vous y réfléchissiez un instant avec bon sens.

J'adresse copie de cette lettre à votre père pour qu'il ne soit pas étonné de votre retour prématuré.

Avec ma considération distinguée.

(signé) Marion Edwards Park

Au président Marion Edwards Park

22 octobre 1927

Monsieur le Président,

Je suis évidemment fort contrarié que ma fille Katharine se voie privée pendant cinq jours de la possibilité de travailler, d'autant qu'elle a déjà dû manquer plusieurs cours pour assister au mariage de sa meilleure amie. Il est fort possible que ce handicap supplémentaire compromette ses résultats de fin d'année et l'obtention de son diplôme. S'il est possible qu'une telle sanction soit amplement justifiée par l'énormité du crime commis, il est naturel que moi, son père, fort attentif aux succès scolaires de ma fille, je me penche sur le crime en question. En l'occurrence, « fumer dans sa chambre ».

Je note qu'il existe un règlement « résultat d'un consensus parmi les étudiantes » à l'encontre de celles qui fumeraient dans leur chambre. En d'autres termes, il s'agit formellement d'une réglementation inspirée par la conviction raisonnée d'un corps édictant ses propres lois. Je note par ailleurs que dans la lettre que vous m'avez adressée personnellement, vous faites état d'un point de règlement « que toute personne ayant charge de cet établissement ne peut qu'avoir à cœur d'imposer ». Si tel est le cas, il ne peut s'agir d'une réglementation librement décidée par un corps d'étudiantes édictant ses propres lois, sauf si l'on s'en tient au niveau strictement formel.

Les motifs invoqués par cette règle sont « la configuration

de bâtiments vastes, accueillant un nombre important de personnes plus ou moins prudentes et abritant quantité d'objets inflammables». Pour donner poids à la validité de ces motifs, vous la priez de [réfléchir] un instant «avec bon sens».

Qu'il me soit cependant permis, dans la mesure où vous avez un rôle d'éducation auprès de ces jeunes filles dont vous sollicitez le «bon sens» et la «réflexion», de signaler qu'il serait bienvenu de vérifier que les motifs invoqués pour justifier l'interdiction de fumer dans les chambres résistent à cet exercice du bon sens et de la réflexion. Dans le cas contraire, l'autorité intellectuelle et éducative de l'établissement serait entamée.

L'expérience de Katharine est d'avoir deux parents fumeurs. Ils fument dans leur chambre s'ils en ont envie — et aussi étrange que cela puisse paraître, Katharine fume rarement, bien qu'aucune restriction ne lui ait jamais été imposée en ce domaine.

Katharine ne s'est jamais trouvée ni dans un hôtel ni dans des bureaux, ni même dans un grand hôpital où il est interdit de fumer, bien que de tels bâtiments accueillent davantage encore de «personnes plus ou moins prudentes» et abritent des produits infiniment plus «inflammables».

Il me semble par conséquent assez mal avisé d'en appeler à sa réflexion et à son bon sens.

Le seul et unique argument, en l'occurrence, est qu'elle doit respecter les lois — aussi irrationnelles que ces lois puissent lui paraître.

C'est le discours que je lui tiendrai. J'insisterai sur l'absurdité de compromettre son diplôme et de ruiner l'effort financier que j'ai consenti pour son éducation en enfreignant une loi pour le seul plaisir de satisfaire un caprice passager. C'est la seule logique qui me permette de soutenir votre mesure disciplinaire. Je ne peux parler ni de règlement trouvant son origine spontanée dans la volonté étudiante, ni de restrictions relevant du «bon sens» et de la «réflexion».

Avec ma considération distinguée.

Avant la fin de ma dernière année, je m'étais liée d'amitié avec un certain Jack Clarke qui habitait juste à deux pas du campus. Son meilleur ami s'appelait Ludlow Ogden Smith.

Jack avait plusieurs amis dans le monde du théâtre et il

connaissait Edwin Knopf qui dirigeait une troupe — une très bonne troupe, avec de grandes vedettes — à Baltimore. Mary Boland, Kenneth McKenna, Elliott Cabot. J'ai obtenu de lui une lettre d'introduction pour Edwin Knopf, et un week-end, me voilà partie pour Baltimore avec mon amie Lib Rhett et son automobile. La sœur de ma mère, Edith Houghton Hooker, habitait à Baltimore. Je suis allée voir Knopf qui m'a dit : « Écrivez-moi un mot quand vous aurez fini vos études... »

J'ai fini mes études.

Papa disait toujours que quand on veut obtenir quelque chose, il ne faut pas écrire. Ni téléphoner. Il faut se déplacer. En personne. Il est plus difficile de dire non à quelqu'un que l'on a en face de soi.

Je me suis donc dit : « Non, je n'envoie pas de mot. J'y vais. »

Ce que j'ai fait. Ma tante et les siens avaient quitté Baltimore pour aller passer l'été dans le Maine, je me suis donc installée au Bryn Mawr Club. Qui était aussi plus ou moins fermé, mais où l'on m'a hébergée sommairement, dans un dortoir. Sur une soufflerie. Une pièce très haute de plafond, très sombre, sinistre. Pas très loin du théâtre. J'étais trop timide pour entrer dans un restaurant. En fait, je n'avais pratiquement jamais fréquenté de restaurant. Et certainement pas seule. Mon grand ami Bob McKnight, qui avait une voiture (vous remarquerez que je choisissais toujours judicieusement mes amis), m'avait accompagnée. Il était sur le point de partir à Rome étudier la sculpture. Il avait gagné un prix de Rome. Il habitait avec moi. Et nous nous achetions à manger dans une épicerie-traiteur. Le tout en parfaite innocence. Nous étions l'un et l'autre dévorés d'ambition, impatients de croquer dans la vie. Sans gaspiller notre énergie en fariboles. C'était tout ou rien, et moi d'abord. Moi, moi, moi. Pour tous les deux. On fonce droit au but. Nous nous protégions mutuellement.

Je suis allée voir Edwin Knopf. J'ai trouvé mon chemin en passant par la grande porte. J'ignorais jusqu'à l'existence de ce qu'on appelle l'entrée des artistes. J'ai entendu des voix. Une répétition, apparemment. J'ai ouvert une porte pour voir la scène. C'était bien une répétition. En me faufilant comme une petite souris, je suis allée m'asseoir au dernier rang. Une heure a passé. J'ai été prise d'un besoin pressant. À l'urgence duquel j'ai dû finir par céder. À part la scène, il faisait noir comme dans un four. À tâtons, j'ai réussi à rejoindre le foyer, puis j'ai descendu un escalier, encore un vestibule. Et des toilettes, enfin. J'ai refait le chemin en sens inverse et regagné ma cachette. Encore une heure. Et même une troisième. Puis, tout à coup, terminé. Ils finissaient. Les lumières se sont allumées dans la salle. Eddie Knopf m'a vue. Il a remonté l'allée. S'est arrêté devant moi :

« Oh !... vous... oui, soyez là pour la répétition lundi... onze heures. »

Et il est parti.

Ça alors ! J'étais embauchée ! Il m'avait embauchée ! Il m'avait reconnue ! Il m'avait embauchée !

Ce lundi-là, j'ai fait mon entrée dans son bureau à dix heures quarante-cinq.

« Je viens pour la répétition.

— Vous vous êtes trompée d'endroit. »

C'est ainsi que j'ai appris l'existence de l'entrée des artistes.

Je suis entrée. Il y avait pas mal de monde. La pièce s'appelait *La tsarine* — avec Mary Boland dans le rôle-titre. Distribution des rôles. « Oh, le mien est assez long — une dizaine de pages. »

Je n'étais pas la seule jeune, et de loin, mais c'est moi qui avais le plus grand rôle.

On a fait toutes les présentations. Puis on s'est assis autour d'une grande table et on a lu le texte. Passionnant ! Mon rôle était très, très bien. Quelle chance j'avais !

Il y avait eu beaucoup de répétitions. Longues. On a annoncé la distribution des costumes pour le lendemain onze heures. Je me suis dit : « Bon, il faut arriver tôt. » J'étais là à dix heures. Je n'étais pas la première. J'étais la dernière. Là, j'ai eu un choc. J'étais moins maligne que je ne le croyais. Bien sûr, j'ai récupéré le costume le plus moche : trop court, mal ajusté à l'encolure. Puis une chose très étrange s'est produite. Une des filles s'est approchée de moi :

« Je suis arrivée la première. Je voudrais que tu prennes mon costume. C'est le plus joli. »

Je suis restée abasourdie. J'avais à peine échangé deux mots avec cette fille. Je l'ai regardée. Elle avait la robe sur elle. Ravissante. J'ai essayé d'articuler :

« Oh ! mais je... mais tu... mais non, je ne peux pas.. »

Elle m'a interrompue :

« Je vais me marier. Je ne serai jamais comédienne. Alors que toi, ce n'est pas pareil, je veux dire, je crois que tu vas devenir une grande star. Je voudrais que tu prennes la robe. »

Que dire ? Bien sûr, j'ai bredouillé :

« Oui, oui. Merci... euh... je te suis très... euh... elle est très jolie... je suis soulagée... c'est tellement... mais toi... tu es un amour... un ange de générosité... je n'arrive pas à croire que tu... s'il te plaît... je n'en reviens pas... je... non, ne m'interromps pas... »

Ce qu'elle a fait en disant :

« Écoute, je retire cette robe, tu me donnes celle-là, je te donne celle-ci, tu es très contente, et moi aussi. »

Nous avons échangé nos costumes. Je me suis regardée dans la glace. La perfection ! « Oh ! je suis... », ai-je dit en me retournant. Elle avait disparu.

Avez-vous souvent vu pareille générosité ? La chance que j'ai eue ! Oui, la chance. Croyez-vous que cela va durer ? J'avais la plus jolie robe, et de loin. Dire que je ne me souviens même plus du nom de cette fille.

On était à la veille de la première. J'ignorais tout des usages du théâtre. Je n'avais rien pour me maquiller, d'ailleurs je ne me maquillais pas, sauf un peu de rouge à lèvres — le N° 2 de chez Christy, orangé vif. Mary Boland m'a dit ce dont j'aurais besoin. Elle m'a appris à me faire les yeux. Je l'ai regardée se maquiller. Quelle nature généreuse ! Elle m'a beaucoup donné.

Elles ont toutes été très gentilles avec moi, les vedettes de la troupe. La première a eu lieu. J'ai été citée deux fois, et en bien, par la critique. Je vous l'ai déjà dit, je n'étais pas tout à fait une inconnue dans la bonne société de Baltimore. J'espère que ceci n'est pas l'explication de cela. Toujours est-il que le qualificatif accolé à mon nom était « surprenante ». Et que l'on m'a donné un rôle dans le spectacle de la semaine suivante, *The Torchbearers*. Encore une pièce jouée par Mary Boland. Il y avait un rôle pour moi, pas très bon. Et je savais que je n'étais pas excellente. Quand j'avais le trac, ma voix déraillait dans les aigus. Et j'étais désarmée pour y remédier. J'en ai parlé à Kenneth McKenna. Il m'a conseillé d'aller à New York lorsque je quitterais la troupe et de travailler ma voix avec une certaine Frances Robinson-Duff. Ina Claire était l'une de ses élèves. Le nom de Duff était très connu.

« C'est le meilleur professeur de diction de New York. »

Dans ces conditions, le plus tôt sera le mieux, me suis-je dit. J'abandonne tout et je file à New York. J'ai cherché l'adresse. Je me suis renseignée sur les tarifs.

Mon père était effondré à l'idée que je veuille jouer la comédie. Un métier imbécile qu'il apparentait à celui de péripatéticienne. J'étais devenue une crâneuse de bas étage qui s'engageait dans une profession minable fondée sur le physique et la jeunesse. Bref, la promesse d'une vie idiote reposant sur du sable. Il n'allait certainement pas financer ce projet qu'il réprouvait. Ma mère me soutenait à cent pour cent. Tout ce que je voulais, du moment que je ne m'installais pas dans la routine séculaire de l'élevage des générations futures. Elle pensait que les femmes devaient bousculer la vie. Secouer les choses pour gagner plus d'indépendance par rapport au sexe masculin. Papa partageait tout à fait ce point de vue. Mais il détestait la voie que j'avais choisie.

J'avais économisé un peu sur la pension que je recevais, et en arrivant à Baltimore, j'avais plus de deux cent cinquante dollars en poche. Une fortune. Mais pas de quoi vivre à New York. Et moins encore payer Frances Robinson-Duff. J'ai donc écrit à Papa une lettre que je croyais convaincante. Parlant de l'importance de me former au métier que j'avais choisi. Lui demandant son soutien. Il m'avait déjà envoyé cinquante dollars qu'il avait paraît-il gagnés dans un tournoi de golf, ou de bridge. L'argent acquis au jeu n'était pas vraiment de l'argent, il pouvait m'en faire cadeau. Je savais donc, bien sûr, qu'en le poussant un peu il se laisserait convaincre. Nous étions très proches, mes parents et moi. Aucun de nous n'aimait les dissensions. Alors il m'a dit oui — oui, il paierait les cours de diction. C'est ainsi que j'ai quitté Baltimore au terme des deux semaines et que je suis allée directement à New York.

Ma tante Betty Hepburn avait une chambre libre dans un immeuble cossu à l'est de Central Park, la rue soixante et quelques. C'était la veuve de l'oncle Charles, le frère de Papa.

L'expérience Frances Robinson-Duff, ça n'a pas été rien ! Une maison dans la 62e rue — entre la Deuxième et la Troisième Avenue. Elle et sa mère. Cette dernière était une ancienne chanteuse d'opéra. Elle enseignait le chant. Frances était grande — plus d'un mètre soixante-dix. Forte — ventre et estomac très ronds, poitrine normale, corsetée. Elle officiait au dernier étage. Elle s'est assise et a tenté de m'apprendre à parler du diaphragme. Il fallait que je pose ma main sur son diaphragme et l'y laisse (ma main) tandis qu'elle retroussait les lèvres pour souffler une bougie. Étrange, comme sensation. J'avais la main posée sur un corset. Je trouvais ça somme toute gênant. Sa poitrine... son diaphragme... le haut du corset. Je ne pense pas qu'à l'époque je sois jamais parvenue à faire sortir l'air du diaphragme, au lieu de fatiguer la gorge. Aujourd'hui, je peux crier :

HÉ !

en sollicitant directement le diaphragme. Mais mon incapacité à lier vraiment le volume de ma voix à mon diaphragme m'a valu bien des ennuis au cours de ma carrière. Je perdais ma voix et j'étais très enrouée chaque fois que pour un rôle j'étais obligée de parler vite et fort. Un supplice.

Dommage que je n'aie pas su mettre à profit les leçons de Frances Robinson-Duff et ses bougies qu'on souffle. Je me serais épargné bien des souffrances. Je commence à comprendre ce qui m'empêchait de lier ma voix à mon diaphragme. Je crois que j'étais tellement prise par la vie, ma carrière, mon avenir, que j'étais trop tendue — au point d'être incapable de me détendre.

Frances Robinson-Duff m'a porté un grand intérêt. Elle a fait ce qu'elle pouvait, et elle m'a aidée à faire mon chemin dans le monde du théâtre.

Ma chère Kath,

Je ne saurais laisser passer ton 21e anniversaire sans un petit couplet gentiment sentimental. Te voilà majeure à présent et ton cher Papa n'a plus grand-chose à te dire, tu imagines ! Ne frémis-tu pas à la seule évocation de ces vingt et une années de servitude ! C'est pourquoi je t'accablerai désormais de mes ordres avec autant de succès que par le passé.

Premièrement : Ne prends pas la vie ni ses avatars trop au sérieux. Inscris donc un sourire sur ces lèvres que je t'ai données par une nuit de pleine lune.

Deuxièmement : Tâche de réussir au moins une chose — en utilisant toutes les expériences précédentes ainsi que ta propre intelligence.

Troisièmement : Ne te laisse jamais aller à haïr qui que ce soit. La haine qu'ils nous inspirent est l'arme la plus dévastatrice que détiennent nos ennemis.

Quatrièmement : Souviens-toi toujours que ton père est susceptible de t'agonir d'insultes quand il désapprouve ta conduite, mais ne le prends pas trop au sérieux et viens toujours t'adresser à lui — quoi qu'il t'en coûte —, il pourra peut-être t'aider. Impossible mais vrai, il n'est peut-être pas tout à fait aussi stupide qu'il en a l'air.

Cinquièmement : Oublie les quatre articles précédents et rappelle-toi seulement que je voudrais pouvoir te couvrir de vingt et un baisers et te donner un million de dollars.

Ton père incorrigible.

Deuxième Partie

Luddy

Me voilà donc dans la ville des villes — New York — où je suis les cours de Frances Robinson-Duff. En réalité, je ne connaissais rien de la ville. Et ce New York-là, vous ne le connaissez pas non plus. Je disposais d'une voiture. À l'époque, on pouvait se garer pratiquement partout. Vraiment rien à voir avec New York d'aujourd'hui. La voie express F. D. Roosevelt n'existait pas. Ni celle de West Side. Pas de pont George-Washington. On inaugurait tout juste le Holland Tunnel. Le Lincoln n'était même pas en projet.

La liaison avec Staten Island et le New Jersey se faisait en ferry, exclusivement.

Pour le Bronx et Long Island, il y avait des ponts.

Pas de tunnel entre Manhattan et Long Island.

Dans le quartier que je fréquentais — c'est-à-dire entre la 39e et la 49e rue, côté est — il y avait un métro aérien, sur les Deuxième et Troisième Avenues précisément. Je fais allusion à la fin des années vingt et au début des années trente. Central Park était ouvert à la circulation, et je venais souvent y passer la journée, en laissant ma voiture à l'intérieur du parc. L'endroit était très peu fréquenté, en ce temps-là. On ne joggait pas. La perspective n'était pas encore gâchée par l'immeuble de la Pan Am et l'on voyait la gare de Grand Central se découper à contre-jour dans le ciel.

Il est difficile de se rappeler quand sont apparus les ponts, les tunnels, les gratte-ciel monumentaux, et la foule compacte dans les rues. Je passais en fait mes journées à espérer un coup de téléphone et l'offre d'un emploi.

Je devais habiter un appartement inoccupé qui appartenait à ma tante. Un salon sur le devant — au quatrième étage — dans un immeuble bourgeois de la 62e rue. Salle de bain minuscule..., cuisine, chambre. Ma tante Betty Hepburn n'était pas en ville.

Pour tout dire, je ne connaissais véritablement personne dans la ville des villes. Jack Clarke, bien sûr..., ses deux sœurs — Aggie et Louise. Ils étaient de Bryn Mawr — la ville, pas l'université. Leur ami Ludlow Ogden Smith. Ils habitaient dans la 39e rue, entre la Troisième et la Deuxième Avenue. Ils étaient tous très gentils avec moi.

Et puis il y avait H. Phelps Putnam.

Pendant ma dernière année à Bryn Mawr — à la fin du printemps 1928, pour être tout à fait précise — j'avais été invitée à un déjeuner chez Helen Taft Manning. Elle était doyenne de Bryn Mawr. Son mari s'appelait Fred Manning et avait pour grand ami H. Phelps Putnam, qui était également invité à ce déjeuner. Putnam était poète. Il était de taille plutôt moyenne, avec une très jolie tête.

Et surtout, il était fascinant. Il m'a suffi de le regarder une fois pour être immédiatement frappée par ce qui frappe parfois, d'emblée et sans raison, quand on pose les yeux sur une personne du sexe opposé. Il m'a donc totalement fascinée. Je me suis retrouvée sur un petit nuage rose dont je ne suis plus descendue pendant toutes ces dernières semaines que j'ai passées à Bryn Mawr. Je vivais dans une chambre individuelle, au deuxième étage de Pembroke East, et j'avais l'habitude d'enjamber la fenêtre et de descendre par la vigne vierge pour m'offrir une promenade de minuit. Je pense avoir été l'inspiratrice de ce poème.

... Elle était la vivante anarchie de l'amour,
Elle était l'inexpliquée, la fin de l'amour,
Celle qui occupe le moi des rêves,
Apparition unique en ce monde fini,
Celle qu'on ne voit qu'une fois avant le désespoir
Pour lequel il n'est pas de romantique consolation.
Elle était pour moi la nourriture, la sœur, l'enfant,
Le désir, la liberté, la discipline;

Et sur ma tête elle posa deux mains jolies et gauches.
Elle était âpre comme la vie et la mort,
Douce aussi comme l'est un vin blanc
Un jour d'été échevelé.
Qu'elle cherche le compliment ou le reproche,
Ma voix se noie dans mon sang,
Je ne peux pas parler, ni ne pouvais avant,
L'amour se nourrit de mots bien lisses,
Je le savais mais je n'ai rien pu dire.
Car par-delà l'espace elle était ma qualité,
Elle était le masque cachant mon désir...

«Les filles du Soleil», de Phelps Putnam.

J'ai débarqué à New York. Phelps vivait dans la 54e rue, au bord de l'East River. Dans un appartement tout en longueur — une enfilade de pièces — qui appartenait à Russell Davenport de *Time/Fortune*. Davenport était absent de New York. L'appartement avait beaucoup de charme. Davenport avait fait installer une vraie salle de bain, une jolie cuisine, et un escalier extérieur en fer, pour les incendies, sur lequel il était bien agréable de s'asseoir pour regarder passer les bateaux. Un endroit formidable. Tranquille, romantique. Comme j'avais l'esprit très pratique, je n'ai pas tardé à me rendre compte que je pourrais joindre l'utile à l'agréable en habitant carrément dans l'appartement. Question de bon sens. Un beau soir, je suis donc allée chercher mes affaires dans la 62e rue, et je les ai descendues jusqu'à la 54e. Loin de moi l'idée de vivre dans le péché avec Phelps. Vivre avec lui suffirait. Le péché pouvait attendre. Et vivre avec lui était déjà une sorte de béatitude... les opportunités... les espoirs. J'atteignais toute seule des sommets de bonheur. Je n'avais besoin de rien d'autre.

Phelps connaissait tout le monde. Enfin, il connaissait Robert Benchley, le bar clandestin Chez Tony, vous voyez le genre. «Les endroits», quoi. Parce qu'il fallait connaître «les endroits», «les gens». «Être dans le coup». Ce qui n'a jamais été vraiment mon fort. Apparemment, moi, je suivais — et je suis toujours — mon petit bonhomme de chemin, sans m'occuper des autres. Je savais que je voulais aller «là». Quant à la nature de ce «là», je ne suis pas certaine de bien savoir.

Phelps était vaguement marié. En plus, il n'avait pas d'argent. Et je n'en avais pas beaucoup. Et il avait des goûts de luxe pour ce qui regardait la nourriture, la boisson, le confort. Je ne manquais pas de bon sens, et j'ai vu aisément qu'aussi longtemps que je n'aurais pas les moyens de l'entretenir — condition *sine qua non* — mieux valait nous en tenir à une parfaite amitié. Ce que nous avons fait. Je ne savais pas, à l'époque, que mon père avait dit à Phelps :

« Écoutez un peu... vous n'ignorez pas, j'espère, que ma fille Kath a jeté son dévolu sur vous. Vous ne manquez certes pas de séduction. Je ne saurais donc la blâmer. Mais il se trouve que vous êtes marié et beaucoup plus vieux qu'elle. Elle va faire tout ce qu'elle pourra pour vous séduire... et elle a la fougue d'un jeune taureau prêt à charger — je ne trouve pas de meilleure image. Alors... vous avez intérêt à vous tenir sur vos gardes. Parce que si vous la touchez, je vous descends. »

Phelps, je crois, a été un peu effarouché. Il appréciait la compagnie des femmes. Mais ce qu'il aimait vraiment, c'était la boisson. Et il ne courait certainement pas après les ennuis. Il m'a donc laissé l'appartement et est parti rendre visite à son ami Taft, premier président de la Cour suprême, en Nouvelle-Écosse.

Moi, je suis restée sur mon nuage romantique — dans la rue je marchais à trois mètres au-dessus du sol.

Davenport est revenu chez lui. Je suis donc partie. J'ai emménagé dans le grand appartement vide de la famille d'une de mes amies d'université, Megs Merrill. Au 925 Park Avenue. Ses parents étaient à Huntington, Long Island, pour l'été. Je travaillais avec Frances Robinson-Duff tous les jours. Et comme je vous l'ai dit, j'ai décroché mon premier emploi à New York.

J'avais rencontré Luddy aux alentours de 1926, pendant ma dernière année d'université — Ludlow Ogden Smith. Il était le meilleur ami de Jack Clarke, lequel, vous ne l'avez pas oublié, habitait juste à côté de Bryn Mawr College. Jack vivait avec son père et ses deux sœurs. Sa mère était dans un asile psychiatrique. À la mort de son père, Jack a dû gérer sa fortune et s'occuper de ses deux sœurs. Tous les trois, ils ont juré alors de ne jamais se marier et de ne jamais avoir d'enfant. Et ils ont tenu parole. Il était grand, maigre, séduisant. Il avait une trentaine d'années. Comme Luddy — pour l'âge du moins. Moi, j'avais vingt ans. Luddy était grand, de corpulence moyenne, et brun. Il avait un physique étrange — les cheveux noirs, les yeux noirs, très écartés. Un air étranger. Des joues roses. Un nez bizarre, long, avec une bosse. Une bouche largement fendue, avec des lèvres charnues. Je m'efforce de tracer son portrait, mais ma description fait ridicule. Or, je vous assure qu'il était tout sauf ridicule. Enfin, peu importe, j'ai mis une photo de lui, vous pourrez vous faire votre idée.

Luddy et Jack étaient vraiment de grands amis. Ils avaient tous les deux de l'argent. Pas énormément, mais de quoi rendre la vie facile. Ils se retrouvaient chez Jack. La pelouse de sa maison touchait celle de Bryn Mawr. À la campagne, ils avaient une sorte de... si je dis « cabane », cela fait un peu désolé. Il s'agissait d'une toute petite maison, blanche, avec un toit et des boiseries foncées. Une grande cheminée. Un petit porche. Tout en haut d'une colline. Qui se trouvait être un pré. Ils étaient propriétaires d'une dizaine d'hectares de terres, et on ne voyait pas une seule autre maison à la ronde. C'était à trois quarts d'heure de voiture. Une rigolade. Nous y allions en pique-nique. Par ce « nous », entendez une bande de filles — eux disaient « le Pensionnat » — qui habitaient sur le campus de Bryn Mawr, dans le pavillon jouxtant la maison de Jack, et qui avaient fini par se lier d'amitié avec Jack et Luddy. Mon amie Alice Palache, dont le père dirigeait le département minéralogie de Harvard. Lib Rhett — elle avait une voiture ! Très pratique. Adele Merrill. Alita Davis, parfois. Elle était riche, venait de Saint-Louis et était la nièce des Davis de la Coupe Davis. Nous avions toutes entre dix-huit et vingt ans, et nous débordions de joie et d'innocence.

Jack et Luddy cherchaient les ennuis. Mais ils n'allèrent pas au-delà de photos de nu. Des clichés de moi, allongée sur un grand canapé qu'ils avaient dans le salon. J'ai posé en toute confiance, car j'étais plutôt contente de moi. Je ne me rappelle pas qui d'autre a posé. Je sais qu'Alice Palache ne l'a pas fait. Ils m'ont donné des agrandissements des photos. Je me souviens de les avoir rangées dans une corbeille en osier, avec un couvercle. Fermée par une lanière. J'ai gardé cette corbeille pendant des années. Je ne sais plus quand elle a disparu. Je sais que je l'avais lors de mon arrivée à New York. Je m'en souviens encore très précisément, quand j'ai emménagé chez Megs Merrill, au 925 Park Avenue, le même été. Megs avait épousé un certain Armitage Watkins que tout le monde appelait Wee Willie Watkins*. Il me semble que Willie est venu passer une nuit dans l'appartement. Il a ouvert la corbeille.

« Il y en a, des photos de nu de toi, a-t-il dit.

— Oui », ai-je répondu.

Je crois qu'il aurait aimé que je poursuive la conversation.

Je ne l'ai pas fait.

Et aujourd'hui, mes souvenirs s'arrêtent là. Je ne sais pas ce que sont devenues ces photos. Est-ce que je les ai déchirées ? Où est passée la corbeille en osier ? Je pense que j'ai dû me dire intérieurement que si je ne les regardais pas, elles n'existaient pas. Étrange. Parce que je crois que si je ne regarde pas quelque chose, cette chose n'existe pas.

Je ne regarde jamais les critiques. Elles n'existent donc pas. Ni les films que j'ai tournés. Ils n'existent pas. Mes péchés d'autrefois, pourrait-on dire.

Mais je parlais de Luddy, parce que c'est à sa générosité que je dois le début de ma carrière. Il était la délicatesse même. Luddy était originaire de Stratford, en Pennsylvanie, soit plusieurs stations de chemin de fer au-delà de Bryn Mawr. Il avait fait ses études à l'université de Grenoble, était fin musicien, et pouvait apprendre n'importe quelle langue en quelques jours — ce qui lui permettait de se débrouiller partout. Il avait travaillé à Philadelphie, puis était venu à New York où il avait un emploi.

Après la décision de Phelps Putnam de suivre le conseil de Papa et d'aller rendre visite à son ami le président du tribunal Taft, en Nouvelle-Écosse, je m'étais donc retrouvée seule dans l'appartement de la 54e rue, sur l'East River. Et puis Davenport était revenu et j'étais partie m'installer au 925 Park Avenue, chez les Merrill.

Comme je l'ai déjà indiqué, Jack Clarke et ses sœurs vivaient alors à New York, tout près de chez Luddy. Nous avons commencé à sortir ensemble, au restaurant, au cinéma, etc. Luddy avait une voiture et m'emmenait parfois passer le week-

* Personnage de Kipling (*NdT*).

end à Fenwick. De fil en aiguille, nous nous sommes vus de plus en plus… assidûment.

Vous disiez ? Où c'est arrivé ? Ah oui, bien sûr, eh bien c'est arrivé dans l'appartement des Clarke. Ils étaient tous partis, et je me doutais bien que Luddy était amoureux de moi. L'ennui, voyez-vous, c'est que moi, j'étais amoureuse de moi-même. Enfin, vous comprenez. Moi, je voulais être une grande vedette, une star et… pardon ? Je vous ai déjà dit tout cela ? Oui, c'est exact. Toujours est-il que Luddy et moi étions seuls dans l'appartement, qu'il y avait un grand lit, et apparemment aucune raison de ne pas le faire. Bref… ce que j'essaie de dire, c'est que… c'est arrivé, voilà. C'est arrivé. Disons que Luddy savait ce qu'il faisait, j'imagine — et moi je n'ai pas dit non. Alors c'est arrivé. Adieu ma vertu. À partir de ce jour, Luddy est devenu mon petit ami. Mais attention, ce n'est pas tout : il était certes mon petit ami — et là, c'est la chose la plus énorme que vous ayez entendue :

Il était mon meilleur ami.

Mes débuts

Bon, mon premier rôle. La compagnie Knopf Stock avait subitement décidé de tenter une production à New York en montant *The Big Pond*, avec Kenneth McKenna, une pièce qu'ils avaient déjà donnée avec un certain succès à Baltimore. Ils m'ont engagée comme doublure du premier rôle féminin. Bien entendu, j'exultais. J'ai appris le rôle et je me suis installée dans les coulisses, tout à fait persuadée que je ferais beaucoup mieux que celle dont j'observais le jeu, Lucille Nicholas. Lucille Nicholas était une comédienne de talent qui n'avait pas l'avantage d'être très jeune, dépourvue de vergogne et animée d'une sorte d'absolue confiance en elle dont l'unique fondement était l'énergie et l'ego. Bien sûr, je me croyais morte de peur, mais si je peux dire une chose à présent, avec le recul, c'est que justement je n'avais pas assez peur. Vous ouvriez une porte, et je fonçais tête baissée. Même s'il y avait le feu dans la pièce. Un jour, pendant l'heure du déjeuner et après une semaine de répétitions, on m'a demandé de rester et de jouer une scène. Poussée par une sorte de débordement frénétique, j'ai dû donner une très bonne interprétation. Ils ont viré le premier rôle et m'ont engagée à la place. Je ne savais évidemment pas ce que je faisais, mais je l'ai fait avec panache. J'ai pris cette promotion comme une chose normale. J'avais le premier rôle. J'étais dans le métier depuis environ quatre semaines. Tout se passait comme je l'avais imaginé... attendu. Je réussissais.

Suit un tourbillon de souvenirs. Le grand couturier Bergdorf-Goodman pour les costumes..., les chaussures... Mille paroles flatteuses... Le trajet jusqu'au Great Neck pour la grande première du samedi. Le lieu à la mode pour une soirée exceptionnelle. Je suis partie avec ma voiture. La répétition en costumes s'était faite au National Theatre de New York, aujourd'hui le Neederlander, dans la 41ᵉ rue, où s'étaient déroulées toutes les répétitions, ainsi qu'une séance de photos. Celles de moi étaient très réussies, à mon avis.

Je suis arrivée au théâtre vers dix-huit heures, pour l'ouverture. Et je me suis dit... Non, n'y va pas maintenant... c'est trop terrifiant. Reste dehors aussi longtemps que possible. J'étais capable de me maquiller en cinq minutes. Pour les cheveux, je n'avais jamais de problème non plus. Fais comme si de rien n'était. Et puis tu fais ton entrée... disons, à vingt heures dix. J'ai donc musardé dans les environs, mangé le repas que je m'étais apporté, dans l'herbe. Et puis j'ai piqué un cent mètres. Et j'ai fini par débarquer au théâtre dix minutes après la demie, à la fureur générale. Mais je me suis maquillée. J'ai passé mon costume. Et foncé sur scène pour ma réplique. Très peu de temps après mon entrée en scène, je devais faire une imitation d'un Français (Kenneth McKenna), notre guide dans la pièce. Mon père, ma mère et moi étions censés visiter l'Europe en touristes. J'avais un bon accent français.

J'ai cassé la baraque. Le public s'est mis à applaudir à tout rompre. Naturellement, je me suis dit : Voilà... c'est dans la poche. Je suis une star. Je me suis rengorgée d'excessive assurance. Ma voix est montée dans les aigus. Mon débit s'est accéléré. Et apparemment — enfin, cet « apparemment » concerne tout le monde sauf moi — je suis devenue très difficile à comprendre. Je parlais trop haut... trop vite. Je n'étais plus la partenaire de McKenna — j'étais la vedette. Et lui me donnait la réplique.

À la fin de la représentation, j'ai bien remarqué que personne ne se déplaçait pour venir me féliciter. Mais n'ayant jamais été véritablement une grande star un soir de première, je ne connaissais pas trop les usages. Je me suis dit qu'ils avaient peut-être des problèmes. L'idée que leur problème, c'était moi, ne m'a jamais traversé l'esprit.

Un certain Harlan Briggs jouait mon père dans la pièce, et

je lui ai proposé de le ramener en voiture. C'est gentil, a-t-il dit. Et nous voilà partis. Le fait que personne n'avait fait le moindre commentaire m'ennuyait suffisamment pour que je lui demande si quelque chose n'allait pas. À ce moment-là, on avait dû le prévenir que j'allais être remplacée. Mais il ne m'a rien dit. Je l'ai donc déposé, j'ai retrouvé mon appartement de Park Avenue... et je me suis couchée.

Le lendemain, j'allais partir à la répétition quand Frances Robinson-Duff m'a appelée au téléphone pour me demander de passer chez elle avant de me rendre au théâtre. J'ai dit : « Mais je vais être en retard. — Ça n'a aucune importance », a-t-elle répondu.

En chemin, j'ai réfléchi : « Ça n'a aucune importance... ? » Qu'est-ce que cela signifie ?

Je suis arrivée chez elle. J'ai grimpé jusqu'à l'atelier. Elle donnait ses cours au dernier étage. Elle m'a fait entrer. À l'instant où j'ai vu son visage long et très sérieux, la lumière s'est faite en moi.

« Je suis virée, ai-je dit.

— Oui.

— Bon, eh bien... » En panne de mots, j'ai continué : « Je ne pleure pas... vous devez être fière de moi !

— Non. Je le serais davantage si tu pleurais. Tout le problème de ton jeu hier soir est là. Trop personnel.

— Virée... mon Dieu, quel embarras. Ils doivent se sentir horriblement gênés. Qui reprend mon rôle ?

— Celle qui l'avait... Lucille Nicholas.

— Ah bon, très bien, elle doit être très contente. C'est une bonne idée. Cela dit, je pense que je vais filer tout de suite au théâtre pour bien leur montrer que je ne suis pas fâchée. Oh, mon Dieu... ils doivent être tellement embarrassés.

— Katharine... Je crois qu'il vaudrait mieux que tu t'abstiennes d'y aller.

— Au contraire... il le faut absolument. Je ne serai pas longue. Je veux juste... »

Et me voilà partie. Je suis allée jusqu'au théâtre. Où j'ai fait irruption. J'ai félicité la vedette féminine. Ils m'ont proposé de reprendre mon emploi de remplaçante et j'ai dit que non, je ne pensais pas que c'était une bonne idée. Puis, après avoir remercié tout le monde, je suis repartie. Qu'ont-ils dû penser ?

J'ai pris ensuite le train pour Hartford et j'ai tout raconté à mes parents.

Ils ont pris la résolution de ne plus jamais manquer une seule de mes premières. Puisqu'elle risquait d'être aussi la dernière. Nous avons ri de bon cœur. Ha ! ha ! ha !... Passons à la suite. Retour à New York. Le lendemain de mon arrivée, j'avais deux coups de fil. Un de Arthur Hopkins... un de J. J. Shubert.

Je suis d'abord allée voir J. J. Shubert. Il m'avait vue dans *The Big Pond*.

« Vous étiez adorable, ma chère. Il y avait des femmes..., des hommes..., du beau monde..., de la racaille..., des putes..., des dames bien et des enfants, dans ce public du samedi soir. Ils vous ont aimée — tous...

— Oui, tout le monde sauf la direction.

— ... et ils ont fait une belle bêtise en vous laissant filer. Je vous propose un contrat de cinq ans. Deux cent cinquante dollars pour commencer, mille cinq cents en fin de contrat. Option renouvelable chaque année. »

J'ai réfléchi à toute vitesse... On n'achète pas comme ça sans voir.

« Vous me rassurez beaucoup, Mr. Shubert, mais je ne crois pas avoir envie d'être liée à qui que ce soit et de ne plus pouvoir faire ce que je veux, quand je le veux. J'aime mieux être indépendante. Vous risquez de vouloir me faire faire quelque chose qui ne me plaît pas, et nous serions bien embêtés, n'est-ce pas ? Je vous suis néanmoins très reconnaissante de l'enthousiasme que vous me témoignez.

— Prenez le temps de réfléchir. Ne soyez pas stupide, Katharine.

— Je vous le promets, monsieur. Et merci encore. » Et je suis partie. Il n'en croyait pas ses yeux.

J'ai quitté le bureau de Shubert, j'ai marché jusqu'à la 45e rue où se trouvait le bureau d'Arthur Hopkins..., j'ai emprunté le petit escalier derrière l'orchestre du Plymouth Theatre..., et je suis arrivée devant sa porte. Le bureau était petit... Sa secrétaire, Miss Hess, à gauche, lui, dans une pièce minuscule, à droite. Miss Hess m'a dit d'entrer. Je l'ai entendue lui téléphoner. J'ai donc franchi sa porte et je suis restée debout. Il lisait un manuscrit, assis à son bureau, en face de moi. J'ai eu l'impression d'attendre ainsi plusieurs minutes. Il a fini par lever les yeux.

« Bonjour, ma chérie. Je vous ai vue l'autre soir. » Sourire. « Vous étiez bonne. J'aimerais que vous travailliez pour moi.

— Merci monsieur, ai-je dit. J'en serais très heureuse. »

Il s'est replongé dans son manuscrit. J'étais toujours debout. Les minutes ont passé. J'ai fini par me dire que, bon, l'entretien était terminé. Il aimerait que je travaille pour lui. Je n'avais plus qu'à m'en aller. Apparemment, il avait envie de lire. J'ai amorcé une sortie. Sa voix m'a rappelée.

« Vous ne voulez pas savoir ce que vous allez faire ?

— Si, monsieur. J'aimerais beaucoup. »

Il a attrapé un script sur le bord de son bureau.

« Lisez ceci... Le rôle de Veronica.

— Merci, monsieur.

— Ah oui... Nous commençons les répétitions la semaine prochaine. » Il s'est remis à sa lecture. « Lundi... Onze heures. »

Je suis partie. J'avais un rôle. Gagné, me suis-je dit.

Arthur Hopkins était son propre maître. Il était petit, gros, une tête ronde sur un corps rond. Ses yeux bruns étaient directs, brillants et très, très écartés. Il était gallois et peu bavard. Il disait les choses simplement. Les pensait simplement. Les laissait s'accomplir. Un personnage surprenant ? Rien ni personne ne l'influençait. Sa carrière au théâtre est plus qu'honorable. Les Barrymore... *Richard III*... *Hamlet*... *The Copperhead*... *Anna Christie*... *Holiday*... *Machinal*. Autant de choses qu'il a faites parce qu'il en avait envie.

Il ne m'avait rien dit des conditions financières... ni du rôle. Absolument rien. Et moi, debout dans l'embrasure de sa porte, je me suis dit : Bon, l'important, c'est qu'il me veut. Il sait qu'il m'a. Alors pourquoi perdre son temps en paroles inutiles ?

La pièce s'appelait *These Days*, de Katherine Clugston. J'interprétais le rôle d'une collégienne. Un joli rôle. Mon personnage avait une très bonne scène où il subissait un interrogatoire de la directrice à qui il répondait par « Oui, Miss Van Allstyne... », « Non, Miss Van Allstyne ». Très calme. Sans rien dire sur la fille à propos de qui on lui posait des questions. Il s'agissait du rôle principal, interprété par Mildred McCoy. Elle avait commis un péché. Il y avait une autre fille, Mary Hall, qui avait aussi un rôle important dans la pièce. Elle était intelligente... grosse... drôle. Et elle venait de Yale.

Nous avons répété au Plymouth Theatre à New York. Hopkins avait sa méthode personnelle pour les répétitions. Il nous faisait asseoir autour d'une grande table et lire la pièce. Lire, lire, lire et relire encore. Jusqu'à ce que tout le monde connaisse le texte par cœur et ait le sentiment d'en posséder totalement le sens. Et puis sans transition... tout le monde sur scène. Tout se mettait en place. J'ai trouvé à l'époque, et je trouve toujours, cette façon de procéder très intelligente. Se lancer tout de suite dans l'interprétation, manuscrit en main, et chercher son jeu avant de connaître le texte, c'est une chose que je n'ai jamais comprise. Je le fais, mais j'apprends toujours mon rôle avant. Je suppose que j'ai été formée de bonne heure par la méthode Hopkins. Et elle fonctionne. Parce que si je connais la pièce avant de répéter, je suis en meilleure position pour sentir à quel endroit j'aimerais me placer pour jouer telle scène... et en meilleure position aussi pour discuter avec le metteur en scène... ayant déjà étudié la pièce en profondeur. De nombreux comédiens disent : mais... je suis incapable d'apprendre le texte avant de savoir où je vais. C'est une attitude qui n'a pour moi aucun sens. Elle équivaut à dire qu'on refuse d'apprendre à marcher tant qu'on ne sait pas où l'on ira. Étant moi-même la voie, je dois apprendre. Ensuite, c'est mon instinct qui me dit plus ou moins où aller. Ou le metteur en scène. En fait, peu importe... Debout..., assis..., du moment que le public entend.

Nous avons rodé le spectacle à New Haven, puis à Hartford. Chez moi. Grand chambardement. New York ensuite, un jeudi soir. La première new-yorkaise a eu lieu au Cort Theatre, dans la 48e rue. Je partageais une loge avec Mary Hall. L'accueil critique a été glacial. J'ai eu droit à des louanges. Mary aussi. Le vendredi soir, tout le monde avait l'air un peu déprimé. Pas moi, bien sûr. On disait du bien de moi, et c'est la seule partie de la critique qu'une personne douée d'un minimum de bon sens... Bref, c'est tout ce que moi j'avais lu. Et pour moi, c'était un succès. Je n'avais pas la moindre idée de ce qui pouvait aller mal.

« Tu as vu le panneau ?

— Hélas ! »

Je ne savais même pas de quoi il était question. Quel panneau ?

Juste avant mon entrée en scène, un des machinistes m'a tapoté l'épaule.

« Allez, vous n'avez pas de mauvais sang à vous faire. Vous retrouverez vite un autre rôle.

— Comment cela, un autre rôle ? ai-je dit, la vérité commençant à se faire jour.

— On arrête samedi.

— Ah, c'est tout ! » ai-je fait, feignant d'être au courant, bien sûr.

Tous les comédiens se pressaient dans le bureau de Hopkins pour voir s'il avait autre chose à leur proposer. Je me suis dit : Bon, il a mes coordonnées, s'il me veut, il viendra me chercher.

Ce qu'il a fait. Le samedi soir. « Soyez au Shubert Theatre, à New Haven, dimanche midi, pour être la doublure de Hope Williams. »

Soit dit en passant, il m'avait payée cent vingt-cinq dollars la semaine pour *These Days*. Ce qui était un très gros cachet pour une débutante. Très généreux. Il m'a donné la même chose pour *Holiday*. Sans que nous en parlions jamais.

Plusieurs années plus tard, il devait me rappeler que pour *These Days* il m'avait demandé d'acheter moi-même mon costume. Il voulait que j'aie l'air authentique. J'étais allée à la boutique de pulls de Mrs. Franklin, à Philadelphie, et j'avais commandé un pull fait main... Cent soixante-quinze dollars. J'avais toujours rêvé d'en avoir un semblable quand j'étais à Bryn Mawr. En recevant la facture, Hopkins avait vu que c'était vingt-cinq dollars plus cher que ce qu'il avait payé pour tous les autres costumes féminins, mais j'étais tellement contente de mon achat qu'il n'avait pas eu le cœur de m'en faire reproche.

Le rôle de doublure m'allait comme un gant. Hope Williams, une comédienne devenue star du jour au lendemain. Une séductrice à l'élocution unique. Une superbe allure de garçonne. Donald Ogden Stewart..., sa femme, Beatrice Stewart (il devait épouser par la suite Ella Winter, la veuve de Lincoln Steffens).... et Babs Burden. Tous des New-Yorkais en vue, par la naissance, la réussite, ou les deux. Ils ont tous été très gentils avec moi. Je n'ai eu l'occasion de connaître vraiment bien aucun d'entre eux, mais ils étaient très charmants. La pièce a fait un grand succès new-yorkais.

Pendant deux semaines environ, j'ai donc été la doublure de Hope Williams dans *Holiday*, et puis Luddy et moi avons décidé de nous marier. Mon grand-père se trouvait en visite à Hartford et j'avais une jolie robe — de chez Babani. Du velours blanc froissé, avec un motif de broderie ancienne dorée à l'encolure, sur le devant du corsage et sur les manches. J'ai donc annoncé à Hopkins que j'abandonnais le théâtre et nous nous sommes mariés dans le salon du 201 Bloomfield Avenue, à Hartford, en présence de nos deux familles, avant de partir en lune de miel dans les Bermudes. Luddy a toujours été un ange de compréhension — heureusement pour moi. J'ai dit : « Oui, bien sûr — nous vivrons à Stratford, en Pennsylvanie », et nous nous sommes mis en quête d'une maison. Mon bel enthousiasme a duré deux semaines. Nous sommes rentrés à New York où nous avons élu domicile dans son appartement — au 146 de la 39e rue, côté est. Et je suis allée redemander mon emploi à Hopkins. Il a dit : « Bien sûr. Je vous attendais. » J'ai dit : « Vraiment ? » Il a répondu : « Oh oui. » Et il a souri.

Tout cela en décembre 1928. Je me marie. Je quitte tout. Je pars vivre en Pennsylvanie. Puis je reviens à New York et je reprends mon boulot.

Pauvre Luddy. Deux semaines seulement avec une véritable épouse. Oh Luddy ! Attention.

J'ai été présente à toutes les représentations pendant six mois environ.

Après trois mois, Arthur Hopkins est venu assister à une répétition des doublures. J'avais travaillé avec Jimmy Hagen, le régisseur, qui devait écrire plus tard une pièce charmante intitulée *Un dimanche après-midi**. Arthur est resté pendant toute la répétition. Je me donnais à fond. J'étais secrètement persuadée que j'étais bien meilleure que Hope dans les scènes chargées en émotion. À la fin, Arthur est monté sur scène.

« Bien, a-t-il dit en me flattant l'épaule. Mais n'aie jamais l'air de te plaindre de ton sort. »

Critique plus que fine d'une jeunette hypersensible. Plus tard, trois mois en fait après la dernière et alors que la troupe s'apprêtait à partir en tournée — j'avais passé l'été en Europe —, Jimmy Hagen m'appelle à minuit.

« Est-ce que tu sais toujours le rôle, Kate ?

— Pourquoi ?

— Hope est malade. Elle ne pense pas pouvoir assurer la

* Pièce portée à l'écran par Raoul Walsh en 1940 (*NdT*).

matinée puis la soirée de samedi, et commencer ensuite à Boston lundi. Est-ce que tu pourrais la remplacer pour la soirée ?

— Euh, oui... je crois... »

Je me suis levée, j'ai pris le manuscrit, et j'ai commencé à le parcourir. En réalité, ce rôle, je le connais encore aujourd'hui. Les choses s'ancrent en profondeur, à cet âge. « Enfin Julia. Quelle honte, Julia. Est-ce là une façon de passer le dimanche matin ? Qui est l'élu ?... Je le connais ? »

Je me suis donc lancée... dans les vêtements de Hope. Comment, je ne le saurai jamais. J'étais très nettement plus grande qu'elle. C'est là que j'ai compris à quel point Hope était bonne. Et qu'il me faudrait trouver mes propres marques dans le rôle. Sans l'imiter. Un baptême du feu. Les moments où elle déclenchait des tonnes de rires, moi je ne suscitais rien. Mais arrivée au troisième acte, j'ai commencé à trouver ma distance. Le reste de la distribution était aussi tendu que moi et très coopératif. Pendant la saison à New York, Hope m'avait proposé de rester chez elle un soir pour me donner l'occasion de jouer le rôle une fois. J'avais eu le bon sens de refuser... Non..., non. Qu'elle se porte bien. J'avais eu raison. On est une pâle copie, au mieux, quand on prend la place de quelqu'un.

Il n'empêche que j'ai survécu... et le reste de la distribution aussi. Et le public de même. Ma seule déception : Hopkins n'est pas venu me voir jouer. Je lui ai demandé pourquoi, des années après. « Vous n'étiez donc pas curieux ?

— Non, a-t-il dit. Je t'avais déjà vue. Je savais que tu étais bonne. »

Mais sa réponse ne m'a pas satisfaite... et ne me satisfait toujours pas. J'aurais voulu qu'il soit présent. À votre avis, pourquoi n'est-il pas venu ?

Après *The Big Pond* — après avoir été virée — des photos de moi sont arrivées à New York et elles étaient dans une vitrine, sur le trottoir qui longe le Bijou Theatre, dans la 45e rue. Un certain Henry Salsbury, de la Paramount, les a vues et m'a appelée pour demander de faire un essai. Ça, me suis-je dit, ce serait une bourde. Je ne suis même pas comédienne. Tout juste une photo. Ils me feraient signer un contrat pour trois sous et je perdrais tout contrôle sur ce que je fais. J'ai rencontré Mr. Salsbury et lui ai tenu ces propos. Non sans ajouter cependant... « Si jamais je décide un jour de tourner un essai, ce sera pour vous. » Je trouvais cela très courtois de ma part.

Il m'a emmenée dans une grande limousine pour assister à la première d'une pièce avec Jack Dempsey. Mon Dieu, si c'était la grande occasion ? Évite de fréquenter des inconnus. De frayer avec les huiles — tu y perdrais ton mystère. Je n'avais pas d'agent. Certains avaient des agents, mais ces derniers ne contrôlaient pas complètement le métier comme aujourd'hui. Souvent — enfin, souvent, une ou deux fois —, je suis allée faire du porte-à-porte. J'arrivais, on me faisait asseoir. À la fin de la journée, une secrétaire s'adressait à moi et disait : « Que faites-vous ici ? » Le seul incident notable survint le jour où j'ai dit à une secrétaire de Al Woods : « Je viens pour le rôle de la fille dans *L'adieu aux armes*. — Oh ! mais la distribution est faite depuis longtemps. Cela dit... » Elle avait un tendre cœur. « Entrez, je vais vous présenter tout de même à Mr. Woods. » Ce que j'ai fait. Lui aussi avait le cœur tendre. Je lui ai demandé qui allait jouer le rôle. Il a répondu : Elissa Landi. Il n'y avait rien de plus à dire. J'étais épuisée. Une journée entière à attendre. Toutes les malheureuses sur leur trente et un. Sans la moindre chance, apparemment, de jamais arriver assez tôt pour avoir une chance de décrocher un rôle.

Pour ne pas laisser imaginer que je faisais le moindre effort, je m'habillais de façon plutôt négligée. Je portais un vieux bonnet... ou pas de chapeau, alors qu'on ne sortait pas nu-tête. Avec un vieux manteau en tweed vert. Que je fermais par une épingle de sûreté. Un pull jeté sur les épaules ; les cheveux vaguement attachés... Fort désinvolte en ce temps-là. Je voulais donner l'impression qu'il m'était parfaitement égal d'avoir le rôle ou pas. J'avais une voiture, et cela me donnait une sorte d'assurance. Je pouvais au moins arriver décontractée. Mais à vrai dire, je n'ai pas eu très souvent à me mettre en chasse d'emploi. J'ai eu de la chance. Je me trouvais à l'Empire, un soir, quand j'ai été abordée par un complet inconnu : « Je vous demande pardon, mais vous êtes comédienne ?

— J'aimerais bien.

— Puis-je vous donner une recommandation pour la Guilde du théâtre ?

— Merci », ai-je dit.

C'était en 1929. L'homme s'appelait Maurice Wertheim,

un des mécènes de la Guilde. Et devinez qui il était (je viens juste de le découvrir) : c'était le père de Barbara Tuchman, l'auteur célèbre.

J'ai adressé mes références à la Guilde du théâtre. La lettre de Maurice Wertheim a fait merveille. J'ai rencontré Terry Helburn (encore une ancienne de Bryn Mawr), Lawrence Langner, Philip Moeller. Ils jouaient dans une pièce de Sam Behrman, *Meteor.* Si je voulais bien lire le texte, pour le rôle de l'ingénue... Les Lunt ont les deux rôles principaux. Oui, je lirais. Ils m'ont confié le manuscrit.

Bien des années plus tard, j'ai rappelé cette anecdote à Terry Helburn (qui dirigeait la Guilde avec Lawrence Langner). Terry s'est exclamée : « Oh oui ! Il y avait une liste de garçons et de filles — ceux de Lawrence, ceux de Wertheim, les miens. Il fallait piocher dans le tas. »

Peut-être que je ne savais pas garder un rôle. Mais j'étais capable de décrocher n'importe quoi. J'avais le chic, quoi. Je surgissais du néant au moment opportun..., peu importait que j'aie lu ou non le texte. Je savais captiver leur attention. Je pouvais rire..., je pouvais pleurer..., j'étais rapide. Cela me fascinait. Pendant plusieurs jours je ne pensais à rien, sauf que j'allais auditionner pour un rôle. Ou voir quelqu'un. Je mangeais..., je m'entraînais..., je dormais. Puis j'arrivais au volant de la voiture de Luddy, remontée à bloc, prête à exploser. J'étais allée quarante fois aux toilettes avant de partir. Et puis il me fallait passer encore par le secrétariat pour y retourner avant d'entrer. J'étais toujours très en avance. Puis j'entrais. Je lisais. Dans une sorte de transe. Je n'ai jamais été facile avec les gens. L'angoisse de ne pas savoir l'impression que j'avais faite, je suppose. Mais ma concentration était totale. Elle ne reposait pas sur une vision intellectuelle du rôle. Seulement sur la vibration universelle : faire vibrer le rôle..., vibrer le personnage..., vibrer le public. Comme on allume une allumette. Dans un craquement. Quand toute cette énergie se figeait, pour ainsi dire, incapable de sortir, alors j'étais mauvaise. Je sentais toujours avec acuité quand j'étais figée ou fluide. Un bain... froid... chaud... On se détend. Le ronronnement du moteur. La partie intellectuelle du travail devenait une sorte de cadre, mais la vibration, l'étincelle de vie... c'était... l'étincelle de vie.

La grandiose histoire de Laurette Taylor. Elle jouait dans *La ménagerie de verre*. Laurette m'a toujours semblé — comme Spencer Tracy d'ailleurs : deux Irlandais, deux grands angoissés — donner à la fois l'esquisse et l'intériorité de son personnage, sans s'appesantir sur le comportement visible — indiquer seulement qu'il compose un numéro de téléphone, indiquer tout ce qui relève de l'expérience immédiate pour le public... Suggérer..., et puis habiter, illuminer le personnage. On ne voyait jamais les ficelles. Tout était à réinventer chaque fois. On ne donnait qu'un cadre. Mais tout le reste relevait de la magie. Spencer Tracy dans le rôle du juge Timberlane dans *Cass Timberlane* (1947), et jouant de la flûte, allumant sa cigarette d'une seule main, dans *Un homme est passé* (*Bad Day at Black Rock*, Sturges, 1956). Pas de composition appuyée..., un jeu aérien. Mon idéal.

J'avais vu Laurette Taylor dans *La ménagerie de verre* à Chicago. Je traversais le pays avec Terry Helburn. Pour la Guilde du théâtre. En avion. Los Angeles-New York, avec escale à Chicago.

Kate, aimerais-tu venir avec moi pour voir Laurette dans *La ménagerie de verre*, de Tennessee Williams? me demande Terry.

J'ai accepté avec plaisir.

Nous sommes donc descendues à Chicago. J'avais entendu des anecdotes merveilleuses au sujet de Laurette Taylor, racontées par George Cukor, et je n'allais pas laisser passer l'occasion de la rencontrer. Nous sommes allées au Blackstone Hotel, puis au théâtre, en coulisses, avant la représentation — de bonne heure.

Laurette Taylor était là. Assise devant sa coiffeuse, vêtue d'une simple robe, ses jolis cheveux blond-roux roulés en mise en plis, en train de se maquiller. Plongeant les doigts dans un pot, dans un autre. Ces yeux — les cils et les sourcils blond pâle — très écartés, grands ouverts — dans lesquels passaient mille pensées folles, drôles, émouvantes. La bouche, grande, douce. Un nez qui tirait un peu sur le genre clown. La rousseur irlandaise, vulnérable, claire.

À propos des stars vieillissantes que l'on surprend à leur table de maquillage, George Cukor a dit un jour qu'elles étaient entourées de pots vides dans lesquels elles plongeaient leurs doigts. Un coup sur les pommettes — rose —, sur les lèvres — rouge —, sur les paupières — violet, bleu. Un trait ici, un autre là, un nuage de poudre, les cils qui deviennent noirs. Souvenir et magie.

Elle a retiré les épingles de ses cheveux. Brossé le tout. En volume. Exactement comme Spencer. Ils étaient comme les pommes de terre au four, ces deux-là : authentiques, bruts, sans fioritures, primaires, d'une certaine façon. Parlant tout le temps, drôles, faisant les pitres — le spectacle permanent. C'était sa vie. Elle savait. Dans ses os, elle savait. Dès l'instant où elle arrivait dans la petite pièce, l'antichambre. Un petit coup ici, un autre là. Pas de douloureuse mise en condition — comme avec la Méthode —, pas de constipation. Ils étaient nés avec le talent de donner à voir, de raconter, de faire sentir, de captiver l'attention, d'obliger à regarder. Pour eux, la vraie vie, c'était celle-là. La quotidienneté du lundi-mardi-mercredi-jeudi-vendredi-samedi-dimanche, ils étaient incapables de la maîtriser. C'était leur déchirement.

Elle parlait de... je ne me souviens plus de ce dont elle parlait. Ah ! si..., de Julie Haydon. Comment, une fois le rideau tombé, pendant qu'elles saluaient le public, Julie avait tourné le dos au public et fléchi le genou devant Laurette (ce dont je ne saurais blâmer Julie). Un réflexe normal. Mais Laurette trouvait que c'étaient des foutaises.

LAURETTE : Ne fais pas ça, ma belle — ou je te flanque une bourrade. Et tu t'étales devant tout le monde.

Mais revenons à nos moutons. La superbe histoire de Laurette Taylor :

Julie Haydon avait eu maille à partir avec son rôle. Plusieurs mois plus tard, j'ai revu la pièce à New York. Julie semblait infiniment plus à l'aise. Je l'ai dit à Laurette. « Oui, a-t-elle dit, d'ailleurs elle s'amuse beaucoup à le jouer. C'est très important. »

Et elle a continué : « Je me souviens quand j'ai repris *Peg of my Heart*. Après une interruption de cinq ans. Nous avons donné la première à Philadelphie et les critiques ont salué ma brillante performance, soulignant combien je m'étais améliorée. Etc., etc. En rentrant à New York où nous devions donner la pièce, j'ai dit à mon mari, Hartley Manners : "C'est formidable, n'est-ce pas, ces louanges dont ils me couvrent ?"

Il a souri. ‘‘Bien sûr. Mais moi, j’aimais bien ton ancienne façon de jouer. Tu te souviens ? Tu t’amusais beaucoup.’’ »

Laurette a ajouté qu’elle avait été furieuse contre lui. Au point de ne plus lui parler. Et puis, en y réfléchissant davantage, elle s’est rendu compte de la pertinence de cette remarque. Elle en a fait sa règle d’or. Si l’excellence du travail et l’effort sont perceptibles, le public va s’ennuyer. C’est vrai, curieusement, qu’il s’agisse d’une pièce comique ou grave.

Toujours est-il que j’ai lu le manuscrit de *Meteor* dans un état de grande exaltation. Le lendemain je suis allée auditionner. Phil Moeller pour la mise en scène... les Lunt... Terry et Lawrence. Et aussi Cheryl Crawford. Sans oublier S. N. Behrman, bien entendu.

Je suis passée. J’ai décroché le rôle.

Est arrivé alors ce qui se produit toujours au théâtre. J’ai eu un autre appel. Des Shubert. Me priant de venir auditionner pour le rôle principal de *Death Takes a Holiday*. Avec Philip Merivale dans le premier rôle masculin.

Bien sûr, je passerais... La pièce devait être montée quand ? Tout de suite. Ce n’est pas vrai... Et *Meteor* ? Bon, j’essaie... et je choisis ensuite. Ils m’ont envoyé le manuscrit.

J’ai lu, et j’en ai eu le souffle coupé. Je trouvais le rôle merveilleux. Très romantique... une jeune fille qui part avec la Mort. Et puis le premier rôle féminin, en plus... avec Philip Merivale et James Dale. Mise en scène signée Lawrence Marston. J’ai auditionné et obtenu le rôle.

Il ne me restait plus qu’à annoncer à la Guilde que j’avais une offre plus intéressante. Ce que j’ai fait. Avec le sentiment qu’il n’était pas très élégant de plaquer les Lunt et la Guilde. Mais pour moi, le personnage de Grazia dans *Death Takes a Holiday* représentait l’occasion idéale et je n’ai pas pu résister.

Nous avons commencé les répétitions. Dès le début, il y eut... disons... quelques problèmes. Je devais crier. Je descendais régulièrement aux toilettes du théâtre pour hurler mon soûl... sans jamais trouver le juste cri. Les Merivale — Viva et Philip — étaient très coopératifs, James Dale aussi. Ils me trouvaient excellente dans le rôle. Nous sommes allés à Washington — au National Theatre. Soirée de première. J’ai eu une critique dithyrambique — « une nouvelle Maude Adams ». Et une descente en flammes — « une nouvelle recrue qui parcourt le monde avec une tête de mort et une voix métallique ».

Nous avons fait ensuite Philadelphie. Même scénario me concernant : une excellente critique, une autre exécrable. Je ne pressentait pas le moins du monde que les choses commençaient à sentir le roussi. Le mercredi soir, le représentant de la production est arrivé à la demie et m'a annoncé :

« Nous vous offrons la possibilité de renoncer de vous-même à ce rôle.

— Pardon ? » Je ne comprenais pas.

« Mr. Shubert vous offre la possibilité de vous retirer de vous-même de la distribution.

— Ah ! oui, je vois..., ai-je dit sans me laisser démonter. Eh bien, veuillez faire savoir à Mr. Shubert que je n'ai pas du tout l'intention de démissionner. S'il veut me virer, allez-y, virez-moi. Mais à présent, fermez cette porte et partez. Je dois assurer une représentation, ce soir.

— Katharine, j'étais obligé de vous prévenir avant la représentation. Sinon, nous étions obligés de vous payer une semaine de cachets de plus.

— Je vous plains, ai-je dit. Allez-vous-en. »

Virée... Il faut que je fasse savoir à Mr. et Mrs. Merivale ainsi qu'à Mr. Dale que je suis toujours en vie. Je suis donc allée à leur loge. Ils étaient tous en pleurs. J'en suis restée muette. Le spectacle a commencé. Ils avaient tous des larmes dans les yeux chaque fois qu'ils me regardaient. À la fin de la pièce, Merivale a dit : « Il faut que tu viennes dîner avec Viva et moi. » J'ai obtempéré et, en mal d'inspiration pour faire la conversation, il s'est mis à lire à haute voix une pièce qu'il était en train d'écrire sur Napoléon. Tellement longue et ennuyeuse que pour le coup, elle m'a achevée, de sorte que, virée ou pas, j'ai dormi comme une souche.

J'ai appelé chez moi. Raconté à mes parents ce qui venait d'arriver. Maman avait déjà vu le spectacle à Washington. Papa est venu à Philadelphie. Il a trouvé la pièce complètement nulle. Son commentaire m'a ouvert les yeux.

« Une jeune fille assez bête pour s'en aller avec la Mort ne peut pas être autre chose qu'une psychopathe. Ton interprétation est excellente. Cette fille est manifestement cinglée. Tu as incarné une psychopathe manifeste... »

À présent, je comprenais enfin pourquoi j'avais été virée. Ce que fort heureusement j'ignorais encore, c'est que Rose Hobart, qui devait me remplacer, était présente dans la salle à chacune de mes dix dernières représentations. J'aurais été un peu troublée. Pour ne pas dire plus.

Retour à New York. *Meteor* était à l'affiche. J'avais intérêt à trouver quelque chose... n'importe quoi. Vite. Ne pas se complaire dans la lamentation. Je suis allée à la Guilde. J'ai vu Cheryl Crawford. Ils n'avaient pas de doublure pour Eunice Stoddard, qui interprétait l'ingénue avec Nazimova dans *A Month in the Country*. Je pouvais prendre. Cachet minimal. « Parfait, je prends », ai-je dit. Passionnant de regarder Nazimova tous les soirs, et Henry Travers, et Dudley Digges. Pour vingt-cinq dollars par semaine. Et puis Hortense Alden, qui faisait la bonne, a quitté la distribution pour un rôle plus intéressant. J'ai dit : « Parfait, je reprends le rôle. Et on revoit mon cachet.

— Non... pas un sou de plus. On a autant de gens qu'on veut pour accepter au tarif plancher. Tu dis oui ou non... décide-toi.

— C'est oui de toute façon. » Et je suis partie tête basse. Cinq dollars... Ils auraient bien pu me donner cinq petits dollars de plus. Enfin, un jour..., un jour ils s'en mordront les doigts. Et ils s'en sont mordu les doigts.

On était au printemps 1930. La situation semblait bloquée. Pendant l'été, je suis partie deux semaines en Europe avec Eunice Stoddard. Et puis je suis allée ensuite à Stockbridge, où se trouvait l'Alexander Kirkland & Strickland Company. Pour jouer ce qui se présenterait. Mon amie Laura Harding était venue avec moi. Nous étions toutes les deux des élèves de Frances Robinson-Duff. Je la trouvais très sophistiquée. Elle était déjà venue à Stockbridge l'année précédente. Elle avait une voiture. Luddy était très pris par son travail à New York, mais nous rejoindrait aussi souvent que possible.

Nous avons pris pension dans une vieille maison de Nouvelle-Angleterre, appartenant à un pasteur et son épouse. Richard Hale aussi habitait là. Geoffrey Kerr et June Walker faisaient également partie de la compagnie. Ainsi que Phyllis Connard. La première pièce devait être *The Admirable Crichton*. Richard Hale dans le rôle de Crichton, June Walker étant Tweeney, Geoffrey Kerr le fils, et Phyllis Connard Lady Mary. Elle avait deux sœurs, Lady Agatha et Lady Catherine : je suis Agatha et Laura Catherine.

D'entrée de jeu, j'ai trouvé que le fait de ne pas m'avoir confié le rôle de Lady Mary était une grossière erreur. J'estimais avoir davantage les qualités requises par le personnage que Phyllis Connard. Les autres actrices jouant les premiers rôles me semblaient toujours trop vieilles ou trop ennuyeuses. Je ne voyais que moi pour tenir les rôles vedettes. Ce qui est indubitablement un défaut répandu. Mais Laura s'est déclarée tout à fait horrifiée quand j'ai exprimé cette opinion. Elle estimait avoir beaucoup de chance d'être là ; moi, je trouvais qu'ils avaient bien de la chance de m'avoir. Que je n'aie pratiquement aucun bagage était un détail qui ne m'effleurait même pas.

Laura avait beaucoup de beaux bijoux. Dont nous nous couvrions littéralement.

Ce fut une période très gaie. Nous étions toutes les deux folles de Richard Hale. Qui lui était fou de sa petite amie. George Coulouris se trouvait aussi là. Nous disputions des matches de tennis endiablés.

Le programme prévoyait ensuite *The Romantic Young Lady*, où j'interprétais une espèce de femme fatale, tout de noir vêtue et très aguicheuse. Au bout de deux semaines, je me suis dit que je perdais mon temps, qu'on ne me donnerait pas de rôles dignes de ce nom, et je suis partie. Laura a été très choquée. Moi j'étais ravie de m'en aller. J'ai passé le reste de l'été à Fenwick, notre résidence d'été. De superbes vacances pour Luddy et moi.

Longue période creuse à l'automne 1930. Quelques vagues espoirs à droite, à gauche, mais rien de tangible. J'ai étudié. Et puis, au tout début de 1931, est arrivé *Art and Mrs. Bottle.*

Kenneth MacGowan et Joseph Verner voulaient monter cette pièce de Benn Levy, avec Jane Cowl et Leon Quatermaine. Plus G. P. Huntley, Jr. et Joyce Carey, l'amie de Noel Coward, Clifford Brooks assurant la mise en scène. Ils avaient déjà fait *La nuit des rois*. *Art and Mrs. Bottle* devait être le second spectacle de la saison théâtrale du Maxine Elliott, qui se trouvait dans la 39e rue, après la Sixième Avenue. Ils avaient des bureaux juste à côté de l'endroit où Luddy et moi habitions, dans la 39e rue. À l'angle de Lexington et de la 41e rue.

Ils m'ont contactée. Je suis allée les voir. J'ai auditionné et ils ont semblé apprécier. Ils m'avaient vue jouer dans *These Days*. J'ai été engagée. À l'époque, j'avais toujours mes chances pour n'importe quel rôle d'Anglaise ou d'Américaine très Nouvelle-Angleterre. On importait peu de comédiens du vieux continent, et les accents distingués étaient une denrée rare. Mon cachet serait de cent vingt-cinq dollars. Il s'agissait d'un très joli rôle d'ingénue. La pièce ne reposait pas vraiment sur mes épaules. Ça c'était Jane Cowl. J'avais seulement quelques très bonnes scènes. La situation idéale pour tirer son épingle du jeu.

Nous avons commencé les répétitions. J'arrivais en tenue plus que décontractée — ce qui se fait couramment de nos jours, mais était inédit à l'époque. Pas de maquillage. Sauf un rouge à lèvres très vif.

Benn Levy, l'auteur de la pièce, me trouvait laide, sans personnalité ni talent. « Qu'est-ce qu'elle fait ? Elle se frotte le visage tous les matins au savon de Marseille, ou quoi ? » Benn Levy n'était pas loin de la vérité. J'aimais bien les visages nets.

Jane Cowl m'a prise à part. Pour me dire qu'elle m'aimait beaucoup, mais que Benn Levy n'était pas habitué à ce genre d'allure à l'américaine. Si je voulais bien la laisser me maquiller pour adoucir un peu mon physique, qu'encore une fois elle trouvait très séduisant, mais que lui n'aimait pas du tout.

Elle m'a donc maquillée. Mais en pure perte. Levy a continué de me trouver laide, et ils m'ont laissée tomber. Je me suis évidemment dit qu'ils étaient idiots et s'en repentiraient un jour. Eh bien ce jour n'a pas tardé à venir. Une semaine plus tard ils me rappelaient. Je leur ai réclamé cent cinquante dollars au lieu de cent vingt-cinq, parce qu'ils avaient porté atteinte à ma dignité. Je jouais sur du velours, car je savais qu'à part Benn Levy tout le monde m'aimait bien et que le temps commençait à presser. Et puis ils avaient auditionné toutes les filles disponibles. Ils m'ont donné mes cent cinquante dollars — un peu choqués par ce marchandage très yankee.

Le jour de la première est arrivé. J'ai fait un malheur. Comme dans *These Days*, je n'ai eu que de bonnes critiques. Je me dois d'ajouter que Jane Cowl a été adorable avec moi. Mon succès lui a fait apparemment très plaisir et elle a fait le maximum pour m'aider et me pousser en avant. Comme toujours dans ce cas de figure, le succès de la nouvelle se faisait un peu aux dépens de l'aînée.

Noel Coward est venu voir la pièce et il a grimpé cinq étages pour arriver jusqu'à la loge que je partageais avec Alfred de Liagre et me dire que j'étais bonne, qu'il fallait que je persévère. J'étais en train de découvrir l'immense générosité et les trésors d'enthousiasme des gens de théâtre. On parle souvent de jalousie. Je n'en ai jamais rencontré. Je crois que ce métier est un champ tellement fertile pour la jalousie que toute personne dotée d'un minimum de bon sens cherche très tôt à s'en défaire.

Une fois la saison terminée, je suis allée pour la seconde fois passer l'été à Ivoryton, dans le Connecticut. Lawrence Anhalt et Milton Stiefel y dirigeaient une excellente compagnie.

C'est à Ivoryton que j'ai vraiment fait mes classes. J'ai été embauchée comme semi-vedette. En clair, je jouais quand ils ne trouvaient pas de comédienne connue. À l'époque, j'avais très peu joué, mais je jouissais d'une espèce de notoriété dans la région, grâce à mes parents. La compagnie avait très bonne réputation. Et puis Ivoryton n'était qu'à une petite trentaine de kilomètres de Fenwick.

Cette année-là, Henry Hull — qui était alors une grande star — avait accepté de faire plusieurs spectacles avec eux. Avec Henry Hull, j'ai joué dans *The Cat and the Canary* et *The Man Who Came Back*. Toute seule, j'ai fait *Let Us Be Gay*. Henry possédait une maison à Lyme, de l'autre côté du fleuve Connecticut par rapport à Old Saybrook et Fenwick. Je prenais ma voiture pour aller jusqu'à Lyme, puis je remontais un peu vers le nord et ensuite à l'est pour arriver à la propriété de Henry. Je laissais ma voiture dans une espèce de champ, au-dessus d'un lac, et je traversais à pied un petit bois, jusqu'à la maison. Nous répétions pendant des heures entières.

Un jour, j'ai donc fait ce qui était devenu une habitude. Sauf qu'à la fin, quand je suis revenue dans le champ pour prendre ma voiture, elle avait disparu. Je n'en croyais pas mes yeux. Volée. Manifestement volée. Je suis retournée à la maison. Henry est venu dans le champ avec Mrs. Hull. Pas de voiture. Et puis mes yeux se sont posés sur le lac. Mon Dieu, mais qu'est-ce que c'est ? Une espèce de carré ocre métallisé... c'est... non, je rêve... c'est ma... c'est ma voiture. Regardez... Là... ma voiture... le toit de ma voiture.

J'ai couru. Oui, ma voiture — à six mètres au moins à l'intérieur du lac. Avec le toit qui émergeait à peine. Retour précipité à la maison pour appeler le garage de Lyme. Leur demander de venir d'urgence. Avec une grue, un treuil, etc.

Ils sont venus. Ils ont sorti la voiture de l'eau.

« Et maintenant ? Je fais quoi ?

— Vous attendez une heure. Et vous essayez de démarrer. »

J'ai attendu. Tourné la clef de contact.

Et le moteur est parti !

Henry voulait bien de moi comme partenaire dans *The Man Who Came Back* (une pièce qu'il avait déjà jouée dans le passé). La dernière scène se déroulait dans une fumerie d'opium. La femme d'Henry était cachée avec le script sur la scène, dans un des placards, au cas où son mari aurait un trou de mémoire. Les deux dernières répliques m'ont toujours fascinée.

HENRY

Je remonte centimètre par centimètre le chemin qui sépare cette fumerie de la maison de mon père.

MOI

Et moi ? Qu'est-ce que je deviens ?

HENRY

Toi, je t'emmène avec moi.

Nous avons joué aussi *The Cat and the Canary*, et une pièce qui avait obtenu un franc succès à New York, *Let Us Be Gay*. Avec Francine Larrimore — une grande vedette de l'époque — dans le premier rôle féminin. Un superbe rôle pour une femme sophistiquée dans la quarantaine. Comment ai-je osé ? J'avais tellement le trac qu'un matin je me suis réveillée avec la lèvre supérieure qui avait doublé de volume. J'avais l'air d'une débile. J'ai appelé Papa, en larmes.

« Mets de la glace. »

Le remède a marché.

« Et calme-toi un peu », a-t-il dit.

J'ai essayé.

Quoi qu'il en soit, j'ai joué ce rôle. Incroyable, comme culot.

J'ai encore certains programmes datant de ces deux étés. Mais je ne me souviens plus du tout de quoi parlaient les pièces. Ni de mes rôles. J'ai beaucoup appris.

Merci à vous, Lawrence Anhalt et Milton Stiefel.

Pendant cette saison d'été à Ivoryton, le secrétariat de Gilbert Miller a appelé. Philip Barry avait écrit une pièce intitulée *The Animal Kingdom*. Leslie Howard devait en être la vedette. Il y avait deux rôles féminins : sa femme et sa maîtresse. Phil me voulait pour le rôle de la maîtresse, Daisy Sage. J'ai lu le manuscrit. J'ai été transportée. Gilbert Miller devait assurer la production. Le rôle était superbe. En fait Howard menait deux vies distinctes, de sorte qu'on répétait les deux moitiés séparément. Répétitions qui devaient commencer dans quatre mois environ. Bien sûr, j'attendrais, et je me suis mise d'accord sur les conditions avec le secrétariat de Miller — sans qu'il y ait véritablement de contrat signé. Je suis allée en Europe avec Luddy, cette année-là. Le temps a donc passé très vite. Cette pièce allait faire de moi une star, c'était sûr.

Les répétitions ont commencé en novembre 1931. Je me suis habillée avec un maximum de soin et j'ai mis des talons hauts. Première erreur. J'étais du coup plus grande que Leslie Howard. J'ai fait mon possible pour me ratatiner, et à midi j'ai couru chez moi enfiler des chaussures plates — moins seyantes, mais l'important était que je serve son image à lui.

J'ai senti d'emblée que quelque chose en moi déplaisait à Mr. Howard. J'ai tout mis en œuvre pour paraître soumise.. douce... féminine... bref, j'ai tenté au maximum de mettre une sourdine à ma personnalité trop vive. Je me suis fait violence. Mais rien n'y a fait. Je me souviens d'un instant horrible où j'ai dit : « Qu'aimeriez-vous me voir faire ici, Mr. Howard ? » Et lui de répondre — l'anecdote est exacte, elle ne s'invente pas :

« Si vous saviez à quel point je m'en fous, ma chère. »

Disons que la réponse était... inamicale. Et je n'ai pas su quoi répliquer. Je me suis donc contentée de continuer. Peut-être était-il de mauvaise humeur. Pas une fois je n'ai pensé que quelque chose chez moi lui déplaisait.

Le lendemain, nous devions répéter notre tandem. Quelque part de l'autre côté de la ville, à l'ouest de la Huitième Avenue. J'avais ma voiture. On n'en était pas encore à la fin de la première semaine de répétitions. J'ai proposé à Walter Abel, l'homme qui dans la pièce était mon ami, de le prendre au passage. Nous sommes arrivés sur les lieux pour apprendre qu'ils avaient décidé de répéter les scènes avec l'épouse, ce qui nous rendait notre liberté pour la journée. J'ai dit à Walter que j'allais le raccompagner. En cours de route — nous remontions la Huitième Avenue — je lui ai raconté combien j'étais heureuse de cette chance qui m'était donnée ; je sentais que c'était pour moi un départ important ; que Phil avait vraiment écrit le rôle pour moi. Que...

« Oh, a-t-il dit, non... rien ne revêt jamais une telle importance, dans notre boulot. C'est très drôle. Certes, c'est un beau rôle. Mais il y en aura d'autres.

— Non, je ne suis pas d'accord. C'est l'occasion déterminante. »

Je l'ai déposé. Et tandis que je roulais en direction du garage, j'ai eu comme un pressentiment — essayait-il de me dire quelque chose ? Pourquoi ne répétions-nous pas ? Y avait-il un problème ? Oh non...

Je suis rentrée à la maison. Comme je franchissais la porte de l'appartement, le téléphone s'est mis à sonner. Mon frère Dick, de Harvard. Il a commencé à me parler de la grande soirée qu'ils allaient organiser pour ma première à Boston.

Un présage. J'ai dit : « Non, ça porte malheur. Ne prévois rien. » Et à cet instant précis on a frappé à la porte.

« Un télégramme pour vous, Miss Hepburn, a dit Mr. Brice, le concierge.

— Glissez-le sous la porte, je vous prie, Mr. Brice. »

J'ai écourté ma conversation avec Dick. Traversé la pièce. Ouvert soigneusement le pli. Il émanait de Gilbert Miller.

« Conformément à la clause 1 de votre contrat, je vous donne par la présente notice de la résiliation de ce dernier.

« Gilbert Miller. »

Ça alors ! Virée Mon Dieu. Non, ce n'est pas vrai. Dire que j'ai attendu des mois pour jouer ce rôle. Qui me convenait à la perfection. Pourquoi ? Oui, pourquoi ? Non, ce n'est pas possible. Il doit y avoir une erreur. J'appelle Phil Barry. J'avais son numéro. Après d'interminables tentatives, j'ai fini par l'avoir. Il était sous sa douche. J'ai dit qui j'étais et que c'était urgent. Phil a pris la communication.

« J'ai été virée.

— Oui, je sais

— Mais pourquoi… pourquoi suis-je virée ?

— Écoutez, je vais être franc et brutal, mais vous n'étiez pas très bonne.

— Ah bon… oui… je vois… mon Dieu… Oui… Non… Merci… Au revoir… »

J'ai raccroché. Là j'ai eu un accès de désespoir. On m'avait virée parce que je ne valais rien. Pourtant, j'étais bonne, non ? Je faisais de mon mieux ! Ce rôle était taillé pour moi. Qu'est-ce qui s'est passé ? Je n'avais pas été insolente. Je l'avais fermée sans arrêt. Certes, je sentais bien que Howard ne m'aimait pas — j'étais trop grande, ou trop petite, ou… bref… je ne lui plaisais pas. Et l'argent. Pas un *cent*. Dire que j'avais attendu quatre mois pour avoir ce rôle. Plutôt moche. Oui, carrément moche, même. Et injuste. Et puis tout le monde allait être au courant. Que dire ? Eh bien… la vérité — que j'avais été virée. Un sacré coup dur. J'étais sonnée. J'avais intérêt à me dépêcher de trouver autre chose. Je me sentais niée. Je me demandais ce qui clochait chez moi. Au fond de moi, j'étais sûre que ce rôle était à ma portée. Je travaillais toujours avec Frances Robinson-Duff. Elle ne m'avait pas couverte d'invectives. Je m'étais tenue à carreau. J'avais essayé d'être douce et souple. Pourquoi diable m'avaient-ils virée comme une malpropre ? Je n'étais pas mauvaise dans ce rôle. Il m'est arrivé de me faire virer en sachant pourquoi. Mais là, je ne voyais pas. Le rôle de ma vie ! Pourquoi… ?

Plus tard, quelqu'un qui connaissait les Miller a dit que le jour où j'avais été virée, la femme de Gilbert, Kitty Miller, avait déclaré : « Vous êtes des imbéciles. Un jour cette fille sera une grande star. Vous avez peur qu'elle vous pique la vedette, c'est tout. » Je me demande si elle a vraiment tenu ces propos. Peut-être que oui. Peut-être que non. Quoi qu'il en soit, ils m'ont fait chaud au cœur. Je n'ai jamais rencontré Kitty Miller, mais bien évidemment, j'ai toujours eu beaucoup d'admiration pour elle.

Bref, j'étais en rade. Virée encore une fois. Et très méchamment. Bosser — bosser.

Le téléphone a sonné. Est-ce que j'accepterais de jouer avec Laurette Taylor dans *Alice Sit By the Fire* ? La pièce serait montée par Bill Brady, Jr. Ils n'ont pas eu à me poser deux fois la question.

Nous avons commencé les répétitions. Nous en étions à lire la pièce, ensemble. Bill m'a corrigée à un moment, et Laurette est intervenue : « Non, Bill. Voyons d'abord ce qu'elle a à proposer. » Je n'ai pas eu l'occasion de savoir ce qu'elle pensait de mes éventuelles propositions. Le soir de la première journée de répétitions, j'ai eu un coup de fil d'un certain Harry Moses pour une mise en scène à Broadway de *The Warrior's Husband*. J'ai lu le script. Il y avait un rôle merveilleux pour moi. Si je le décrochais, je laissais tomber *Alice Sit By the Fire*.

J'ai eu le rôle. Et puis ils ont décidé que Jean Dixon conviendrait mieux. Pendant quarante-huit heures, j'ai cru que j'avais perdu les deux rôles. Finalement, ils sont revenus à leur premier choix, moi.

The Warrior's Husband

The Warrior's Husband était à l'origine une pièce en un acte écrite par Julian Thompson, patron de McKesson & Robbins. Il s'agissait d'une fable grecque ayant pour thème l'histoire d'amour qui lia Antiope à Thésée. Elle avait été donnée au Comedy Club, par une troupe d'amateurs hébergés dans un petit théâtre charmant de la 36e rue. Hope Williams tenait le rôle principal. Antiope. Hope est un pur produit du gratin new-yorkais. La distinction naturelle, l'indépendance, l'intégrité. Un accent de New York charmant. Des façons directes. Une allure superbe. Silhouette mince, coupe de cheveux masculine. Et une démarche. De longues enjambées ponctuées par le balancement des bras. On attendait le cheval, la prairie. La classe, plus l'originalité. Elle est morte il y a peu de temps. À l'âge de quatre-vingt-onze ans.

Sa première prestation de comédienne professionnelle avait été un petit rôle dans *Paris Bound*, une pièce de Philip Barry, avec Madge Kennedy. Sa première entrée en scène consistait à traverser le plateau, d'un côté à l'autre, et à ressortir. Elle était vêtue d'une vaporeuse robe de mariée pleine de froufrous, et portait un grand chapeau. Entrée à droite. Sortie à gauche. Sans détour. En balançant les bras. Elle avait à peine atteint le milieu de la scène que le public explosa. Hope ne voyait pas ce qui pouvait les mettre en joie. Elle n'avait aucune conscience du contraste comique entre la robe et la démarche. Elle fut saluée par un tonnerre d'applaudissements. Pour tout dire, Arthur Hopkins, le metteur en scène, qui l'attendait en coulisses, l'accueillit les bras grands ouverts. Et s'ensuivit ce dialogue :

HOPKINS

Je m'en doutais.

HOPE

De quoi ?

HOPKINS

Je t'augmente. Tu passes à cinq cents dollars par semaine. Tu es une star.

Elle est devenue une star. Le style mi-garçon, mi-femme est né. *Paris Bound* fut suivi de *Holiday*, toujours de Philip Barry. Puis de *Rebound*. Une pièce écrite pour elle par Donald Ogden Stewart. Encore un gros succès. Le tout produit par Arthur Hopkins. Tandis que *Rebound* se donnait sur la scène, Julian Thompson appelle Hope et lui dit : « Seriez-vous intéressée par une version longue de *The Warrior's Husband* ? » Elle répondit que oui et il écrivit la pièce. Hope adora le manuscrit. Hopkins semblait partager son enthousiasme.

Et puis Hope est partie pour l'été. A son retour, Hopkins avait trouvé une nouvelle pièce fantastique qui lui convenait à merveille, dont l'auteur était Gretchen Damrosch. *The Passing Present*. Hope lut le texte et n'aima pas trop. Mais elle se crut obligée de se soumettre à l'avis de Hopkins. Ce qui m'a permis d'hériter d'Antiope.

Hopkins s'est trompé. La pièce de Damrosch a fait un four — trois semaines à l'affiche. Et Hope a été la grande perdante.

Hope Williams a eu une influence aussi gigantesque qu'incontestable sur ma carrière. La voix, la façon de bouger — ce qu'il est convenu d'appeler ma personnalité doit beaucoup à Hope. C'était dans l'air du temps, cette femme-garçon. J'arrivais dans la grande ville à point nommé.

The Warrior's Husband s'est donc retrouvé sur le marché, et c'est Harry Moses qui a acheté. Il avait l'argent, et aussi une épouse toquée de théâtre.

Ils savaient que j'avais été la doublure de Hope dans *Holiday*, et que j'avais été fort remarquée, notamment dans la pièce de Benn Levy avec Jane Cowl, *Art and Mrs. Bottle*, et dans *These Days*. De sorte qu'il a d'abord beaucoup été question de moi pour Antiope lorsqu'il s'est agi de monter la distribution. Et puis tout à coup — je l'ai déjà dit — ils ont décidé qu'il leur fallait un grand nom. C'était fini pour moi ; et leur choix s'est porté sur Jean Dixon. Plusieurs jours ont passé. Nouveau retournement. J'étais définitivement Antiope. Irby Marshall serait Hippolyte. Romney Brent son très efféminé mari. Le rôle de Thésée revenant à Colin Keith Johnson. Un certain Burke Simon était chargé de la mise en scène. On était en 1931, presque 32.

La première a eu lieu directement au Morosco Theatre de New York. Toute ma famille s'est déplacée. Ils ne voulaient pas prendre de risques. Je faisais mon entrée en descendant un escalier étroit qui occupait tout le fond du décor. Une vingtaine de marches, raides. Dont les quatre dernières seulement me plaçaient face au public. La partie supérieure de l'escalier était éclairée, pour accentuer l'effet. Je portais un cerf sur l'épaule. Une tunique moulante, faite de liens métalliques. De somptueux protège-tibias en cuir argenté qui mettaient les jambes en valeur, un bouclier et un grand casque en argent, une cape. Un fabuleux costume. J'avais le pied très sûr. Le fait que les marches avaient à peine un mètre de large, qu'elles étaient très hautes et que l'escalier n'avait pas de rampe ne me tourmentait pas le moins du monde. De toute façon, j'étais prête à risquer ma vie pour accéder à la célébrité.

J'ai dévalé les escaliers, deux ou trois marches à la fois..., le tournant..., sauté d'un seul bond les trois ou quatre dernières marches..., jeté le cerf à terre, et ployé un genou en signe de soumission devant Hippolyte, ma sœur, la reine des Amazones. J'ai eu droit, évidemment, à un tonnerre d'applaudissements du public. La moindre des choses, après tout. J'avais tout fait pour. Inconsciemment. J'étais seulement portée par une joie de vivre, la chance que j'avais, et le farouche désir d'être irrésistible. À ce stade, je volais pour ainsi dire — descendant des marches, montant, sans garde-fou. Au diable les escaliers..., les marches..., tout — vive la vie, la joie, la jeunesse.

J'étais toute nouvelle. La situation était à mon avantage. J'ai fait un malheur. La pièce de toutes les disputes

J'avais une bonne (pour la première fois) : elle était grande, noire, grosse et très autoritaire. Je ne me souviens plus de son nom — Lily me vient en mémoire, mais je ne suis pas certaine. Elle connaissait son boulot. Elle valait soixante-quinze dollars par semaine. Que j'ai accepté de lui donner. Elle a dit qu'elle voulait cette somme. Et elle l'a obtenue. J'en gagnais moi-même cent cinquante. La pièce a tourné pendant six mois environ, et puis on nous a demandé une interruption. Et je suis passée à soixante-quinze dollars. Elle ne s'est pas sentie solidaire. Elle a empoché mon salaire de vedette. C'est quoi, l'argent ? Tout le monde voulait me faire tourner des bouts d'essai. Tout le monde me réclamait au théâtre. Les agents me couraient après. J'étais en train d'arriver.

Dans *The Warrior's Husband*, j'ai commencé à me vivre pour la première fois comme une vraie comédienne. Ma loge se trouvait au même étage que la scène. C'était un vieux théâtre plein de charme — le Morosco. Curieusement, il se trouvait juste à côté du Bijou, dans la 45e rue, en face de Shubert Alley où s'était donné *The Big Pond*, avec des photos de moi dans la rue. Ces deux théâtres ont été rasés depuis.

Je ne sortais pas beaucoup. Luddy et moi vivions toujours dans l'appartement du 146 est, 39e rue. Un immeuble bourgeois de cinq étages, avec des appartements donnant sur la rue, d'autres sur la cour. Nous avons commencé par le second étage, sur cour. Et puis très vite nous avons emménagé au dernier étage, que nous occupions entièrement, ce qui nous faisait le double d'espace. Très agréable. Une sacrée grimpette, mais nous étions jeunes et n'y pensions même pas. L'immeuble était tenu par un Anglais nommé Herbert Brice et sa femme. Il y avait un monte-plats, et nous pouvions nous faire monter les repas. La cuisine était excellente. Un mode de vie vraiment idéal. Nous avions de la chance. Colin Keith Johnson venait parfois dîner avec nous. Mais à part lui, personne. Je ne me suis jamais vraiment liée à des gens de théâtre ou de cinéma. Je suppose que c'est parce que j'avais une grande famille et que je tenais à avoir mon temps de sommeil. Il semble curieux, aujourd'hui, quand on me demande : « Comment était Un tel, ou Une telle ? », que je sois obligée de répondre que je n'en sais franchement rien. Mais c'est la vérité.

Oh ! une chose terrible s'est produite dans cet appartement.

Je n'étais pas sortie de l'après-midi. Il faisait froid. J'avais allumé un feu. Luddy rentrait habituellement aux environs de cinq heures trente. Je suis allée prendre un bain… j'ai entendu Luddy ouvrir la porte d'entrée… « Bonsoir ! »

Et tout à coup… « Kate ! Kate ! Viens vite ! » Le ton de sa voix m'a fait sortir d'un bond de la baignoire. Je suis arrivée en courant. Luddy était en train de brûler vif…, il y avait une traînée de flammes entre lui et la cheminée. Dans sa main le bidon d'essence flambait sans qu'il parvienne à le lâcher. J'étais complètement nue. J'ai flanqué à Luddy un grand coup dans l'estomac, il est tombé par terre, j'ai attrapé une carpette, et je m'en suis servie pour éteindre le feu sur Luddy et arracher le bidon de sa pauvre main, en hurlant « Au feu ! ».

La maison était habitée exclusivement par des hommes, qui ont rappliqué l'un après l'autre, éteint le feu par terre, etc. Je me suis relevée. Luddy n'était plus en flammes, mais le devant de son veston et de son pantalon étaient brûlés. Apparemment, il était entré dans la maison, avait remis une bûche dans la cheminée, pris le bidon d'essence pour raviver le foyer, et provoqué une explosion. En reculant, il s'était éclaboussé d'essence et en avait répandu sur le sol.

J'étais toujours nue, inconsciente de ma nudité, et je commandais tout le monde quand un jeune homme a fait irruption dans la pièce (pour aider) et est resté figé dans son élan. J'ai couru à la salle de bain.

« Oh ! Excusez-moi… »

Luddy était sauvé. Avec des brûlures au troisième degré, mais il était sauvé.

Terrifiant !

Premier voyage à Hollywood

The Warrior's Husband ne semblait pas devoir trouver de seconde vie. On avait commencé en mars. Et après ? Henry Hull m'avait demandé d'être sa partenaire pendant une semaine à Ossining, à la fin de juin 1932. *The Bride the Sun Shines On*. J'avais répondu bien sûr.

Un homme est venu dans ma loge me proposer cinq cents dollars pour une représentation unique d'*Electre*, à Philadelphie, avec Blanche Yurka dans le rôle-titre. Katherine Alexander serait un des chœurs grecs, moi l'autre. Très intellectuel, tout cela. Stokowski à la direction d'orchestre — et cinq cents dollars ! Le spectacle devait être donné le dimanche à Philadelphie, au conservatoire de musique. Ma ruineuse bonne, Lily, a tenu à venir avec moi. Je n'avais pas vraiment besoin d'elle, mais je n'ai pas osé refuser.

Dans le train, j'ai demandé à Katherine Alexander si elle aimerait partager une chambre avec moi au Bellevue-Stratford. Elle a dit volontiers. Je ne la connaissais pas plus que cela — bonjour, bonsoir. Nous sommes allées au théâtre pour répéter et mettre le maquillage au point. Il devait être réalisé par Mme Decahanova et Akim Tamiroff — du grec très stylisé. J'ai eu une impression de totale désorganisation. Je n'arrivais pas à croire que le spectacle aurait lieu. Je suis rentrée à l'hôtel. Katherine a dit qu'elle avait besoin de ressortir. J'ai proposé de l'accompagner. Elle a refusé. Elle préférait y aller seule. J'ai appris par la suite qu'à elle aussi on avait offert cinq cents dollars. Et puis en arrivant au théâtre, elle a eu un doute. Elle y est donc retournée pour annoncer qu'elle ne continuait que si elle était payée d'avance. Ce qu'elle a obtenu. Moi, j'étais moins maligne. Il ne m'est pas venu à l'esprit que les caisses pouvaient être vides.

La représentation a donc eu lieu. Blanche Yurka a passé beaucoup de temps à genoux sur le plancher, et ses mains sont devenues très sales. Et puis elle les a portées à son visage qui est devenu de plus en plus noir au fur et à mesure que le spectacle avançait. Le visage - le costume, tout. Et nous sommes arrivés à la fin. On nous a dit que l'argent nous serait envoyé par la poste. J'ai payé Lily. Les cinq cents dollars pour une seule soirée sont restés un rêve.

David Selznick et George Cukor cherchaient quelqu'un pour être Sydney Fairfield dans *Héritage*, de Clemence Dane. Un agent à New York, Miriam Howell, qui travaillait pour Leland Hayward, The American Play Company, a pris contact avec moi. Est-ce que j'accepterais de faire un bout d'essai pour le rôle ? J'ai répondu que je ne demandais pas mieux. C'était un rôle merveilleux. Avec John Barrymore. Elle m'a montré la scène qu'ils voulaient tourner pour l'essai, et j'ai dit que je préférerais prendre quelque chose dans *Holiday*. Ils ont accepté. Je trouvais que leur scène n'était pas très bonne. Et puis je me suis dit que voir la même scène encore et encore avec une fille différente à chaque fois devait rendre les choses confuses, et être ennuyeux de surcroît. J'ai demandé à Alan Campbell de me donner la réplique. Je lui ai dit qu'il n'aurait même pas besoin d'apprendre le texte, qu'il serait assis dans un fauteuil à oreillettes, le dos tourné au public, et pourrait lire son manuscrit. J'avais entendu parler de bouts d'essai où c'était celui qui était seulement censé donner la réplique qui décrochait un rôle. Je ne voulais pas de cela. Il a accepté.

Par la suite, Alan Campbell a épousé Dorothy Parker*. C'était un excellent ami à moi — comédien, un type bien, plein de sensibilité. Elle a eu beaucoup de chance de le rencontrer. Moi aussi. Il n'a élevé aucune objection. S'est ins-

* Journaliste et écrivain très acerbe (*NdT*).

tallé dans le fauteuil à oreillettes, et grâce à lui, je me suis sentie détendue.

Un certain Eddie Senz m'a maquillée. J'ai eu l'impression d'être tartinée d'une couche — très blanche, très épaisse — de je ne sais quelle saleté, d'avoir les lèvres d'un rouge détonnant, et plein de trucs sur les yeux.

Miriam Howell était présente et nous avons plus ou moins organisé ensemble le tournage de la séquence. Il s'agissait de la scène où Linda Seton entend de la bouche de son père la nouvelle des prochaines fiançailles de sa sœur avec Johnny Case. Suit un dialogue avec son frère. Elle écoute, un verre dans la main. Très lentement, elle baisse son verre et le pose sur le sol.

LINDA

Ça fait quel effet de se soûler, Neddy ?

NEDDY

Se soûler comment ?

LINDA

Se soûler complètement.

Cette scène je la connaissais par cœur, pour avoir été doublure dans ce rôle pendant six mois. J'avais peur d'être très nerveuse et je n'avais pas eu envie de me lancer dans un texte où je risquais de perdre mes moyens.

Après avoir répété, j'ai retiré tout le superbe maquillage. Et je me suis maquillée comme je le faisais pour le théâtre. C'était plus moi. Je me suis tiré les cheveux en arrière comme je les portais dans la vie. J'étais déterminée à imposer mon image telle que je me voyais, moi. J'ai visionné l'essai quelques jours plus tard. Je me suis dit : oui, pas mal. Je l'ai revu dix ans après. Navrant. Une boule d'angoisse, et puis j'avais l'air débile avec mon maquillage personnel et mes cheveux tirés. J'avais voulu arborer un naturel décontracté.

J'étais tout sauf naturelle et décontractée. J'apparaissais pour ce que j'étais vraiment — une gamine qui veut à tout prix faire du cinéma. Il y avait une sorte de vérité tout au fond du regard. Ce test a disparu.

J'ai appelé ensuite la Paramount et dit à Mr. Salsbury que j'avais tourné un bout d'essai pour RKO. S'ils désiraient que j'en tourne un pour eux... Ils ont répondu que oui, dans un extrait de *The Warrior's Husband*, si cela me convenait. J'ai fait le bout d'essai, qui n'était pas très bon. Mais j'avais tenu ma promesse.

Le bout d'essai pour la Paramount se trouve dans le fonds de la cinémathèque de l'université de Los Angeles (UCLA). Il n'a rien de brillant. Je l'ai fait, voilà tout. À le revoir, après des années, je n'y trouve ni étincelle de vie, ni vibration.

George Cukor, qui devait réaliser *Héritage*, a bien aimé ma façon de poser le verre par terre à l'annonce des fiançailles de ma sœur, dans le bout d'essai pour RKO. On m'a donc proposé le rôle. Bien des années plus tard, Larry Olivier m'a appris que sa première femme, Jill Esmond, avait aussi fait un essai pour *Héritage*. Et qu'ils avaient été très déçus quand j'avais décroché le rôle.

Puis est arrivée la négociation avec Selznick. Il m'a proposé cinq cents dollars par semaine, puis sept cent cinquante, puis mille, puis mille deux cent cinquante, pour arriver aux quinze cents que j'avais fixés. Il m'offrait en fait mille deux cent cinquante dollars avec une garantie de quatre semaines. J'ai obtenu mille cinq cents avec une garantie de trois semaines. J'ai exigé d'être libre de jouer au théâtre, et un droit de regard sur le scénario. Ou au minimum que je sois consultée. Un contrat très peu avantageux pour eux si jamais je devenais célèbre.

Nous avons joué la dernière de *The Warrior's Husband*. Avant de partir pour Hollywood, j'ai tenu à remplir mon contrat pour *The Bride the Sun Shines On*. Nous avons joué une semaine dans un tout petit théâtre à Ossining. À la fin de la semaine en question, Henry Hull m'a annoncé que le directeur était parti avec la caisse le jeudi précédent. Il avait ce qui restait de l'argent des recettes dans son chapeau. Et il m'a donné ma part. À la gare de Harmon, j'ai pris le train pour aller tenter ma chance à Los Angeles. Mon amie Laura Harding a décidé de partir aussi, histoire de s'amuser un peu, ce qui, bien sûr, était formidable pour moi. J'ai donc rejoint Laura qui était déjà dans le train, avec tout son bazar et tout le mien. Laura avait pris deux chiens — Jamie, un scotch-terrier, et Twig, un shelbourne.

Il faut que je vous parle un peu de Laura Barney Harding.

Ma première véritable amie à New York s'appelait Laura

Harding. Comme je l'ai déjà dit, nous nous sommes connues chez Frances Robinson-Duff. Elle prenait aussi des cours — et espérait faire carrière au théâtre. Elle s'était fait remarquer à New York plusieurs années avant cette époque. Son père, J. Horace Harding, travaillait dans la finance. Elle vivait avec ses parents au 955 de la Cinquième Avenue. Elle avait une espèce d'emploi de doublure, en ce temps-là, et était allée l'été précédent à Stockbridge, comme étudiante. Elle était drôle, sociable, et s'entendait très bien avec les comédiens.

Jim Cagney se trouvait à Stockbridge en même temps que Laura, la première année. Il a raconté la soirée donnée par Laura pour tous les sans-grade qui avaient passé l'été à Stockbridge. 955, Cinquième Avenue, dix-sept heures. Sa femme et lui avaient traversé New York à pied pour arriver jusqu'à la Cinquième Avenue. Et puis ils avaient trouvé le 955. Incroyable. Un grand hôtel particulier. Ce n'était pas possible — et pourtant, si. C'était bien le 955 — une des fameuses « Maisons des Morts ». Ses copains des quartiers populaires de l'East Side parlaient toujours des « Maisons des Morts », parce que quand ils jouaient dans Central Park, à la belle saison, ces demeures de la Cinquième Avenue avaient toujours les lumières éteintes et les volets fermés.

Se sentant tout petit, Cagney sonne à la porte. Park, le maître d'hôtel — près d'un mètre quatre-vingt-dix, et en livrée —, vient ouvrir.

« Bonsoir..., monsieur. Si vous voulez bien me suivre — par l'escalier, s'il vous plaît... »

Cagney lui emboîte le pas, avec sa femme... Un tableau du Greco. Un second tableau du Greco. Ils arrivent à l'étage. Entendent des voix.

« Qui dois-je annoncer, monsieur ? »

Cagney jette un œil dans la pièce. Pousse tranquillement Park.

« Un cabot de plus », dit-il en bousculant Park pour rejoindre les voix.

Laura m'a raconté une très belle histoire sur le moment où l'on commence à faire partie du grand monde de New York, à fréquenter les soirées. Parfois, comme elle ne faisait pas vraiment partie du gratin new-yorkais — sa famille était originaire de Philadelphie —, il lui arrivait d'être invitée à la soirée, mais pas au dîner qui précédait. Un tel soir, elle se fait conduire par Sailor (son chauffeur), à la soirée où elle était conviée. Ils avaient une voiture dont la banquette avant était découverte. Il y avait une capote que l'on pouvait mettre en cas de pluie. Elle descend de la voiture, non sans redouter de paraître un peu pathétique, arrivant ainsi toute seule. Et dit à Sailor qu'elle ne tardera probablement pas à être de retour. Il était environ dix heures et demie.

À quatre heures et demie, elle ressort. La voiture est là. Sailor assoupi sur la banquette arrière. Il est tombé un peu de neige qui a recouvert sa casquette et la visière de celle-ci. Il a passé la nuit là. À attendre.

Laura et moi nous fréquentions beaucoup. Elle était au fait de tous les us et coutumes chez les gens chic de l'époque. Les bagages de chez Vuitton, les vêtements, les boutiques à fréquenter, les choses qu'il fallait acheter. Je trouvais des petits boulots. Elle faisait la doublure pour un spectacle de la Guilde. Elle ne prenait pas sa carrière très au sérieux. C'était seulement une façon de passer le temps.

Les gens de Hollywood ont commencé à faire circuler des rumeurs sur Laura et moi, sans que je m'en rende jamais compte. Nous déjeunions dans le restaurant du studio. Quand on entrait dans la salle, juste à gauche, il y avait un coiffeur. Avec un téléphone.

Un jour, Laura y est entrée pour m'appeler. Comme ils insistaient pour savoir « de la part de qui ? » elle a fini par répondre : « Vous n'avez qu'à lui dire que c'est son mari ! »

Mark Sandrich (un réalisateur), qui était en train de se faire couper les cheveux, entend cette réponse qui le choque profondément. Il m'a raconté, bien des années plus tard, qu'il était peut-être responsable de la rumeur persistante qui nous avait données pour lesbiennes.

Quoi qu'il en soit, rumeur il y eut, et même New York ne parlait plus que de cela. Finalement, au bout de deux ans, Laura est repartie pour New York. Elle a travaillé comme agent pour Leland Hayward, qui était devenu mon galant attitré.

Nous avons passé de grands moments ensemble. Elle a été l'amie de toute une vie.

Bref, comme je le disais, quand est venu le moment de partir pour la Californie, pour le tournage d'*Héritage* Laura était du voyage.

Je n'avais guère circulé à l'intérieur des États-Unis. J'étais allée plusieurs fois en Europe. J'avais fait la navette entre Bryn Mawr et la maison. Mais la côte ouest... Nous avons passé la journée à Chicago, pris une chambre au Blackstone Hotel, et profité du merveilleux musée de la ville — The Art Institute.

Billie Burke et Ziegfeld *, qui était très malade, voyageaient dans le même train avec leur fille Pat. Billie devait jouer le rôle de ma mère dans *Héritage*. Mais je ne le savais pas à ce moment-là. À cause de la maladie de Ziegfeld, notre wagon devait être tracté pour traverser Chicago, et raccroché ensuite au Super Chief. Je me souviens d'avoir aperçu une fois ou deux l'intérieur du compartiment des Ziegfeld. Il y avait des housses spéciales sur les murs, les sièges, partout. Ce qui m'apparaissait à moi comme le comble du luxe. Mais c'était en fait « ce qui se faisait », sans plus. Tout comme les bagages Louis Vuitton. Il existait ainsi une série de « must », à l'époque, qui constituaient le signe infaillible que vous étiez au fait des usages du milieu.

Laura Harding connaissait tous ces « must ». Je les ai appris d'elle. Les mini-coussins et la couverture pour donner de l'intimité au compartiment. Elle avait traversé le pays pour venir à Santa Barbara en wagon privé. Ce qui dépassait tout ce dont je pouvais avoir connaissance. Moi, je venais d'une petite ville — enfin, de Hartford, une ville de taille moyenne. Mais j'ignorais certainement tout des subtilités du luxe.

Nous avons quitté Chicago et vécu un voyage passionnant en nous demandant à quoi ressemblerait le monde du cinéma. Nous profitions des moindres arrêts pour descendre avec les chiens et marcher un peu sur le quai. Nous dînions au wagon-restaurant, déjeunions et prenions le petit déjeuner dans notre compartiment. Je regardais par la vitre — qui était fermée. (En ce temps-là, il n'y avait pas de climatisation, et nous baissions très souvent les vitres. Et puis nous les remontions à cause de la saleté. Et puis la chaleur devenait étouffante et nous les

* Producteur de music-hall à Broadway, créateur des Ziegfeld Follies (*NdT*).

baissions de nouveau.) Ce jour-là, le premier après Chicago, je regardais à travers la vitre fermée. Tout d'un coup, j'ai attiré l'attention de Laura : « Oh ! regarde... la nouvelle lune ! » Mais elle était superstitieuse et s'exclama : « Non, non, pas à travers un carreau. Ça porte malheur ! »

Nous sommes vite sorties du compartiment et nous avons traversé tout le train pour rejoindre la plate-forme arrière, afin de voir la lune par-dessus mon épaule gauche et pas à travers un carreau. Nous avons ouvert la porte qui donnait accès à cette plate-forme.

Oh !... une poussière dans l'œil.

J'avais de fait quelque chose dans l'œil. Plusieurs choses même. De minuscules fragments de rail métallique. Qui écorchaient l'intérieur de ma paupière droite chaque fois que je clignais. Des choses qui étaient là et refusaient d'en bouger.

J'étais allée chez Élisabeth Hawes — la couturière la plus prisée de New York — me faire faire une tenue de circonstance pour ma descente de train en Californie. Une sorte de tailleur en crêpe de soie gris-bleu, un peu à la quaker. La jupe était évasée et très longue. La veste tenait de la veste d'équitation XIXe siècle, à queue. Le chemisier était à col montant, surmonté d'un tuyauté. Et le chapeau. Ah ! le chapeau !

Disons que le chapeau était une sorte de corbeille de paille gris-bleu, retournée sur ma tête. J'avais des cheveux longs, remontés en chignon serré. « À la concierge * », a dit un jour quelqu'un. La corbeille était posée en équilibre sur le tout — un peu solennelle et passablement excentrique.

Mais l'ensemble avait coûté fort cher, et j'avais foi en cette tenue.

Gants, sac et chaussures bleu marine.

Pas vraiment le costume idéal pour débarquer à Pasadena, le 4 juillet, par une température dépassant les trente-cinq degrés. Un sweat-shirt et un vieux pantalon auraient davantage convenu.

Arrivée donc à Pasadena : moi dans mon costume, avec mon œil gauche tout rouge sous la cuvette qui me servait de cha-

* En français dans le texte (*NdT*).

Les grands-parents maternels,
Caroline Garlinghouse Houghton
et Alfred Augustus Houghton

Les grands-parents paternels,
Selina Lloyd Powell Hepburn
et le révérend Sewell Snowden Hepburn,
avec Kate

Mes parents en lune de miel

Maman à Bryn Mawr

La maison d'Hudson Street

MRS. CARLOS F. STODDARD,
President
New Haven Equal Franchise League

MRS. THOMAS N. HEPBURN,
President
Connecticut Woman Suffrage Association

MRS. M. TOSCAN BENNETT,
President
Hartford Equal Franchise League

VOTES FOR WOMEN

Joint HEARING before the Committee on Constitutional Amendments and the Committee on Woman Suffrage, State Capitol, Hartford, Hall of the House of Representatives, March 3rd and 4th, at 2 P. M.

DUPLICATE OF SUFFRAGE HEARING
AT
HOTEL GARDE, HARTFORD
(dining room, second floor)
MARCH 3rd, at 2:15 P. M.

Members of the General Assembly and all others who are unable to secure seats at the Hearing at the Capitol are invited to go immediately to Hotel Garde. As soon as each speaker has finished at the Capitol she will go at once to the Hotel Garde to speak.

Coffee and sandwiches will be served. Come and wait for your train.

MISS EMILY PIERSON
State Organizer
Connecticut Woman Suffrage Ass'n

MISS ROSE WINSLOW
of New York

Tract pour une réunion
de suffragettes

Kate et les sœurs Bennett,
prêtes pour le défilé des suffragettes

Papa

Maman

Portrait
de famille

Kate avec ses sœurs

En haut : Kate avec son père en 3405 ;
au milieu : Kate avec Tom ;
ci-dessous : 133, Hawthorn Street

En haut : Kate avec Tom ;
ci-contre Kate en “Jimmy”,
et en dessous Kate et Dick
avec l’oncle Don Hooker
et son fils

En haut à gauche,
premiers efforts
de comédienne ;
à droite et en bas,
The Woman in the Moon ;
au milieu,
The Truth about Blayds

Ci-contre : en haut, Fenwick
aujourd'hui ;
au milieu, un portrait de famille ;
en bas, le 201, Bloomfield Avenue

La Belle Timide

En haut : Photo prise par Luddy ;
ci-contre, la "cabane" de Luddy ;
en bas à gauche, avec Luddy ;
à droite, avec Papa à Fenwick

En haut : *The Big Pond*, avec Kenneth MacKenna ; ci-dessous, *The Admirable Crichton*

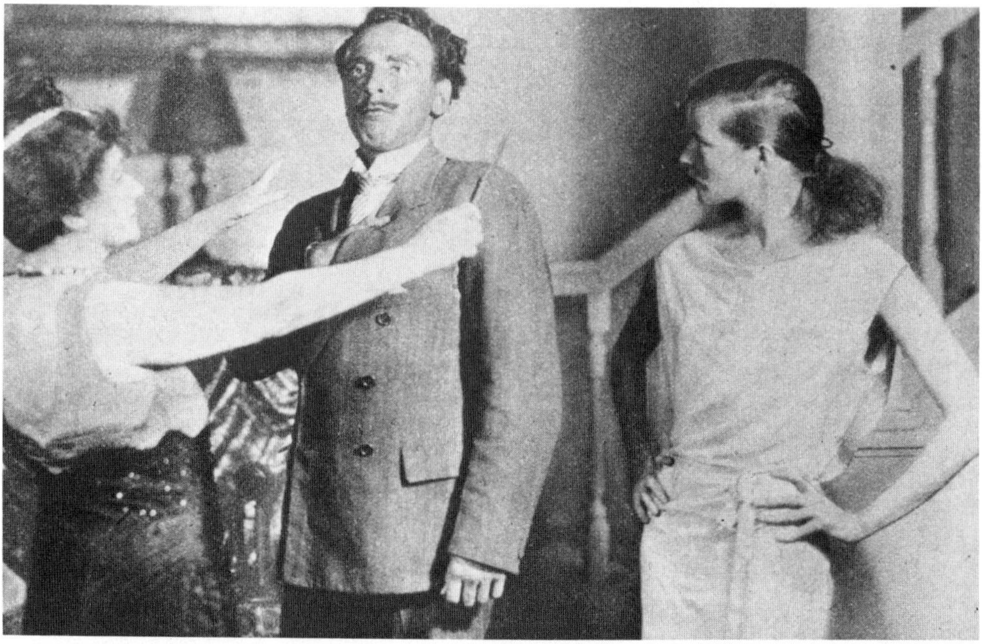

Art and Mrs. Bottle,
avec Jane Cowl

Kate dans le rôle
d'Antiope

Avec Luddy

George Cukor, Oliver Mersel et Kate

Héritage,
avec David Manners

Héritage,
avec John Barrymore

Christopher Strong

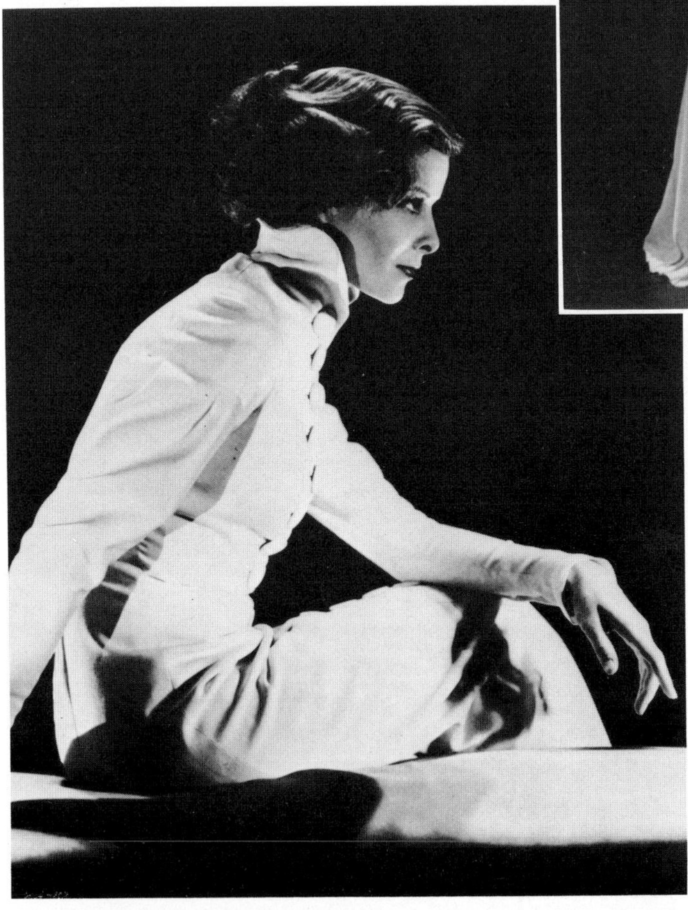

peau. Et l'autre œil qui tirait sans doute sur le rose par sympathie. L'horreur. Une chaleur à crever.

Nous entrions lentement dans Pasadena. Mes premiers orangers — et les pamplemoussiers, et les citronniers, et le soleil… et pas de nuage de pollution, à l'époque. Le merveilleux parfum des fleurs d'oranger. Et le sol sec, sec. Mes yeux rouges, rouges. Nous entrions en gare.

LAURA

Mon Dieu !

KATE

Quoi ?…

LAURA

Mais c'est Leland Hayward.

KATE

Oui, c'est mon agent.

LAURA

Le mateur de service.

KATE

Pardon…

LAURA

Du temps que je fréquentais les soirées new-yorkaises. Tenue impeccable — le parfait mateur en quête d'une cavalière. Quelle rigolade !

Leland Hayward était sur le quai, en compagnie d'un petit bonhomme de forte corpulence. Ils discutaient. On m'a rapporté plus tard la teneur de leur conversation :

« Laquelle ?

— Celle avec le chapeau bizarre.

— Tu plaisantes — on a mis quinze cents dollars pour ce truc…

— C'est une originale.

— Comme tu dis. Qu'est-ce qu'elle boit ? Vise un peu les yeux.

— Bonjour… Par ici, je vous prie. Faites passer les bagages… Oui, parfait.

— Euh. Je vous présente Myron Selznick *, votre autre agent.

— Laura Harding…

— Oui, bien sûr… Comment allez-vous ? Le temps passe vite… Quelle surprise de vous retrouver ici ! Donnez-moi les billets. Ah ! très bien, tout est regroupé. La voiture est là — la Rolls grise. Jackson, les bagages sont ici. Nous sommes venus avec un break. Il portera vos malles à l'hôtel.

— Écoutez, j'ai quelque chose dans l'œil. Pouvez-vous m'indiquer un docteur qui… ? »

Mais Leland de poursuivre : « Bon, ils sont impatients de faire votre connaissance. Nous allons directement au studio. Cukor vous attend. Selznick aussi. Ils veulent commencer le tournage dès que les costumes seront prêts et qu'on aura fini les essais.

— Voilà. Parfait. Je monte devant. »

Et nous sommes partis aussi vite. La conversation était un peu empruntée. Dans un effort pour se montrer amical, Myron dit :

« Il paraît que vous jouez au golf…

— Oui.

— Eh bien, peut-être pourrons-nous faire un parcours ensemble. »

Quelle horreur, ai-je pensé intérieurement ; jouer au golf avec lui… ?

Tandis que Myron se disait en lui-même : Pourvu qu'elle dise non. Enfin, j'aurai proposé. Quelle… euh… une comme celle-ci, j'avais encore jamais vu. On dirait un cadavre. Je me demande ce que va dire David. Quelle tuile ! Qu'est-ce qu'il va faire de ce… ?

« Oh, avec plaisir, c'est très aimable à vous, mais je ne pense pas disposer de beaucoup de temps pour jouer au golf. Et puis le soleil semble plutôt chaud, par ici et… Est-ce que l'un de vous pourrait m'indiquer un ophtal… ?

— Eh bien, si vous trouvez un peu de temps, je serai enchanté de…

— Entendu, merci… mais…

---

* Frère de David, le producteur (*NdT*).

— Je me rappelle où nous nous sommes vus. C'était à... »

La conversation a viré sur New York — les soirées chic, les bals de débutantes, etc. Et nous sommes arrivés aux studios de la RKO.

Le bureau de George Cukor : petit, un peu sombre, au rez-de-chaussée.

Cukor était un homme extraordinaire : rococo, gros, taille moyenne, débordant d'énergie, vif, brillant.

« Oh ! quel bonheur. Voyons que je réfléchisse... oui... bon... si nous... » Il me détaillait... tirait des conclusions... idem avec Laura...

« Nous avons quelques croquis des costumes prévus pour vous.

— Ah oui ?

— Où sont... Attendez... Oui... tenez... »

J'ai regardé les croquis. Il y en avait trois ou quatre. J'avais plus ou moins imaginé le personnage vêtu sport — pull, tweed, etc. Mue par une sorte d'élémentaire et instinctive prudence, j'ai jeté un œil aux dessins sans rien laisser transparaître — genre élégante blasée. « Oui... disons que je ne suis pas certaine qu'une Anglaise de bonne famille s'habillerait de cette façon... »

George Cukor m'a fixée droit dans les yeux, avec un éclair dans le regard.

« Que pensez-vous de ce que vous portez en ce moment ? »

Ah !... oui, je vois... j'ai affaire à un adversaire redoutable. Que répondre ? Rien, j'ai intérêt à...

« Je crois que... » Et j'ai ri.

« Auriez-vous la gentillesse d'ôter ce chapeau ? »

Je me suis exécutée.

J'avais les cheveux chauds, emmêlés.

« Oh ! bien sûr... s'ils sont longs ? Non... juste assez pour être remontés en chignon. Pas plus. Très épais. Et fins.

— Accepteriez-vous de les couper ?

— C'est que...

— Appelez Jo Ann et demandez-lui si elle pourrait descendre.

— Qui est Jo Ann ?

— C'est la chef coiffeuse. Jo Ann St. Auger. Non, mieux encore, nous allons monter chez elle. »

Un homme s'est profilé dans l'embrasure de la porte — la cinquantaine, manifestement Barrymore. Poliment :

« Vous êtes arrivée. »

Il m'a détaillée de pied en cap.

« Il y a trop de monde ici. Sortez un moment avec moi. J'ai quelque chose à vous dire.

— Allez-y... » Autorisation de George Cukor.

Je l'ai suivi dans le vestibule. Il a souri. Très chaleureux... très sympathique.

« Votre bout d'essai était superbe. Vous serez une grande star. » Puis son regard s'est arrêté sur mes yeux et il a fouillé dans ses poches et sorti une petite fiole. Il a pointé le doigt sur ses propres yeux avec une certaine connivence. Amical.

« J'ai exactement le même problème. Essayez ceci... deux gouttes... dans chaque œil.

— M. Barrymore, j'ai quelque chose dans l'œil. Vraiment, Ça fait bien trois...

— Je sais, ma chère, je sais. Essayez ces gouttes. »

Et il est parti.

Je suis rentrée dans le bureau.

« Est-ce que par chance vous pourriez m'indiquer un ophtalmo... ?

— Bon, si nous montions vous présenter à David — avant d'aller vous faire couper les cheveux. »

Et Cukor de me précéder dans le couloir.

Nous sommes passés chez David Selznick qui était occupé et s'est contenté de dire : Bien, très bien. Et pensant sans doute : Bon, ben faudra faire avec.

Et puis nous nous sommes ensuite rendus à l'autre bout du bâtiment où se trouvaient la coiffure et le maquillage.

En un tournemain, mes cheveux ont été coupés, gardant juste assez de longueur pour boucler. La chef maquilleuse n'était pas là.

Retour au bureau de Cukor. Il était tard. « Eh bien, à demain. Neuf heures. Nous ferons un... Je vous appelle.

— Est-ce que vous connaîtriez un ophtalmologiste ? J'ai quelque chose dans... »

Je parlais dans le vide. George Cukor et son équipe étaient partis. Disparus, tous.

La journée était terminée. Je suis sortie du bureau avec

Laura. Dehors, dans la rue, il y avait un homme, immobile…

«Je vous demande pardon. Pourriez-vous m'indiquer un ophtalmologiste ? J'ai quelque chose dans l'œil.

— Oh ! là ! là ! Oui. Je vois. Je suis médecin moi-même.

— Vous êtes… ophtalmo… ?

— Non, chirurgien. Je viens d'arriver ici. Je suis de New York. Mais j'ai un cabinet. Qui se trouve… »

Il a sorti un bout de papier de sa poche.

« En bas de Wilshire, je pense.

— Je ne… nous ne connaissons pas du tout la ville.

— Écoutez, je suis en voiture. Je ne suis pas très sûr de trouver mon chemin. Mais on peut toujours essayer, voulez-vous ?

— Merci. Pensez-vous réussir à me soigner ?

— Je peux essayer. Je me présente : Sam Hirshfield.

— Je suis Katharine Hepburn… Laura Harding. »

Nous voilà partis dans sa voiture… Nous avons trouvé Wilshire… et son cabinet. Je me suis allongée sur sa table d'examen. Il m'a mis quelques gouttes. Est parti à la pêche. Et a très vite capitulé en disant : « Il nous faut un spécialiste des yeux. Je n'ai pas les instruments adéquats. »

Il s'est mis à téléphoner. Je ne savais pas qui il était. Un médecin aurait su. Qui diable allait-il me dénicher ?

Il a fini par trouver une femme médecin qui était encore à son cabinet. Oui, elle acceptait de nous recevoir. Nous sommes descendus dans le centre de Los Angeles. Il a garé sa voiture.

La femme médecin a regardé. Trois éclats de limaille incrustés. Je les ai entendus tinter contre son instrument. Elle les a sortis. Extirpés. J'ai senti le blanc de mon œil réagir comme du celluloïd. Puis elle m'a posé un tampon. Et m'a donné des médicaments.

« Vous risquez d'avoir très mal quand l'anesthésiant aura cessé de faire de l'effet. »

Le lendemain je suis arrivée au studio avec un bandeau sur l'œil. Impossible, bien entendu, de faire les essais de maquillage, de coiffure et de costumes.

Les premiers films

Les voilà — les cinq premiers films de ma carrière.

Héritage

Héritage allait être mon tout premier film. John Barrymore y était mon père, Billie Burke ma mère, Elizabeth Patterson ma tante, et David Manners mon fiancé — George Cukor étant le réalisateur du film.

La première scène que nous avons tournée était une grande soirée donnée par ma mère. Je descendais les escaliers, dans une longue robe blanche aérienne, pour atterrir dans les bras de David Manners. Laura Harding arrivait juste derrière moi. Elle a trébuché et il a fallu recommencer la séquence. À la grande fureur de George Cukor.

Mais je crois bien que j'ai oublié de vous raconter notre seconde journée à Hollywood. Il y avait un dénommé Carlton Burke, fort connu dans les milieux hippiques et qui se trouvait être une des conquêtes de Laura. Il nous avait loué une maison — ou plus exactement, il avait pris une option sur une très jolie petite maison dans Franklin Canyon. Que nous sommes allées visiter. En fait, ce Carlton Burke, nous l'avons retrouvé là-bas. Il était accompagné d'une femme — une certaine Mrs. Fairbanks. La maison nous a plu. Elle n'avait rien de grandiose mais était agréable et bien située.

Ladite Mrs. Fairbanks nous invite à dîner pour le samedi soir. Je refuse en disant que je ne dîne jamais dehors. Et sans plus d'égards, je change de sujet.

En vérité, je m'étais dit intérieurement : Elle n'a pas l'air bien intéressante, alors évitons de nous laisser embringuer dans cette histoire.

Une fois Carlton Burke et Mrs. Fairbanks partis, Laura me lance d'une voix cinglante :

« Tu sais qui c'était ?

— Qui ça, Mrs. Fairbanks ?

— Oui. Il s'agit de Mary Pickford.

— Oh ! ce n'est pas vrai ! »

Fort heureusement, elle nous a appelées un peu plus tard et a renouvelé l'invitation, et moi — tout miel — de répondre :

« Comme c'est gentil à vous... mais bien sûr... avec plaisir... et merci encore d'avoir pensé à nous... »

Et de nous mettre sur notre trente et un, et en route pour le show Pickford !

Vous rendez-vous compte, un peu ? Invitées chez Mary Pickford — la semaine même de notre arrivée au pays du cinéma.

J'étais placée à côté de Fairbanks, Laura à côté de Mary. Carlton Burke était également présent. Nous avons regardé un film, tout s'est bien passé. Une soirée formidable. Et Mary Pickford absolument charmante.

Nous n'avons jamais été réinvitées. Vous entendez ? Jamais.

J'ai enregistré la leçon. Il faut toujours faire attention à ce que l'on dit, et surtout à qui on le dit. On ne sait pas forcément à qui l'on s'adresse.

Puis sans plus de délai le tournage a commencé.

Je vous ai raconté ma première rencontre avec Cukor et Barrymore. Nous avons très vite fait des essais de coiffure, de maquillage, composé les costumes. Le programme prévoyait de tourner d'abord toutes les scènes avec Barrymore et de le libérer — mesure d'économie : il coûtait cher.

Nous avons donc démarré, comme je l'ai dit, avec la scène de la grande soirée, pour la mise en place générale. Puis les séquences avec Barrymore. La première était son arrivée à la maison. En principe, il était sorti de l'asile et retrouvait sa maison.

Moi je le regardais. J'étais dans le salon au moment où il ouvrait la porte. Il se dirige vers la cheminée, il cherche quelque chose. Ses pipes peut-être. Il s'attarde un peu. D'où je suis, juste à côté de la caméra, j'observe ses moindres gestes et les larmes ruissellent sur mon visage quand je me rends compte que cet homme est sûrement mon père. En fait, je songeais aussi, avec surprise et incrédulité, que j'avais sous les yeux John Barrymore — le grand John Barrymore — et qu'il était en train de donner une prestation plutôt médiocre. Un choc pour moi.

À la fin de la scène, Barrymore est venu me rejoindre et m'a regardée très attentivement, puis il est allé trouver Cukor et a dit qu'il aimerait faire une nouvelle prise. Je crois qu'il s'est rendu compte de l'enjeu que représentait pour moi ce moment, et il ne voulait pas me laisser tomber.

Nous avons recommencé. Il a été bouleversant. De tristesse. D'émotion. D'absolu désespoir. Et toujours cette simplicité.

Un homme vraiment étrange. Plein de charme — acteur merveilleux — esprit généreux — et puis une espèce de passion générale et sauvage pour le sexe opposé, mais doublée d'une indifférence totale à ses éventuels succès. Comme s'il conduisait une voiture inconnue.

Un jour, il m'a demandé de venir le voir dans sa loge. Ce que j'ai fait. Je frappe à la porte. « Entrez », dit-il. J'entre. Et je le découvre... allongé sur son lit, dans une tenue que je dirai... relativement désordonnée. J'ai dû avoir l'air complètement éberlué. Il y a eu un moment de silence. Et un rapide bruit de couvertures que l'on tire.

« Oh ! Excusez-moi. On se voit plus tard. »

Je suis sortie. Ça alors ! Franchement bizarre.

Quoi qu'il en soit, après cet unique instant de faiblesse, dirons-nous, il a été adorable. Son principal souci n'a plus été que de tout faire pour assurer mon succès. Il tournait mon visage vers la caméra pendant toutes les nombreuses scènes que nous avions ensemble. Un ange — drôle, bourré de talent. J'ai eu une chance immense de faire mon premier film avec lui.

L'anecdote la plus drôle du tournage, c'est une scène de petit déjeuner, avec Billie Burke à un bout de table, Elizabeth Patterson à l'autre bout et moi au milieu. Apparemment je n'arrivais pas à jouer comme le voulait Cukor. Nous avons recommencé plus de vingt fois. Néophyte dans le métier, je ne me rendais pas compte qu'à chaque fois je devais ingurgiter un autre petit déjeuner — et mes deux partenaires aussi. Vous imaginez un peu... Vingt petits déjeuners. Je me demandais pourquoi Elizabeth Patterson me témoignait une telle froideur. Elle me l'a dit des années après.

Le tournage d'*Héritage* a duré cinq semaines environ. Trois avec Barrymore, les deux autres avec le reste de la distribution.

J'ai terminé *Héritage*. Je me suis dépêchée de partir pour l'Europe avec Luddy. Au cas où l'on m'appellerait pour m'annoncer que je faisais un succès, je suis allée chez Schiaparelli commander un ensemble pour ma descente de bateau. Une sorte de brun violacé — plus ou moins aubergine. Jupe et veste trois-quarts, avec chemisier et chapeau tricoté en côtes deux-deux. Très facile à porter. La nouvelle de mon triomphe m'est arrivée à Vienne, je n'ai donc pas été prise au dépourvu. Mon premier achat chez un grand couturier de Paris.

Le film a été montré à Santa Barbara en avant-première où il a reçu un très bon accueil. Lorsque le succès n'a plus fait aucun doute, Luddy et moi sommes allés échanger nos billets de troisième classe contre des premières. Auparavant, je voyageais toujours au tarif le moins cher, tout à l'avant du bateau, sous le prétexte que, souffrant du mal de mer, je vomirais aussi bien en troisième classe qu'en première.

Mais j'ai eu vraiment de la chance de tourner dans ce film. Avec un rôle qui m'a permis d'être remarquée.

Christopher Strong

Dorothy Arzner, une réalisatrice en vue. Elle avait de nombreux films à son actif. Très bonne. Un tournage agréable, sans anecdote saillante. L'histoire d'une aviatrice qui a une histoire d'amour avec un homme célèbre. Une femme réalisatrice peut passer pour une curiosité de nos jours, mais à l'époque, je n'ai rien vu là de bizarre. Plusieurs des meilleurs monteurs d'Hollywood étaient des femmes. Dorothy Arzner était très connue et avait déjà réalisé un certain nombre de films à succès. Elle portait des pantalons. Moi aussi. Nous avons eu plaisir à travailler ensemble. Le scénario était un peu désuet et le film n'a pas eu une grande carrière. Le rôle masculin était tenu par Colin Clive.

Morning Glory

Je suis entrée dans le bureau du producteur Pandro Berman, j'ai vu le manuscrit sur sa table, je l'ai pris et j'ai commencé à le lire. Coup de foudre. J'ai appelé mon amie Laura Harding. Qui est arrivée. A lu à son tour. C'était signé Zoe Akins. Laura a adoré. Je vais trouver Pandro Berman et lui dis que c'est un film pour moi. Refus de sa part. Le rôle était pour Connie Bennett. J'ai dit non — pour MOI. Et j'ai emporté le morceau.

La réalisation a été confiée à Lowell Sherman, qui était le partenaire de Connie Bennett dans la version de *What Price Hollywood?* tournée l'année précédente par Cukor. Un film brillant. Avec une très bonne prestation de Sherman.

J'avais eu l'occasion de voir Ruth Gordon dans une pièce intitulée *A Church Mouse.* Elle y donnait une interprétation magnifique et j'imaginais *Morning Glory* joué dans le même registre — voix monotone, œil à l'affût de tout ce qui l'entoure. « Je m'appelle Eva Lovelace — L-O-V-E-L-A-C-E... (le « lace » étant un ajout de ma part, une broderie...). — Est-ce que vous fumez? Moi, oui. »

J'étais installée au comptoir d'un bar et je prenais un café en parlant avec Aubrey Smith *.

Un rôle merveilleux.

Ma première grande récompense — l'oscar. Je n'arrivais pas à y croire! C'était dans les toutes premières années des oscars, en 1933. Je crois qu'il n'y avait que cinq personnes au jury. Douglas Fairbanks Jr. et Adolphe Menjou figuraient aussi au générique. Douglas et moi interprétions ensemble la scène du balcon, dans *Roméo et Juliette* — en costumes. Coupée au montage. Mais le jour du tournage, Mary Pickford et Douglas Fairbanks Sr. sont venus sur le plateau, en spectateurs. Plutôt impressionnant, je vous prie de me croire. Le tout a été bouclé en dix-sept jours.

---

* Acteur de second plan (*NdT*).

Les quatre filles du docteur March

Celui-là fait partie de mes préférés. Avec Cukor à la réalisation encore une fois. Il y a eu une quantité de scénarios écrits à partir de ce roman. Tous quelconques. Même franchement mauvais. Et puis on a loué les services de Sarah Mason et Victor Heerman. Qui, à mon humble avis, ont fait un travail superbe. Avec une histoire simple, vraie, naïve mais à laquelle on pouvait vraiment croire. La différence avec les scénarios précédents était époustouflante. Eux croyaient à l'histoire racontée par le livre. Moi aussi.

Les filles. L'ensemble de la situation. Joan Bennett jouait Amy. Elle était plus qu'enceinte à l'époque. Frances Dee était Meg, Jean Parker interprétait Beth. Le rôle du professeur Baer était tenu par Paul Lukas, celui de Lorrie par Douglas Montgomery. Spring Byington était Marme.

Les décors étaient très jolis — signés par Hobe Erwin, décorateur réputé de New York. Une reproduction fidèle de l'original, dans le Massachusetts. La maison était construite dans la vallée, celle de Mr. Lawrence aussi. Mr. Lawrence, qui était joué par Henry Stephenson. Une aventure formidable.

Nous avons eu une grève des ingénieurs du son pendant la longue scène de la mort de Beth, et tout le monde pleurait, surtout moi. L'horreur. Nous avons dû multiplier les prises à cause du son — l'horreur absolue. J'ai fini par vomir et il a fallu tout recommencer le lendemain.

Un jour, nous avons eu la visite de Tallulah Bankhead sur le tournage. C'était une grande amie de Cukor. Il l'a envoyée visionner quelques rushes. Elle a été enthousiasmée et est revenue en larmes.

Tout était parfait.

Ce film a été un grand bonheur de tournage — George Cukor la perfection. Il a vraiment su saisir l'atmosphère. Pour moi, c'était ma jeunesse !

Spitfire (Mademoiselle Hicks)

L'esprit montagnard, version sudiste. Honte à toi, Katharine.

Et puis je suis repartie à New York pour jouer dans *The Lake*, au théâtre.

Encore une fois, honte à toi, Katharine.

Mauvais.

Retour à New York

J'avais effectué un départ en flèche avec *Héritage, Christopher Strong, Morning Glory, Les quatre filles du docteur March,* et *Spitfire.* Le tout en l'espace d'une seule année. Un an et demi, en réalité. Sept mois en 1932 et la quasi-totalité de 1933. J'avais même remporté un oscar. Puis est arrivé *The Lake.*

Je vais devoir vous expliquer ce qui a été pour moi, disons, l'étape suivante. J'avais un peu, hum, la grosse tête — vous pouvez imaginer. Tout ce succès en Californie. Et maintenant, retour à New York. J'étais en position... disons... oui... de force. Mes relations avec mes anciens amis étaient changées — j'avais manifestement passé le premier cap. J'étais quelqu'un avec qui il fallait compter. En vérité, ce sont les autres qui vous placent sur un piédestal. Ils se mettent à vous regarder avec déférence — et du haut de votre nouvelle hauteur, vous essayez de faire comme si de rien n'était.

À mon retour à New York, j'ai estimé que nous avions besoin de plus de place. Luddy et moi avons alors trouvé la maison que j'habite actuellement. Elle était à louer, meublée, pour cent dollars par mois. Nous avons emménagé et amené avec nous le peu de meubles que nous avions. Et puis finalement, aux alentours de 1937, j'ai acheté la maison pour vingt-sept mille cinq cents dollars. Un coup de chance. Les Schuyler Smith sont venus reprendre leurs meubles dont l'essentiel avait déjà été retiré au fil des années.

J'ai abattu une cloison pour faire une grande chambre d'ami au dernier étage. Et puis j'ai fait installer des toilettes au rez-de-chaussée et… ah oui ! une cheminée dans ma chambre. Le conduit existait déjà. J'ai aussi tout fait repeindre en blanc, et les travaux se sont arrêtés là, je n'ai plus rien changé. La maison est pratique et confortable — orientée au sud et autrefois très ensoleillée. Aujourd'hui, les gratte-ciel construits dans la rue derrière la mienne coupent une bonne partie du soleil — dommage —, mais l'endroit est calme, bien situé, et puis c'est chez moi, et je m'y plais.

Je ne me souviens plus vraiment du jour où les Schuyler Smith ont retiré leurs meubles. En tout cas, ils n'ont laissé qu'un plateau à cartes de visite en argent, qui se trouve toujours sur la table près de la porte d'entrée, et une très jolie chaise, dans le salon. Je pense que, le temps aidant, ils avaient oublié que ces objets leur appartenaient.

Luddy n'a jamais fait que tenter de m'aider dans ma carrière. Pas une fois il n'a seulement fait allusion au fait que, avec *Art and Mrs. Bottle*, et *The Warrior's Husband*, je franchissais nécessairement un échelon qui allait m'éloigner de lui. Il s'occupait de moi. J'utilisais sa voiture. Son appartement était charmant. Il avait transplanté ses affaires à New York dans le seul but de m'arranger. Il s'occupait d'un système de paiement automatique des salaires des employés, qu'il installait dans des grandes compagnies.

Lorsque j'ai quitté Luddy le 4 juillet 1932 pour aller à Hollywood, ce départ a marqué le début de la fin de notre mariage.

Mais je me demande bien ce que j'aurais fait sans Luddy — mon ange gardien. Seule dans cette grande ville, j'aurais été prise de panique, je me serais ratatinée, je serais morte de peur. Luddy, il ne voulait qu'une seule chose, moi, et moi, bien sûr, je n'avais qu'un désir — devenir une grande star de l'écran.

Aujourd'hui, en écrivant ces lignes, j'ai honte d'avoir été aussi infâme avec lui. Parce que Luddy, je peux dire que j'ai dépensé son argent, que je lui ai brisé le cœur, et que ma sœur Peg lui a pompé son sang. Et c'est la stricte vérité.

Ce dernier fait remonte à l'époque où Peg attendait ses jumeaux à Washington, DC, quand elle a fait ce que l'on appelle une crise d'éclampsie, et qu'elle s'est mise à enfler comme une outre. On a juste eu le temps de la conduire à l'hôpital. Son mari et elle vivaient dans une ferme. Elle avait tellement gonflé qu'elle ne pouvait plus mettre aucun de ses vêtements — pas même ses chaussures. Mais comme le phénomène s'était manifesté très progressivement, elle s'y était habituée. Elle a commencé à sentir qu'il se passait quelque chose et que le bébé songeait sérieusement à faire son arrivée, son mari a partagé son avis et ils ont passé en revue tout l'annuaire téléphonique sans trouver un médecin qui accepte de venir à domicile. Ils sont donc partis pour l'hôpital. Ils ont crevé en route et ont terminé en roulant sur la jante. Ils n'avaient pas la moindre idée d'où pouvait se trouver l'hôpital de Washington, DC. C'était la guerre, 1942, et l'heure de pointe. Bref, ils ont fini par arriver, et, dans un piètre état, elle a mis au monde des jumeaux. Luddy était là pour affaires. Il a appris que Peg avait des problèmes. Nous étions divorcés, mais il faisait vraiment partie de la famille. Et il avait justement le groupe sanguin compatible. « Mais oui..., bien sûr. Prenez mon sang », a-t-il dit. Ce qu'ils ont fait. Jusque-là, pas de problème, mais ils en ont renversé sur le sol. Et ils ont piétiné dedans. C'était un peu l'affolement, comme vous imaginez. Mais là, Luddy a craqué. Il s'est évanoui. Et voilà comment ma sœur lui a pris son sang. Tout cela remonte à bien longtemps.

Cher, cher Luddy. Il venait toujours me chercher au train ou à l'avion quand je revenais d'Hollywood. Il m'emmenait à Fenwick, à Hartford. Nous étions séparés. Et puis nous avons divorcé dans le Yucatán, au Mexique. Je ne tenais pas vraiment à un divorce, mais je trouvais que c'était une façon de clarifier notre situation.

Luddy a pris un autre appartement. Il a continué à m'entourer de toutes les attentions possibles et imaginables. Vous aurez sans doute peine à le croire, mais au début de l'année 1941, alors que j'étais venue en visite avec Spencer, c'est Spencer qui m'a dit :

« Pourquoi est-ce que tu continues à bercer Luddy d'illusions ? Si tu cessais un peu de l'exploiter ! »

J'ai été ahurie. Et puis j'ai réfléchi. J'ai enfin fait fonctionner ce que j'avais de bon sens et de sensibilité. J'ai cessé de me servir de lui.

Six mois plus tard environ, il était remarié. Il a eu deux enfants — un garçon et une fille. Et puis sa femme est morte. (Par ce « et puis », entendez vingt-cinq années plus tard.)

Luddy est ensuite tombé malade. Spencer était mort en 1967. J'ai pris l'habitude de passer chez Luddy prendre de ses nouvelles. Et puis j'ai commencé à faire des choses pour lui. Il venait de temps en temps à Fenwick. Jusqu'au moment où il a eu ce cancer inopérable, et où il était toujours entre deux séjours à l'hôpital. Il s'est éteint lentement. Je me suis vraiment battue pour lui rendre un peu de l'affection, de la gentillesse et de l'extrême générosité dont il m'avait comblée.

Percevez-vous la part déterminante qu'il a eue dans mes débuts ? Générosité absolue — aucune entrave — donner donner donner. Cher Luddy, merci encore.

Oh ! mais, j'allais passer sous silence le pire de mes forfaits. Écoutez bien. Je l'ai obligé à changer de nom, et à transformer Ludlow Ogden Smith en S. Ogden Ludlow. Je ne voulais pas m'appeler Mrs. Smith. Je trouvais cela tristounet. Kate Smith — beurk !

Vous saisissez, j'espère, que ces souvenirs me reviennent maintenant. En me tournant vers le passé, je prends conscience de la réalité des choses. Des motivations sous-jacentes à toutes mes actions. Je ne pense pas que tout s'est joué avec la dose de cynisme qu'il semble. Je le souhaite en tout cas. Mais la vérité est là, je me suis conduite comme un monstre d'égoïsme. Avec une seule et unique préoccupation, MOI, MOI, MOI. Toujours, partout.

Luddy, grâce peut-être à ses liens de parenté avec l'inventeur Thomas Edison, avait un esprit très scientifique et était lui-même une sorte d'inventeur. Il avait en effet mis au point un phonographe à changement de disque automatique, mais n'avait pas fait breveter son système. Il n'était pas satisfait de la façon dont les disques glissaient l'un sur l'autre — parce que cela risquait de les abîmer, pensait-il. Entre-temps, un appareil de ce type est sorti sur le marché. Luddy était étrange. Il n'a pas eu l'air trop contrarié. Moi, j'étais furieuse.

Il aimait beaucoup la musique, et nous avions des haut-parleurs dans toute la maison. Avec une qualité de son extraordinaire. Quand ses amis achetaient des appareils sophistiqués, ils demandaient toujours à Luddy de venir vérifier la qualité acoustique lors de l'installation. Il avait une oreille remarquable.

Luddy était capable de faire marcher n'importe quoi — ma vie, la voiture, la chaudière, tout… Il connaissait la menuiserie, la mécanique, la plomberie. C'était formidable. Mais surtout — et depuis le tout début — il était… comment dire… il était *là*. En toute circonstance. Toujours. Comme personne. Comment décrire ce qu'était ma relation avec Luddy ? Il était proche de moi. Intime. Comme mon père et ma mère. Il était là. Il était ma respiration. Mon ami.

Je pouvais lui demander n'importe quoi. Il répondait toujours présent. Des gens comme lui, on n'en rencontre pas dans la vie. L'amour total, sans conditions.

The Lake

Un de mes... j'allais écrire « amis », mais avec Jed Harris, on n'est jamais trop sûr. Jed Harris était dans le peloton de tête des metteurs en scène qui faisaient les beaux jours de Broadway dans la seconde moitié des années vingt. Tout ce qu'il montait se transformait en succès :

1926 : *Broadway.*
1927 : *Coquette.*
1927 : *The Royal Family.*
1928 : *The Front Page.*
1930 : *Oncle Vania.*
1933 : *The Green Bay Tree.*

Ces six spectacles ont fait un véritable malheur. Et lui ont rapporté des millions. Puis les choses se sont un peu tassées jusqu'à *Our Town*, en 1938.

Lorsque je suis arrivée à New York la première fois — à l'automne 1928 —, il était au summum du succès. À l'époque, je le conduisais un peu partout dans ma voiture, jusqu'au début des années trente et à mon départ pour Hollywood en 1932. À mon retour à New York, l'année suivante, j'étais célèbre et j'avais remporté l'oscar d'interprétation féminine pour *Morning Glory*.

Plus son étoile pâlissait, plus la mienne éclatait. Tout ce que j'entreprenais semblait voué au succès. J'ai dû imaginer que je ramènerais la chance à Jed si je faisais *The Lake* pour lui.

Et voilà comment les choses se sont passées.

Sa carrière de metteur en scène vedette sur la place de Broadway avait beau être sensiblement sur le déclin, vis-à-vis de moi, et vis-à-vis de lui-même aussi, il continuait de jouer les matamores. La modestie n'était pas sa qualité première. Il avait une façon de traiter les gens comme s'ils appartenaient à une espèce inférieure. Et bien sûr, je l'avais connu à une époque où j'étais incontestablement plusieurs échelons en dessous de lui sur l'échelle de la notoriété. La situation s'était inversée depuis, mais ni Jed ni moi n'étions prêts à l'admettre. Lui était le génie, et moi j'avais eu un coup de veine. Bref, je suis revenue à New York.

Et je l'ai appelé, histoire de dire bonjour.

« Oh !... comment vas-tu ? J'allais justement t'appeler. J'ai une pièce que tu aimerais peut-être faire. Je te la fais envoyer. »

Le texte en question s'appelait *The Lake*, de Dorothy Massingham.

Mon attitude par rapport à la pièce a été franchement tordue. En vérité, je ne me souviens pas de ce que j'en ai pensé en tant que pièce — en tant que soirée théâtrale. Je crois que je désirais surtout aider Jed. J'ose à peine écrire ceci. Mais j'ai vraiment cru que si je jouais dans cette pièce, j'allais le remettre en selle. Je me disais que la position où il était devait être très inconfortable pour lui, et à présent que j'étais une personne « importante », j'avais l'impression que, telle une « mère universelle », j'allais pouvoir l'aider à retrouver le statut qu'il méritait. Comment ai-je pu être aussi stupide, ça je n'en sais rien. Mais la relation que j'avais avec Jed était pour le moins bizarre.

J'ai fait sa connaissance en frappant à la porte de son bureau pour solliciter un emploi. Il avait à l'époque pour secrétaire Jimmy Schute qui était un de mes amis. Par je ne sais quel hasard, Jed a découvert que j'avais une voiture et il a commencé à m'utiliser plus ou moins comme chauffeur. Il n'a jamais été ébloui par mes talents de comédienne. Il avait une solide réputation d'homme à femmes, malgré un physique plutôt sinistre. Laurence Olivier a raconté qu'il s'était inspiré de Jed pour créer son personnage de Richard III — créature terrifiante. Toujours est-il que Jed n'a jamais semblé s'intéresser à moi sur ce plan-là. Pour ce que je pouvais en juger, j'étais la fille qui avait une voiture, point final.

Un jour il m'a dit :

« Pourquoi est-ce que tu ne m'as jamais invité à Fenwick ?

— Ça alors, Jed..., tu ne te plairais pas à Fenwick !

— Qu'est-ce que tu en sais ?

— Je vais en parler à Maman. »

J'ai donc demandé à Maman qui a dit : « Si tu veux... bien sûr. »

Quand j'étais sur la côte est, j'allais à Fenwick tous les week-ends — généralement dès le vendredi. Luddy, mon ex-mari et cher ami, arrivait d'habitude le samedi. Le week-end prévu pour Jed, je suis donc partie avec lui, le vendredi. Week-end fort agréable — golf, promenades à pied, baignade, conversations. Luddy est reparti le dimanche soir. Jed et moi devions rester jusqu'au lundi. Le dimanche soir, Maman est entrée l'air de rien dans ma chambre :

« Tu sais, je ne crois pas que Jed sache que Luddy est ton mari.

— Était, ai-je rectifié.

— Enfin », a dit Maman.

Le lendemain matin, Maman et Jed prenaient leur petit déjeuner en tête-à-tête sur la terrasse. Nous avions tous pour habitude de manger à l'heure qui nous plaisait.

MAMAN

Comment avez-vous trouvé le mari de Kath ?

JED

Je vous demande pardon ?

MAMAN

Luddy, son mari ?

Il y a eu un grand silence — et puis Jed a changé de sujet.

Nous — Jed et moi — sommes partis une heure plus tard pour New York. Il n'a pas dit un mot jusqu'à New Haven.

JED

Pourquoi tu ne m'as pas dit que tu étais mariée ?

KATHY

Pourquoi l'aurais-je fait, Jed ?... Je ne sais pas moi-même si tu es marié ou pas. Je ne me suis jamais posé la question. Quelle différence cela ferait-il ?

Jed m'a lancé un long, long regard, depuis une aire de méditation loin, loin de moi :

«Je vois», a-t-il dit — et il a changé de sujet.

JED

Que penses-tu du *Lake* ?

KATHY

Je ne sais pas très bien. Est-ce que tu crois que je pourrais... ?

JED

S'il te plaît, Kate... si je n'en étais pas persuadé... Combien tu veux par semaine ?

KATHY

Écoute, Jed, je n'ai pas la moindre idée...

JED

Si je dis cinq cents dollars ?

C'était une offre bien médiocre. Les cachets de star se situaient entre mille et deux mille cinq cents dollars la semaine.

KATHY

Euh, tout ce que...

JED

Parfait ! Marché conclu.

Voilà comment a commencé *The Lake*.

Un complet désastre. Blanche Bates et Frances Starr — grandes vedettes. Colin Clive — autre vedette. Et moi — la nouvelle coqueluche. En haut de l'affiche, avant tout le monde. J'avais demandé à Jed de ne pas me mettre en vedette. Ou au moins, s'il ne pouvait pas faire autrement, de mettre mon nom après celui des comédiennes confirmées. Ma demande n'était pas motivée par la gentillesse ou la générosité. Je me trouvais très bien. Je savais que j'avais la cote. N'allez pas vous méprendre. Mais je savais aussi que ces deux comédiennes étaient extrêmement populaires, et que je n'allais m'attirer les faveurs de personne si j'avais la stupidité de chercher à les éclipser. Pour qui se prend-elle ?

Mais Jed trouvait que c'était mon nom qui faisait vendre, moi qui créais l'événement. Que je devais donc figurer en haut de l'affiche. Où je me suis donc retrouvée. Candide. Et stupide.

Les répétitions ont commencé au Martin Beck. Quarante-cinquième rue. À l'ouest de Broadway. Grande salle. Nous étions sans inquiétude. Tout était vendu à l'avance. Nous n'aurions pas besoin d'aller piquer les spectateurs des autres théâtres. Tony Miner était à la mise en scène. Moi, je donnais le meilleur de moi-même, avec enthousiasme. Mais ce meilleur était incertain. J'avais vingt et quelques années. On me comparait déjà, et trop vite, à Éleonora Duse, Sarah Bernhardt.

Si je savais que l'adulation dont j'étais l'objet n'était pas totalement méritée, je devais bien avoir quelque chose. Mais ce quelque chose, je ne le cernais pas vraiment. Je veux dire que je ne savais pas trop quand je le tenais. Dans mon jeu, s'entend. Incertitude plus que périlleuse. Je pouvais faire rire. Je pouvais faire pleurer. Mais j'avais besoin d'une harmonie. Ce qui était parfait au cinéma. Mais désastreux sur scène.

Bref, au bout d'une semaine, Jed a viré Tony. Helen Hayes *, que je connaissais à peine, m'a envoyé un petit mot disant : « N'acceptez pas la direction de Jed. Il détruira votre confiance en vous. » Mais j'étais jeune. J'étais exceptionnelle. « Je peux fonctionner avec n'importe qui », me suis-je dit. Et je n'ai pas écouté son conseil.

La raison du renvoi de Tony Miner, je ne l'ai jamais sue. Je suppose que Jed voulait tout simplement assurer lui-même la mise en scène. Tony m'avait mise en confiance. Les autres comédiens aussi. Ils étaient adorables avec moi. Bien sûr, je sais aujourd'hui qu'ils devaient commencer à soupçonner ce qui allait se passer. D'entrée de jeu, Jed a entrepris de saper mon seul atout — la confiance que j'avais en mon talent. En d'autres termes, il n'aimait rien de ce que je faisais. Si je me tournais vers la gauche, il voulait que je me tourne à droite. Si je faisais un geste d'une main, il me demandait de le faire de l'autre. Je m'asseyais. Il disait debout. C'était très destructeur.

Il y avait un piano sur scène. Dont le clavier était tourné du côté du public. Je ne sais pas jouer du piano. Et je suis tellement droitière que je frise le handicap de la main gauche.

---

* Actrice alors en vogue *(NdT)*.

Je me suis bagarrée. C'était une scène capitale. Chargée d'émotion. Il a voulu que je l'interprète tout en jouant du piano. Je me sentais complètement ridicule. J'étais complètement ridicule.

« Je n'arrive pas à suivre la musique avec mes doigts — et ça me trouble de sentir que je descends le clavier alors que j'entends la musique monter. Le résultat est que je suis incapable de penser, Jed, ce qui m'empêche de jouer ma scène. Je n'ai qu'une idée en tête : "Je ne sais pas jouer du piano."

« Et certainement que le public se dira : "Elle ne sait pas jouer du piano." »

Jed s'est contenté de répondre : « Helen Hayes a appris le piano pour moi. »

Et je me suis dit intérieurement : « Quand bien même Dieu en personne me le demanderait, je serais incapable d'apprendre le piano. »

Et j'ai pleuré. Jed m'a consolée. Et nous avons continué ce jeu cruel. Au grand embarras du reste de la troupe.

Jed est loin d'être un imbécile. Et aujourd'hui encore, je me demande quel but il poursuivait en tourmentant, au point de la rendre inutilisable, une pauvre gosse sans expérience qui faisait de son mieux — non, qui se battait comme une tigresse — pour être à la mesure d'un costume bien trop grand pour elle.

The Lake avait été monté à Londres avec Marie Ney. Dans une mise en scène de Tyrone Guthrie. C'était l'histoire d'une femme qui parvient à se marier in extremis (elle approche la trentaine). Sur la route qui ramène le couple à sa maison — juste après la cérémonie de mariage —, la voiture dans laquelle il se trouve dérape, fait un tonneau — et tombe dans le lac. Le jeune marié reste coincé sous la voiture, et meurt noyé. Beaucoup de pathos. Exit le jeune époux fidèle et mélancolique. L'homme marié et faible dont elle s'est amusée est à l'affût.

« Les arums ont refleuri. C'est une fleur étrange. J'en avais dans mon bouquet de mariée. Aujourd'hui, je les dépose ici en mémoire d'un mort. »

Howard Greer, de Hollywood, devait s'occuper de mes costumes. Jeanie Barton de ma coiffure — elle aussi venait de Hollywood. Cecilia, mon habilleuse au cinéma, devait être à mon service. Rien que des gens rompus à Hollywood sans aucune expérience, le côté immédiat du théâtre, où la cause et l'effet sont pratiquement simultanés. À Hollywood, on attend le comédien. Au théâtre, rien n'attend. Le train part. Mon équipe personnelle était donc déracinée. Et fort malheureuse. En plus, il fait froid sur la côte est.

J'avais également une Lincoln, avec chauffeur. Charles Newhill. Charles a travaillé à mon service dès mon arrivée à New York, ou presque. Moitié allemand, moitié italien. Avec un peu de sang irlandais en plus. Originaire d'Amsterdam, dans l'État de New York, mais venu très jeune à Manhattan. De doux yeux bruns et un cœur tendre. Il a pris soin de moi pendant quarante-trois ans. Quand j'étais en Californie, il s'occupait de ma maison, qui faisait, et fait toujours plus ou moins hôtel.

Il arrivait de bonne heure. Restait très tard. Préparait mon petit déjeuner. Me le montait au deuxième étage. Le temps a passé. Le poids des années a commencé à se faire sentir sur Charles. Les escaliers sont devenus plus raides. Il a lutté. J'ai fini par prétexter que je voulais jeter un œil au journal du matin. « Maintenant que je suis là, je peux bien monter le plateau moi-même. » Puis : « Laissez-moi faire — j'ai besoin d'un peu d'exercice. » Ensuite sont venues les absences. Quelques jours. Une grippe. « Je ne voulais pas vous la passer. » Puis il n'est plus venu du tout. J'allais lui rendre visite. Et puis il est mort. J'ai été très triste. Nous étions très amis. Il m'a aidée. Je l'ai aidé. Nous avons passé de bons moments ensemble.

Un ange. Quelle que soit l'ampleur du désastre. « Je ne sais pas, Miss Hepburn. Mais le public vous aime. C'est tout ce que je peux dire. J'entends bien ce que disent les gens. Vous êtes la meilleure. » Tous ces mensonges qui vous font chaud au cœur. Vous donnent la force de continuer. Tous ces menteurs qui vous aiment et vous protègent. Pour le meilleur et pour le pire. Jusqu'à ce que la mort nous sépare. J'ai eu beaucoup de chance. Cher vieux Charles. Dans ma rue, on l'appelait Monsieur le Maire.

Mais revenons à notre sujet.

Nous sommes partis pour Washington, où nous devions roder le spectacle pendant une semaine. Je devais descendre au Hay Adams. Où j'avais les chambres 375-378. Je suis arrivée à la réception avec Laura Harding.

« Leopold Stokowski est aussi descendu ici, nous dit-on.

— Oh ! » dis-je, ravie. Je l'avais rencontré déjà une fois. « Et où… ?

— Chambre 238.

— Ah ! bon… je vois… très intéressant… »

Nous voilà parties vers l'ascenseur. Où nous montons. Et qui prend le même ascenseur ? Leopold Stokowski.

« Comment allez-vous ? demande-t-il.

— Je joue dans une pièce.

— Bien sûr. Je suis au courant. Nous pourrions peut-être dîner…

— Avec plaisir.

— Eh bien, c'est entendu. Je vous appelle. Vous êtes dans quelle chambre ?

— 238 », dis-je.

Long silence, suivi d'un sourire.

« Ça, c'est la mienne, dit Stokowski.

— Excusez-moi, la 375…

— Oui… bien sûr. »

Et le voilà parti.

Nous avons pouffé de rire, Laura et moi. C'était trop drôle. Et nous avons dîné avec lui un soir, sur un yacht sur le Potomac. Le yacht de John Hays Hammond.

Est arrivé le soir de la première à Washington. J'étais morte de peur. Petit bout par petit bout, ma confiance s'était envolée. Et ma confiance était ma seule force. Quand tout allait pour le mieux dans le meilleur des mondes, j'étais capable de rire et de pleurer avec candeur et conviction. Mais le travail de concentration en état de terreur absolue était encore au-dessus de mes compétences. Au Théâtre national de Washington, DC, j'ai traversé la pièce dans un état de parfaite hébétude. J'ai fait mouche une ou deux fois. Mais la plupart de mes répliques tombaient à plat. Je sentais l'attention du public s'éloigner comme la marée. Je faisais les gestes, mais sans conviction — sans élan. L'intention y était, mais réprimée.

À la fin, le public a applaudi à tout rompre. Le public américain est bon prince. Il n'avait pas eu exactement ce qu'il attendait — ce nouveau jeune prodige. Mais peut-être qu'il se trompait. Et puis zut !… Elle est jeune, elle a une jolie robe…, il faut l'encourager.

Jed est venu jusqu'à ma loge. Il est resté à la porte. M'a envoyé un baiser de loin en disant :

« La perfection... je ne peux pas faire mieux.

— Comment cela ? ai-je demandé — sans comprendre.

— Finies les répétitions. Première à New York la semaine prochaine. »

J'étais abasourdie.

« On ne pourrait pas travailler encore un peu, le temps que je sois sûre de ce que je fais ?

— Inutile. »

Et il est parti.

Le lendemain matin sont tombées les critiques. On m'a dit qu'elles n'étaient pas mauvaises du tout. Moi, je ne les lis pas. Je ne vois pas l'intérêt. Trop tard pour changer, dans un sens ou dans un autre. Mais je m'informe bien sûr de la teneur générale : bon - mauvais - superbe. En l'occurrence, je me suis dit que les critiques étaient charitables. Peut-être répugnaient-ils à descendre la toute nouvelle coqueluche. Mon avis à moi était que j'étais passée à côté de la pièce. Et j'ai commencé à me complaire dans le désastre. J'ai été de plus en plus mauvaise. Cependant qu'à New York les billets se vendaient comme des petits pains.

Plus agréable, j'ai reçu une invitation à prendre le thé avec le président Roosevelt. Invitation qui était évidemment un ordre. Je me suis acheté un chapeau. J'avais une robe. Charles et moi étions devant la porte de la Maison Blanche avec quinze minutes d'avance. Nous avons attendu dans la voiture. L'œil rivé à la pendule. Une minute avant l'heure dite, Charles a avancé la voiture. Quelqu'un a ouvert la portière. Je suis descendue dans un état second. La porte de la Maison Blanche s'est ouverte. Là, dans mon souvenir du moins, et trois marches au-dessus de moi, se tenait un homme en habit. Je me suis avancée la main tendue — préférant le style amical à la solennité.

« Je suis l'huissier », a-t-il dit.

Et moi, sans renoncer à ma main tendue : « Enchantée. »

Il a souri. Je l'ai suivi dans une petite pièce — vraiment petite. Plutôt longue par rapport à sa largeur, telle que je m'en souviens aujourd'hui. Et l'on m'a dit que le Président serait là dans quelques instants.

Il est entré. Je serais bien incapable de vous dire s'il était ou non dans un fauteuil roulant. Je crois qu'il marchait avec des béquilles et était accompagné d'un aide — qui s'est retiré aussitôt que nous avons été installés. Enfin, peu importe. Il était là. Cet homme puissant et fascinant. Il s'est excusé de ne pas être venu me voir sur scène. Mais il avait vu plusieurs de mes films. Et il aurait aimé que j'envisage de tourner dans un film tiré d'une histoire de Kipling — dont j'ai oublié le titre — et pour laquelle il avait toujours eu un faible particulier. Puis il m'a demandé des nouvelles de ma mère. Et de sa grande amie Jo Bennett dont le gendre avait dessiné et construit Warm Springs. Un certain Tombs. Je lui ai demandé comment il pouvait retenir tous ces noms.

« C'est mon métier, a-t-il dit, et je m'y applique beaucoup. Quand on me présente quelqu'un, je dis : "Vous êtes Mr. Jones. Voilà votre femme — Mrs. Jones." Je les regarde. Je les absorbe. Je les enregistre. Et la fois suivante, je dis : "Tiens, bonjour Mr. Jones. Comment allez-vous ? Et comment va Mrs. Jones ?" Cela fait bonne impression. »

Je n'en doute pas. Je m'y suis d'ailleurs essayée à Boston. « Vous êtes Mr. Smith — et vous êtes Mrs. Smith... » On pense fort — on se concentre — j'oublie sans cesse.

Cette visite constitue le seul souvenir agréable que j'aie gardé de cette semaine à Washington. Le Président semblait avoir l'éternité devant lui. J'ai commencé à avoir peur de rester trop longtemps.

« Comment saurai-je quand je dois prendre congé, monsieur le Président ?

— Ne vous faites pas de souci à ce sujet, Kathy. Vous devez rester jusqu'à ce que je m'en aille. Une fois que je serai parti, vous partirez aussi. »

Quel charme. Chaleureux. Drôle. Il m'a raconté sa campagne pour la souscription des Liberty Bonds pendant la Première Guerre mondiale. Comment, emporté par son éloquence, il était tombé de la chaise sur laquelle il était juché et avait atterri directement sur les genoux de Marie Dressler *.

Cette visite a été un total enchantement. Franklin Delano

* Actrice américaine (*NdT*).

Roosevelt était un homme plein de séduction et il avait le don du rire. Qui est un don immense. Parce qu'il rend le fardeau plus léger.

Mais revenons au *Lake*. Un long chemin de croix. Nous avons achevé notre semaine à Washington. Et sommes repartis pour New York. J'avais toujours le secret espoir d'être victime d'une mort subite. Mais je ne suis pas morte. Nous n'avions aucune répétition prévue. Peut-être que Jed avait le sentiment d'avoir été trop directif avec moi. Il me laissait me récupérer. Mais me récupérer où, comment ? Lui — Jed — était invisible. Il ne s'est pas manifesté du tout — en ce qui me concerne du moins. Quant à me récupérer — aucune chance. J'avais perdu mes marques — elles s'étaient effacées. Seule je n'arriverais à rien. J'étais perdue.

L'inéluctable est arrivé : la générale. Heureusement, j'étais coriace. J'ai fait mon entrée. Et j'ai tenu ainsi toute la soirée. L'horreur. Je fonctionnais comme un automate. Ma voix a commencé à monter dans les aigus. J'ai prié. Prié. En vain. J'enchaînais les répliques, les gestes. Je n'étais pas morte. J'étais là. Parfaitement consciente d'avoir été nulle.

Ma famille était au premier rang, évidemment. Mes petites sœurs. Noel Coward se trouvait juste derrière ma sœur Peg — jeune et belle. On l'a entendu dire : « La sœur de Kate ressemble exactement à ce qu'aurait dû être Kate, et qu'elle n'a pas été. » Noel est venu en coulisses.

Cette fois, il a dit : « Tu as fait un loupé magistral. Mais cela nous arrive à tous. Tu vas te faire descendre en flammes. Mais ne lâche pas. Tu finiras par trouver le personnage. »

Et la descente ne s'est pas fait attendre. L'exécution la plus irrésistiblement lapidaire dans le genre humour new-yorkais était signée Dorothy Parker :

« Courez au Martin Beck, Katharine Hepburn y décline le registre complet de l'émotion, de A à B. »

Le résultat ne s'est pas fait attendre. Les recettes ont chuté au rythme de mille deux cents dollars par semaine. Nous avions touché une avance substantielle correspondant à une programmation d'environ dix semaines. Il est apparu progressivement que nous pouvions espérer couvrir cette avance, rien de plus. Il aurait fallu être fou pour continuer d'acheter des tickets. Ceux qui étaient déjà vendus n'étaient pas remboursables. On rentrerait tout juste dans les frais de la production.

Mon principal objectif était désormais de voir si je pouvais apprendre à jouer sous la mitraille. Apprendre le métier de star. Jusqu'à présent, j'avais raté les deux. J'avais baissé les bras. Pleurniché. Je n'avais pas passé la rampe. Pas rempli mon contrat. Et j'avais laissé voir à tout le monde mon désarroi et ma terreur. Et que je ne savais pas ce que je faisais.

Il se trouve qu'au fur et à mesure qu'on avance dans la vie, on apprend que si l'on ne prend pas les choses en main — rien ne se passe.

Après le traumatisme de la première, chacun s'est habitué à la mort lente. Les gens venaient par curiosité peut-être, mais de moins en moins nombreux. Moi — très, très lentement — j'essayais de recoller les morceaux. Au moins avais-je l'intelligence de savoir à qui imputer l'échec. À *moi*. Jed n'avait certes pas signé là sa meilleure prestation. Mais ma contribution personnelle avait été lamentable.

Un soir, à la fin du spectacle, une femme est venue jusqu'à ma loge. Très grande. Très grosse.

« Je m'appelle Susan Steele. Je chante. Je crois pouvoir faire quelque chose pour vous.

— Si tel est le cas, j'en ai grand besoin. Quand commençons-nous ?

— Tout de suite. »

Nous sommes rentrées chez moi. Avons parlé des problèmes de voix. Le lendemain, nous avons travaillé les scènes qui posaient le plus de problèmes de ce type. La voix. La voix. Toujours la voix. Et la foi, aussi. Ne pas se laisser enfermer dans le rôle de victime.

Ce soir-là et tous les soirs qui ont suivi, elle est venue dans la salle. Petit bout par petit bout, j'ai réussi à prendre du recul par rapport au gouffre de la peur. Réussi à me reprendre en main. À me réinstaller dans mon identité de comédienne. À ne plus être une petite souris morte de frayeur. À prendre du plaisir sur la scène.

Les gens sont revenus et ont dit : « Mais vous n'êtes pas si mauvaise. Vous m'avez fait pleurer. »

Et lentement, la confiance est revenue. C'était formidable comme sensation. Comme est formidable ce que nous pouvons obtenir de nous-mêmes pourvu que nous essayions vraiment. J'ai retrouvé ma dignité. Cessé de m'excuser. Commencé à me percevoir comme la meneuse d'un groupe. Et plus cette pauvre petite chose maltraitée par les autres alors qu'elle essaie de faire de son mieux.

Expérience passionnante. Je ne travaillais qu'à cela. Être la meilleure possible dans ce rôle-là. Rien d'autre. Susan était présente à toutes les matinées, toutes les soirées. Nous rentrions ensuite chez moi et faisions la part des paris tenus et des paris perdus. Nous travaillions la voix. La relaxation. Et l'amélioration est devenue réelle. Jed n'est jamais revenu sur le lieu du crime. Pour ce que j'en sais. Toute la troupe était avec moi. Je les avais pourtant trahis en étant mauvaise au moment crucial. Mais ils m'ont tous soutenue. La gentillesse des comédiens...

Des gens qui avaient vu la pièce au début sont revenus et ont aimé. Et bien sûr, j'étais contente.

J'apprenais le métier de comédienne.

J'apprenais le métier de star.

Au cours de la troisième semaine, je crois, Joe Glick — le responsable de la production — est venu dans ma loge.

« Nous partons pour Chicago », m'a-t-il annoncé.

Je n'en croyais pas mes oreilles.

« Quoi ?

— Jed emmène la pièce à Chicago.

— Mais personne n'aime. On ne m'aime pas, moi, c'est sûr. Mais on n'aime pas non plus le travail de Jed. Nous avons couvert les frais. Alors pourquoi ? »

Haussement d'épaules de Joe. « Le fric. »

Joe est sorti de ma loge. Il ne savait plus quoi dire. Moi non plus.

Je suis rentrée chez moi. Que faire ? Je m'étais ridiculisée à New York. Mais pourquoi aller le clamer dans le reste du pays ?

Une âme bien intentionnée m'a envoyé une coupure de presse parue à la une d'un journal de Chicago. « Le public de Chicago va se voir infliger le pensum d'assister à la prestation de Katharine Hepburn dans *The Lake*. »

Je me suis fait du mauvais sang pendant une petite semaine, et puis une nuit, sur le coup de trois heures du matin, j'ai appelé Jed chez lui. Je ne l'avais plus vu ni aperçu depuis la première.

« Jed ?
— Oui.
— Kate.
— Oh ? »
Silence.
« J'ai cru comprendre que tu envisageais de nous envoyer en tournée. À Chicago.
— Exact.
— Mais enfin, Jed, pourquoi ? Je me suis fait descendre, mais regardons les choses en face : toi aussi. Alors pourquoi… ? »
Il ne m'a pas laissée continuer.
« Ma chère, tu ne m'intéresses que pour une seule et unique raison, l'argent que je peux tirer de toi. »
On ne pouvait pas être plus clair.
« Combien ?
— Tu disposes de combien ? »
J'ai attrapé mon relevé de compte bancaire qui était rangé dans une bibliothèque à côté de mon lit.
« J'ai 13 675 dollars 75 *cents* à la Chase Manhattan Bank
— J'accepte.
— Je te fais un chèque dans la matinée. »
Point final. Je lui ai envoyé le chèque. Et lorsque les recettes ont couvert les sommes investies, nous avons donné la dernière.
Je n'ai jamais revu Jed après cela, si ce n'est bien des années plus tard. Un soir, je suis allée au théâtre.
« Bonjour, Kate.
— Je vous demande pardon ?
— Jed Harris.
— Oh ! Bonsoir Jed. »
Plus tard encore, il est allé à Hollywood et s'est adressé à Myron Selznick pour trouver du travail. Myron : « Vous vous êtes trompé de porte. Je suis l'agent de Kate Hepburn.
— Oh ! a fait Jed.
— Elle ne vous aime guère.
— Pourquoi ?
— Vous lui avez pris tout son argent pour arrêter *The Lake*.
— J'ignorais qu'elle avait été contrariée à ce point.
— Elle a été très contrariée.

— Je vais lui envoyer un chèque. »

Myron a tendu la main.

« Je le lui remettrai. »

J'ai donc été remboursée. Mais je n'ai pas encaissé le chèque. Je l'ai déchiré. C'était de l'argent triste.

J'ai appris ma leçon. J'espère. S'il y avait une autre fois, personne ne saurait que j'étais morte de peur. La main qui tient le gouvernail resterait ferme comme le roc, même si le navire était en train de couler — le capitaine reste à son poste et coule avec. Mais il ne le clame pas. Il fait ce qu'il peut, sans rien dire.

Il n'y a rien à ajouter.

Ah ! si... une anecdote encore — des années plus tard. Leland Hayward, qui avait été mon agent — oui, c'est vrai, mon amant aussi..., mais des années après —, Leland rencontre Jed à la sortie d'un théâtre de Philadelphie. Jed le hèle au passage, le regarde droit dans les yeux et lui dit :

« Vous savez, Leland, j'ai tenté de détruire Katharine Hepburn. »

Leland de lui rendre le même regard direct.

« Vous avez raté votre coup, si je ne me trompe, Jed. Je vous souhaite le bonjour. »

Et de passer son chemin.

Troisième Partie

George Cukor

« Rien ce soir, Johanna, je vais chez George. Vous savez. George Cukor — le réalisateur de cinéma. »

Il était mon ami. Arrivé à Hollywood juste quelques années avant moi. Lui était parti de chez lui en 1929. Moi, en 1932. Et il m'avait choisie pour le rôle d'ingénue de Sydney, la fille de Barrymore, dans *Héritage*.

George a tout de suite acheté une maison — modeste et de plain-pied — dans Cordell Drive, sur les collines surplombant Sunset Boulevard. Il a eu du succès, et sa maison a grandi. Grandi. Grandi. Les terres d'abord, qui sont passées d'un bout de terrain à plusieurs hectares. La maison elle-même ensuite.

La propriété se trouvait à flanc de colline. Au sens propre du terme, puisque la maison était construite sur le plat et que la colline montait abruptement juste derrière. La partie plate du terrain continuait de s'étendre vers le sud. Elle s'est transformée en vaste jardin. Une Miss Yak y a planté des arbres, de l'herbe et des fleurs. Puis il y a eu une grande piscine, longue. Et un chemin montant jusqu'à une sorte de promontoire avec des piliers de marbre. À côté de la piscine était installé un barbecue, sous une tonnelle. C'est là que nous mangions quand il faisait beau. Le tout était fermé par un haut mur de brique qui courait tout au long de Cordell Drive.

À un niveau plus bas se trouvaient une maison de gardien

et une charmille. Par la suite, trois petites maisons ont été construites juste à côté, dont l'une était celle de Spencer.

À l'époque, la maison de George n'avait plus rien du salon-salle à manger-deux chambres-cuisine-salle de bain. Elle avait pris de l'ampleur. Et pourquoi pas ! Après *Les quatre filles du docteur March, What Price Hollywood ?* (première version de *Une étoile est née* avec Constance Bennett et Lowell Sherman), *David Copperfield, Les invités de huit heures*, etc.

Le salon s'est agrandi, une baie vitrée donnait sur une grande terrasse, un étage au-dessus du niveau du jardin. On entrait dans la propriété au niveau du mur de brique et on accédait par un escalier à cette terrasse, qui constituait désormais l'étage principal de la maison. Il s'agissait d'une pièce d'un goût tout à fait classique — un rien guindée. Je me rappelle l'arrivée de trois belles chaises provenant d'une vente du Whitelaw Reid Castle. Il y avait aussi, au-dessus de la cheminée, un ravissant pastel de Renoir représentant une dame avec un parapluie. Et à gauche, un paysage de Grant Wood. Je l'avais fait venir de la Walker Gallery, de New York. La toile avait plu à George, qui l'avait emportée. Dans les grandes occasions, nous prenions le thé dans ce salon.

L'ancienne salle à manger, ayant perdu son plafond, avait gagné plus de trois mètres en hauteur. Elle était sombre et semblait se perdre dans les limbes. Éclairée uniquement à la chandelle, on y voyait à peine. Luxe et raffinement. La vaisselle, le linge, l'argenterie, les verres (qui étaient en cristal, bien sûr), tout était brillant, exquis, un ravissement. George lui-même saisissait les occasions d'y dîner. Il adorait tous ses trésors. Ils étaient la matérialisation d'un rêve — un rêve d'enfant — qui commence par « il était une fois ». Un rêve qui devient réalité — le prince, la princesse. Moi sur mon grand étalon blanc.

Les fleurs en milieu de table étaient toujours trop hautes. J'essayais de venir en catimini couper un peu les tiges avant le repas, pour que nous puissions nous voir. Je me trouvais généralement assise en bout de table. C'est là que j'ai noué amitié avec Irène Selznick *. Elle comptait comme moi parmi

* Fille de Louis B. Mayer et épouse de David O. Selznick, elle sera une grande productrice de théâtre à Broadway après son divorce (*NdT*).

les fidèles de George. On mangeait superbement, en excellente compagnie. Un jour, à un dîner auquel j'assistais, est arrivé le dessert : un très beau gâteau — avec soixante-dix bougies. Et Judy Garland qui se lève et entonne de sa voix sourde et déchirante :

Happy birthday to you
Happy birthday to you
Happy birthday dear Ethel
Happy birthday...

C'était le soixante-dixième anniversaire d'Ethel Barrymore. Nous avons tous pleuré de joie, d'émotion, de tout. Le romantisme était là. Le brillant aussi. Et l'atmosphère Selznick-Brice-Judy-Spencer-Peck-Walpole-Maugham... Rien que du beau monde.

Une des premières fois où je suis allée chez George, la première fois, en fait, il a servi du *cheese cake* comme dessert. J'ai trouvé ça répugnant mais, bien sûr, je l'ai avalé. Une bouchée pour papa — une bouchée pour maman — une bouchée pour — vite — sans respirer entre les deux. « Oh ! Kate, on dirait que vous aimez ! Parfait ! Myrtle, je vous prie, resservez un morceau à Miss Hepburn. — Non, non... merci ! » Mais on m'a donné une autre part, que j'ai mangée. À la suite de quoi, pendant des années — oui, des années, chaque fois que je suis venue dîner : « Nous avons prévu votre dessert préféré. » J'ai fini par avouer la vérité.

Terminé, la petite maison ! Il fallait du personnel pour tenir un tel train : vaste office - grande cuisine - gazinière à huit feux - deux glacières - buanderie - et un escalier de service montant à trois luxueuses chambres de service, avec salle de bain. Une des chambres d'origine s'est vu transformer en bureau. Une autre en bibliothèque. Lorsque nous étions en petit comité, c'est là que nous nous installions. George a fait ajouter une cheminée. Il avait une collection de livres impressionnante. Sur une table, une photo dédicacée de Jack Kennedy, avec Jackie, une de Somerset Maugham, de Spencer Tracy. Sans oublier une petite statuette de moi en Cléopâtre. Eh oui, j'étais là. On me déplaçait un peu à l'occasion, mais cela n'avait guère d'importance. Je faisais partie de la famille.

Puis est venu le grand chambardement.

Par terre, le mur sud de la bibliothèque. Un vestibule, petit mais très classique, est ajouté. On entre par une nouvelle porte. On laisse négligemment un manteau ou un chapeau sur l'espèce de grand canapé rond de style victorien, ou bien l'on accroche son vêtement dans un vestiaire et l'on va prendre un verre — il y a un bar minuscule juste en face.

Mais si l'on veut avoir le grand frisson, il faut prendre à droite (vers le sud) et entrer dans la célèbre « salle ovale ». Murs tendus de cuir, hauts plafonds, éclairage indirect. Oui, c'est bien un Braque. Et celui-là est un Matisse. Il y a encore cinq autres grandes toiles, mais le Braque est accroché au-dessus d'une cheminée à l'intérieur de laquelle ne brûle aucun feu, mais brille un gigantesque quartz, présent de George Hoyningen-Huene *.

De l'autre côté se trouve un canapé niché dans une paroi vitrée en arc de cercle. Une espèce de gigantesque sofa, très profond et très rembourré. Devant, et faisant office de table, un chapiteau corinthien, juste à la bonne hauteur, et coiffé d'une plaque de marbre pour poser les verres. Face aux baies vitrées et au canapé, plusieurs fauteuils, disposés de chaque côté de la pièce corinthienne. C'est là que nous prenions l'apéritif, dans les grandes occasions. Là nous nous vautrions tous ensemble, dans des sièges si profonds qu'on ne pouvait plus s'en extirper après s'y être laissé choir. Stravinski, Ethel Barrymore, Édith Sitwell, les Goldwyn, Hugh Walpole, Somerset Maugham, Sir Osbert Sitwell, Groucho Marx, Ina Claire, Gregory Peck, Fanny Brice, Judy Garland, Natasha Paley, Laurence Olivier, Vivien Leigh, Noel Willman — bref, citez qui vous voulez — Gar Kanin, Ruth Gordon —, tous les grands noms.

Je me souviens de m'être installée un soir dans ce canapé, et de m'être retrouvée coincée entre Stravinski et Groucho Marx. J'avais envie de parler des oiseaux-lyres d'Australie avec Stravinski. De lui demander s'il les avait entendus.

« Tais-toi, Groucho. » Il avait essayé, oui, il était allé à Melbourne, puis dans la forêt de Sherbrooke et il avait écouté mais...

« Tais-toi Groucho. » Il n'avait rien entendu. C'était le genre de sonorité qu'il aimait. Il avait un projet de symphonie. Les oiseaux sont restés silencieux. Pour moi, ils ont chanté,

* Collaborateur de Cukor (*NdT*).

chanté... Quel gâchis ! Pauvre Groucho, il voulait parler, et moi je voulais écouter Stravinski, qui voulait entendre le chant des oiseaux-lyres, qui avaient décidé de rester silencieux. La vie est mal faite ! Et nous étions humains, de frustrante façon.

On repart, toujours vers le sud. La porte juste en face, après un petit vestibule, conduisait aux appartements privés de George. Salon, chambre-véranda, salle de bain de marbre blanc, et, sur les murs, une succession sans fin de Garbo, d'Ingrid, de Vivien, de Gladys Cooper, son grand-père, sa grand-mère, son père, sa mère (des gens adorables, je les ai bien connus), George bébé, George petit garçon. Un portrait de Natasha Paley, un autre de moi, signés Cecil Beaton. Le tout très intime, très chaleureux.

À gauche du petit couloir, l'escalier, tapissé de lettres, de dessins, de peintures. Il y en a même un de moi, intitulé « La chaise ». À l'étage en dessous, la chambre d'ami — grand lit, grand placard, beaucoup de lumière, coupe remplie de jolies savonnettes, boîtes de bonbons, corbeilles de fruits, livres récemment publiés, journaux et revues, draps raffinés, couvertures, dessus-de-lit, coussins, silence, sonnette pour commander le petit déjeuner. Ma chambre chaque fois que je revenais en ville. George descendait prendre son petit déjeuner à six heures trente.

Bref tout était beau et luxueux et confortable et formidable. Un palais de cuirs anciens et de bois vernis, avec de hauts plafonds, de l'or, de l'argent, tout, quoi. Et une conversation d'aussi bon aloi. Nous savions nous amuser et profiter de la vie.

Merci à vous, George Cukor, ami très cher. C'était le bonheur. Vous nous manquez beaucoup. Rien de fumeux dans votre pensée. Pas d'alcool, pas de petites pilules. Rien que l'énergie qui transforme les rêves en réalité.

J'ai parlé de la maison de George Cukor, et je me dis que je devrais bien dire quelque chose du réalisateur qu'était George. Avec lui, j'ai tourné environ... voyons :

*Héritage, Les quatre filles du docteur March, Sylvia Scarlett, Vacances, Indiscrétions, La flamme sacrée, Madame porte la culotte, Mademoiselle Gagne-Tout, The Corn is Green** et *Love Among the Ruins* *.

---

* Films pour la télévision (*NdT*).

Il a fait une carrière exceptionnelle et pourtant on le classe rarement parmi les grands du cinéma : John Huston, George Stevens, John Ford, Willy Wyler, Billy Wilder, Hitchcock.

Je pense avoir finalement compris pourquoi. Il était d'abord et avant tout un directeur d'acteurs. Ce qui l'intéressait en premier lieu, c'était de mettre l'acteur en valeur. Il voyait l'histoire à travers les yeux de ses personnages principaux.

Quand j'ai fait *Héritage*, c'est moi qu'il voulait vendre au public : moi dévalant les escaliers pour tomber dans les bras de David Manners — moi me jetant à terre — moi dans les bras de Barrymore. Genre : n'est-elle pas merveilleuse ?

Son souci à lui, c'était ses comédiens. Il montrait des comédiens.

John Ford, lui, se souciait de l'intrigue. Avec lui, j'ai fait *Marie Stuart*. Il a cessé de s'intéresser au film dès qu'il s'est rendu compte que l'histoire était faible.

Je crois que pour Huston aussi, c'était l'intrigue qui primait. Ce qui ne signifie pas que pour ces hommes les comédiens ne comptaient pas. Mais simplement, ils étaient plus attentifs à eux-mêmes, en tant que réalisateurs. De sorte que dans les interviews, ils parlaient du traitement de l'histoire plus que de l'acteur — en bref, ils parlaient d'eux, de la façon dont ils mettaient en œuvre le style dans lequel ils choisissaient de raconter l'histoire.

George n'a jamais pensé le cinéma en ces termes. Son attention était centrée sur les comédiens. L'histoire, c'était eux — et c'est pour cela qu'ils ressortaient toujours avec tant de relief dans ses films. Dans ses interviews, il décrivait et insistait sur le talent et la réussite des comédiens — de sorte que dans la critique, les compliments allaient toujours au comédien. Nous recevions des louanges que George n'avait jamais. Je me demande si j'ai raison. Je crois bien.

Quand il parlait d'un de ses films à la presse, il évoquait ce qui l'intéressait lui — le jeu des acteurs. Le critique parlait donc logiquement des comédiens. Il avait été à l'école de la troupe permanente du théâtre de Rochester au sein de laquelle il travaillait pour apprendre à vendre sa production, à une époque où le jeu des acteurs était déterminant — du temps où les acteurs étaient vraiment des personnalités affirmées.

George Cukor m'a donné mon premier rôle au cinéma en

1932. À l'époque, il était carrément gros — près de cent kilos pour un mètre soixante-quinze. Il débordait d'énergie, de rire, de dynamisme. Il m'a située avec beaucoup de perspicacité — pour ce que j'étais : une dame de la bonne société, une espèce de snob, manquant totalement d'assurance. Moi aussi, je l'ai situé. Très intelligent, aigu comme une pique, doué d'humour.

Dès le tout début de notre amitié — du temps qu'il m'avait embauchée pour *Héritage* —, il m'a conviée à ses dîners et ses déjeuners du dimanche. Et bien entendu, comme j'étais souvent accompagnée de Laura Harding, il l'invitait également — de sorte qu'ils sont devenus de grands amis.

À cette époque s'est produite une chose amusante. Margaret Mitchell m'envoie le manuscrit d'*Autant en emporte le vent*. Je le lis et trouve ce livre passionnant. Je le fais passer à Pandro Berman, producteur et directeur de la RKO, qui le donne à lire à son assistant, Joe Sistram, qui pense qu'il s'agissait d'un rôle très antipathique, mauvais pour ma carrière. Dans le même temps, le manuscrit est parti un peu partout, comme il se doit. Je me rends au domicile de David Selznick, prendre son frère Myron que je devais emmener à Arrowhead pour le week-end. C'est David qui se déplace pour ouvrir. Il a le livre *Autant en emporte le vent* dans les mains. « Ne vous donnez pas la peine de lire, David, achetez », dis-je.

David a lu quand même, acheté les droits et bien entendu confié la réalisation à Cukor — lequel a estimé que je n'étais pas le type qui convenait pour le personnage de Scarlett, de sorte qu'ils se sont mis en quête d'une inconnue. Après des mois et des mois de recherche, ils ont fini par venir me trouver pour me demander de faire un essai. J'ai eu alors le sentiment qu'ils me prendraient faute de mieux, parce qu'ils étaient obligés de commencer le tournage à une date donnée sous peine de perdre les droits. J'ai eu aussi l'impression que je ferais une Scarlett décevante. Et puis je savais que si j'acceptais de faire l'essai, ils me signeraient le contrat mais continueraient de chercher une inconnue, avec le risque qu'ils la trouvent et me laissent choir au dernier moment.

Pour finir, nous sommes parvenus à l'accord suivant : la veille du jour où ils devaient impérativement commencer le tournage — je dis bien la veille —, j'acceptais de faire partie de la distribution définitive. J'avais été habillée plusieurs fois par Walter Plunkett et je pouvais donc être prête en un rien de temps. J'ai été fort avisée, parce qu'ils ont découvert Vivien Leigh entre-temps, et ils m'auraient certainement lâchée — et j'en aurais été très malheureuse. Bref, George et moi avons survécu à cette histoire. Soit dit en passant, George ne m'a jamais dit pourquoi David Selznick lui avait repris la réalisation d'*Autant en emporte le vent* — et je ne lui ai jamais posé la question.

Ensuite, pour *La femme de l'année*, que j'ai fait avec Spencer Tracy — sous la direction de George Stevens — j'ai dû expliquer à Cukor qu'un tel scénario nécessitait un réalisateur très macho, parce que l'histoire devait être racontée du point de vue de l'homme et non de celui de la femme.

Je suis certaine que George en a conçu une grande déception.

Une fois encore, une seule, et beaucoup plus tard, notre amitié a été mise à l'épreuve — c'est quand je me suis fait virer de la distribution de *Voyages avec ma tante* (1972), et que mon rôle a été donné à Maggie Smith. George Cukor voulait abandonner la réalisation, parce qu'il avait le sentiment que ce projet nous appartenait à tous les deux. Je l'ai convaincu que ce serait idiot — qu'il devait rester le réalisateur de ce film. L'argent risquait de nous être utile. J'avais été virée parce qu'on avait l'impression que je freinais le projet. Ce qui était la vérité : je freinais parce que je pensais qu'on pouvait améliorer le scénario. J'avais d'ailleurs raison — et le film n'a pas été un succès.

Vers la fin de sa vie, je voyais George Cukor tous les jours chaque fois que je me trouvais en Californie. Nous étions une bande de vieux copains et nous avions l'habitude de dîner ensemble. Frances Goldwyn, avec qui il était ami depuis l'époque de Rochester, quand il avait une grande troupe de théâtre, faisait partie du groupe. Sam Goldwyn était mort, alors je passais prendre Frances en voiture et je la ramenais chez elle en fin de soirée. Sa santé n'était pas brillante. George l'aimait beaucoup. Il avait joué un rôle déterminant dans sa décision d'épouser Sam, autrefois. Je me suis souvent demandé s'il ne s'était pas retiré comme prétendant possible. Aujourd'hui, George repose à côté de Frances, dans la concession des Goldwyn.

Notre amitié a donc commencé très tôt. George m'aimait sincèrement — et réciproquement. Nous étions tous les deux capables de lâcher du lest sur certaines questions qui paraissaient capitales à l'autre. Depuis le premier jour, jusqu'à sa mort, nous avons été sur la même longueur d'onde.

George était vraiment le meilleur ami que j'aie eu en Californie. Nous avons fait de nombreux films ensemble — toujours avec bonheur. Sûrement que nous avions les mêmes valeurs. Nous adorions tous les deux le cinéma — nous aimions travailler — nous avions de l'admiration l'un pour l'autre. Il adorait recevoir — j'étais ravie d'être son invitée. Dans les premières années de notre amitié, il était très prodigue ; au fil des années, le groupe s'est restreint. Il louait une des trois maisons se trouvant sur ses terres à Spencer, et après la mort de ce dernier, j'ai gardé la location pendant une dizaine d'années. J'ai l'impression que nous avons grandi ensemble. Une entente facile et parfaite. Même attitude libérale — même sens du bien et du mal.

Il me manque beaucoup.

Leland Hayward

Leland Hayward était un être vraiment exquis. Agent important pour le théâtre, il était l'associé de Myron Selznick à Hollywood. C'était quelqu'un de drôle. Pas compliqué. Facile à vivre. Pas trop braqué sur ses positions. Il aimait beaucoup les dames et voguait de l'une à l'autre avec bonheur et grâce. J'ai fait sa connaissance le jour de mon arrivée à Hollywood, mais apparemment, il ne m'a pas franchement impressionnée à l'époque, et réciproquement — je veux dire que je ne l'ai pas bouleversé.

Miriam Howell travaillait pour lui. C'est elle qui avait pris contact avec moi quand je jouais *The Warrior's Husband*. Afin de me proposer un essai pour *Héritage*. Je vous ai déjà dit que j'avais décroché le rôle. J'ai donc fait ce film, et j'ai enchaîné les autres sur la lancée. Promotion fulgurante.

Exactement le genre de phénomène qui fascinait Leland. Une fascination qui s'est révélée réciproque. Et il ne s'est guère écoulé de temps avant que... avant que... eh oui. On nous voit ensemble sur une photo. Ce cliché a été souvent publié avec en légende : « Katharine Hepburn et Ludlow Ogden Smith. » En fait, je suis avec Leland. 1933-34.

Au tout début des années trente, Luddy et moi nous sommes séparés d'un commun accord. J'avais le sentiment d'être à la veille de pénétrer dans un nouveau monde, un monde où Luddy n'aurait pas de place. En réalité, je ne suis pas très sûre d'avoir jamais abordé le problème avec Luddy. Quand j'y repense, ma conduite me fait horreur. En résumé, j'étais résolument tournée vers l'avenir, mais il s'agissait de mon avenir à moi, et assurément pas d'un quelconque avenir commun. J'avais gravi le premier échelon de l'échelle et j'avais l'intention manifeste de me hisser au sommet. Luddy ne s'en plaignait pas. Il se contentait de faire tout ce qui était en son pouvoir pour m'aider à suivre ma voie. À l'époque, j'étais totalement inconsciente, semble-t-il, de mon égoïsme forcené.

Bref, Luddy et moi nous étions plus ou moins séparés. En vérité, je me souciais assez peu d'obtenir le divorce, car j'étais certaine de ne jamais me remarier. Mais je ne voulais pas que Luddy devienne une espèce de « mari trompé ». Je savais qu'il me faudrait vite partir quelque part pour pouvoir divorcer. Laura Harding m'a accompagnée dans le Yucatán. Dont nous sommes revenues aussitôt.

J'ai vu très vite que j'étais la femme idéale pour Leland. J'aimais dîner à la maison et me coucher de bonne heure. Il prenait donc un verre pendant que je mangeais, et puis il sortait pour la soirée. Retour à minuit. Compagnonnage parfait. Nous étions ravis de suivre chacun nos habitudes. Nous avions une relation extrêmement facile à vivre. Il était ma source d'information pour tous les petits désordres du monde qui était apparemment le nôtre. Je n'avais aucun effort à faire. J'étais au courant de tous les potins. Formidable. Il avait aussi une chambre au Beverley Hills Hotel et/ou au Beverley Wilshire.

Leland est devenu ami avec ma mère. Ils s'entendaient très bien. Ce qui n'a rien de surprenant vu que, vous l'avez sans doute compris, tout le monde succombait au charme de ma mère. Et pourquoi pas ? Elle ne manquait certes pas de séduction. Il aimait également Laura, ce qui tombait bien.

Toutes les deux — Laura et moi — nous avions quitté une maison dans Franklin Canyon pour emménager dans une autre, dans Coldwater Canyon. Cette dernière avait une piscine et un court de tennis. Et pas mal de terrain. Quand Leland était là, la maison devenait un peu animée, mais c'était agréable. Nous avons toujours cru qu'elle était hantée. Mon frère Dick est venu un jour nous rendre visite, et il a déclaré qu'il avait senti une présence au pied de son lit, quelqu'un qui était venu le regarder. Il y avait des bruits étranges. Il s'agissait d'une vieille maison construite à flanc de colline, de sorte que la chambre de maître, à laquelle on accédait en montant depuis le salon, se trouvait néanmoins au rez-de-chaussée.

Il s'est produit quelque chose de très drôle dans cette maison. Laura était tombée malade au point d'aller à l'hôpital. Là, elle avait eu un coup de cœur pour un jeune docteur, très beau. Je suis rentrée d'un tournage en extérieurs pour *Spitfire*, et nous avons invité le jeune docteur à dîner. Au menu, il y avait des artichauts — un de nos mets préférés. On arrache une feuille, ou un pétale, que l'on trempe dans du beurre fondu. Le jeune docteur a trouvé l'opération un peu délicate et a fini par se faire couler du beurre sur le menton.

Nous étions en pleine rhétorique de haute volée, et j'étais complètement hypnotisée par le beurre qu'il avait sur le menton. J'ai fini par m'entendre dire : « Oui, bien sûr que je crois en Dieu — vous avez du beurre sur le menton —, mais ce que j'entends par Dieu n'est peut-être pas… »

Il en est resté figé d'horreur. S'est essuyé le menton. A pris congé aussitôt le dîner achevé, et nous ne l'avons jamais revu.

Entre-temps, Leland et moi étions devenus une sorte de vieux couple. Il était très gai. Il aimait vivre, manger, il aimait l'amour. Nous nous amusions comme des fous. Nous faisions ce qui nous plaisait, quand cela nous plaisait. Je pratiquais le tennis et le golf avec d'autres personnes. Lui n'aimait ni l'un ni l'autre. Il aimait s'occuper de son agence. La vie était facile et légère. J'étais heureuse. J'avais un galant. J'avais une carrière. Leland voulait m'épouser, mais convoler ne me disait vraiment rien.

Plus tard, en 1934, Laura et moi avons encore déménagé pour nous installer dans la maison de Fred Niblo, tout en haut d'Angelo Drive, au-dessus de Benedict Canyon. Fred Niblo était le réalisateur de *Ben-Hur* — un film muet et un grand succès. Cette maison est devenue ensuite celle de Jules Steih et appartient aujourd'hui à Murdoch. Superbement située, mille dollars par mois à l'époque — vraiment luxueuse : piscine, court de tennis.

Il n'y avait qu'une seule maison au-dessus — celle de Frances Marion, qui avait épousé Fred Thompson. Elle était une scénariste réputée, lui est devenu une grande star du western. Puis il est mort subitement. La maison a été mise en vente. Celle où je vivais aussi, pour vingt-cinq mille dollars. J'aurais pu acheter les deux pour une bouchée de pain. Vingt hectares au total. J'aurais pu devenir propriétaire de cette montagne. Papa, qui gérait ma fortune, n'a jamais mis les pieds à Hollywood. Je doute qu'il se soit intéressé à une opération immobilière. Il essayait de me constituer un capital important pour m'assurer des revenus décents indépendants de lui, quand tout cela serait fini. Avoir une fille vedette de cinéma était une chose qui ne le tranquillisait pas.

Je menais une vie divine. Il m'arrivait de drôles de choses. Je me souviens qu'un jour George Cukor est passé avec un ami. Ils voulaient voir la maison. J'ai allumé les lumières du salon et là, juste devant la cheminée, se trouvait un gros serpent, endormi.

« Mon Dieu, ai-je dit, un serpent à sonnette. »

George et son ami avaient déjà fui.

J'ai ouvert les portes-fenêtres qui donnaient sur l'extérieur pour que le serpent puisse sortir, et j'ai fermé toutes les autres portes de la maison. Et le serpent à sonnette, qui ne manquait pas de bon sens, est parti retrouver ses pénates, dans les bois en contrebas.

Une autre fois, juste après mon emménagement, George Cukor est passé avec Greta Garbo. On lui avait parlé de la maison et elle avait envie de la voir. J'ai sorti le grand jeu, visite complète. Premier étage — la chambre. Elle est allée jusqu'à mon lit. Il y avait une bosse (manifestement une bouillotte). Elle m'a regardée, a effleuré la bosse, et soupiré :

« Oui, ch'en ai une aussi. Qu'est-ce qu'on a qui ne fa pas ? »

Un jour que je me promenais avec mes trois chiens — Mica, un cocker ; Button, un caniche français ; et Peter, un cocker noir —, nous passons devant la maison de Frances Marion. Elle vivait seule à ce moment-là. Et voilà ce qu'elle me dit :

« Vous n'imaginez pas ce qui vient de transpirer ici. Avez-vous croisé une vieille Dodge en montant ?

— Oui... une Dodge marron. Avec un vieil homme au volant, et une grosse femme à côté de lui.

— C'est eux ! Oh ! j'ai peine à croire que c'est vraiment arrivé. J'étais assise sur la petite terrasse du salon. J'entends sonner à la grille. Je vais à la porte. Je vois cette dame (j'utilise ce mot à regret) que vous avez vue sur la banquette avant de la Dodge.

"B'jour, dit-elle avec une voix et une intonation fort déplorables. C'est à vendre, ici ?

— Oui... En effet, dis-je à regret.

— On a vu les écuries par en bas. Très bien — y a plein de places. J'voudrais visiter."

Elle se tourne alors vers l'homme dans la Dodge : "Tu veux venir, chéri ?

— Non, t'as qu'à regarder, toi. J'lis mon journal.

— D'accord, on y va", dit-elle à mon intention. Et me voilà en train de lui faire visiter la maison. Une pièce après l'autre. Elle paraît à peine s'intéresser.

"Ouais, bien.

— À présent... où voulez-vous enfin... passons à la terrasse."

J'indique le chemin : "Elle est... oh ! pardon, par ici" et je la conduis à la cuisine.

"Bon... d'accord... ça va aller. Pour aller à la porte..."

Je m'empresse de la raccompagner. Le mari est toujours assis dans sa voiture.

"Ça te plaît, chérie ?

— Oui, beaucoup.

— C'est combien ?" me demande alors le mari.

Médusée je réplique :

"Six cent quatre-vingt-quinze mille dollars.

— Je peux faire un chèque ?"

Et ils ont acheté la maison. Ce couple dans la Dodge. Oui, ils ont acheté. »

Elle me montre le chèque.

Apparemment, ces gens venaient de trouver du pétrole au Texas. Ils avaient une fille qui aimait monter à cheval. Ils avaient repéré, en bas de la route, tous les boxes d'écurie que Fred Thompson avait fait construire pour ses chevaux.

Ils ont habité la maison pendant deux ans. Sans jamais payer les impôts locaux. Puis ils sont partis. La maison a été mise en vente pour rembourser le Trésor — environ soixante-dix mille dollars. C'est à ce moment que j'aurais pu acheter. J'ai été bien bête.

La vie avec Leland était sans problème. Juste… comment dire les choses ? Rien ne posait jamais problème. Il y avait toujours une solution à tout. La bonne humeur était permanente. Tout arrivait comme une surprise agréable. Il trouvait que la vie était facile. Aucune dispute dont je me souvienne. Nous profitions — profitions — profitions. Cela a duré près de quatre ans.

Et puis Leland a dû partir pour la côte est. Il avait une cliente qui s'appelait Edna Ferber, et Margaret Sullivan jouait dans une création d'Edna Ferber — *Stage Door*. Leland était l'agent d'Edna depuis très longtemps.

Oh ! je vois très bien comment les choses se sont passées. La pièce a remporté un grand succès. Maggie aussi. Tout baignait dans l'euphorie. Il a craqué pour elle. Il fallait qu'il devienne son agent. Et la façon la plus rapide de convaincre la comédienne était encore de séduire la femme. Ce qu'il a fait. Les plaisirs de la vie. Une vie de plaisirs. *Moi*, j'étais loin, et loin des yeux, loin du cœur.

Elle était là. Il était là, avec elle.

Il faut vivre l'instant !

Ce qu'ils ont fait.

Et sans crier gare, il s'est retrouvé marié avec Maggie, prêt à fonder une famille, tandis que je devenais une sorte de rêve. Des années plus tard, il a tenté de m'expliquer, sans y parvenir vraiment — pas plus que je ne pouvais expliquer mon refus de l'épouser.

Bref, j'ai reçu un télégramme m'annonçant son mariage avec Maggie.

J'ai été suffoquée. Qu'est-ce que c'est ! Non… vraiment moche — et injuste ! J'ai appelé Maman à Hartford. J'étais furieuse. En larmes. Comment a-t-il pu ? Ce monstre !

« Mais tu n'as pas voulu de lui, Kath. Peut-être qu'il avait envie de se marier, tout bêtement. Le pauvre. Tu ne peux pas lui en vouloir. C'est ta faute. Envoie-lui tes félicitations. Ne sois pas mauvaise perdante. C'est ta faute. »

Pas vraiment réconfortant. J'ai envoyé mes félicitations, mais j'ai continué de pleurer toutes les larmes de mon corps en me plaignant de mon triste sort. Je dois avouer que Cukor m'a dit :

« Kate, qu'est-ce qui se passe ? Si vous teniez à lui, il fallait l'épouser.

— Oh ! Cessez de me le répéter ! Que vais-je faire, maintenant ? » Et j'ai continué à pleurer sur mon sort, tant que je trouvais quelqu'un pour m'écouter. Bien sûr, ma mère avait raison. Je suis certaine qu'elle a envoyé ses vœux de bonheur à Leland. En lui disant de ne pas s'inquiéter pour moi.

Comme je ne pouvais plus rien faire, je suis allée de mon côté. Sans en tirer de leçon, je crois. Ils ont eu trois enfants. Après quoi ils n'ont pas tardé à se séparer, et il a épousé Slim Hawks. Puis Pamela Churchill. Finalement, il est tombé malade, et quand il a été sur le point de mourir, Pamela m'a appelée :

« Leland est mourant. Il vous a aimée plus qu'aucune de nous. Si vous vouliez lui rendre visite. Il est à... »

J'y suis allée. Je l'avais revu une ou deux fois au fil des années — peut-être plus. C'était un type amusant. Je crois qu'il était sincèrement fasciné par les femmes. J'ai été heureuse de savoir qu'il m'appréciait. Je pense que Pamela a exagéré ses sentiments pour moi. Quand Leland évoquait le passé, il revoyait surtout sa jeunesse. Nous étions jeunes tous les deux, et comme je n'avais jamais été mariée avec lui, il n'avait que le souvenir d'une belle histoire d'amour avec moi — sans le sentiment d'enfermement que peut donner le mariage.

Et puis je n'ai jamais cherché à me faire épouser. Je n'avais pas envie de me marier avec qui que ce soit. L'idée d'être libre et indépendante me convenait très bien. Même lorsque je vivais avec Spencer Tracy — et nous avons vécu ensemble pendant vingt-six ans —, nous n'avons jamais envisagé ni évoqué le mariage. Il était déjà marié, et moi je n'y tenais pas.

Je crois que psychologiquement, Leland avait le sentiment qu'entre nous les choses auraient pu durer, durer. Je l'aimais bien et j'appréciais sa compagnie. Drôle. Facile à vivre. Peu de gens ont ces qualités. Vous avez remarqué, non ? Le plaisir que l'on a à manger des glaces quand il fait chaud. Précieux. Sans oublier la jeunesse.

Que puis-je dire de Leland ? Il a vécu sa vie avec grâce et légèreté. Vous me comprenez ?

Nous nous sommes rencontrés à un moment où pour nous deux la vie était gaie, joyeuse, formidable, parfaite. Mais Dieu, que nous nous sommes amusés ! Oui, amusés.

J'ai eu de la chance de le connaître.

Howard Hughes

Il faut que je revienne un peu en arrière pour vous parler de ce qui s'est passé pendant le tournage de *Sylvia Scarlett*. Ce film, nous le faisions sous la direction de George Cukor — avec Cary Grant dans le rôle masculin principal, tandis qu'Edmund Gwenn jouait mon père. Un grand nombre de scènes étaient tournées en extérieurs, juste après Trancas Beach, en Californie. À tour de rôle, George et moi organisions de somptueux pique-niques faits à la maison. De quoi nourrir quinze à vingt personnes. Nous dressions une grande table, et Louis et Ranghild Prysing, ainsi que Johanna Madsen, ma bonne, arrivaient chez moi en break avec une soupe, chaude ou froide, des salades, un plat principal, des glaces. C'était fantastique.

Un jour un avion a tourné, tourné au-dessus de nos têtes avant de se poser, sur un mouchoir de poche, dans le champ juste à côté de nous — un peu trop près.

De qui pouvait-il bien s'agir ? Qui pouvait avoir le culot... ?

Cary Grant a lancé : « Tiens, voilà mon ami Howard Hughes. »

J'ai été un peu interloquée, parce que j'avais entendu dire par la rumeur que Hughes souhaitait faire ma connaissance. Apparemment, il avait trouvé ce moyen pour y parvenir. J'ai jeté un regard noir à Cary Grant, et nous avons tous déjeuné ensemble. Sans que je daigne gratifier Howard d'un regard. Non, mais, quel culot !

Deuxième étape. J'étais en train de faire un parcours de golf avec mon professeur, au Bel Air Country Club. Nous étions au septième trou, c'est-à-dire pas loin de la fin, puisqu'il s'agissait d'un neuf trous. Bruit d'avion. Howard qui atterrit pratiquement sur nos têtes. Et qui sort ses clubs pour achever le parcours avec nous. Il lui a fallu faire venir un camion et démonter pratiquement l'avion pour le sortir du terrain. Je dois dire que cela m'a donné à réfléchir. J'ai trouvé qu'il avait un sacré calme et une belle dose d'arrogance. La direction du club était furieuse. Mais il en fallait davantage pour décourager Howard Hughes. Nous avons terminé le parcours et j'ai dit : « Puis-je vous déposer quelque part ? » Il a dit oui et je l'ai raccompagné au Beverly Hills Hotel.

La fois suivante — environ deux mois plus tard — j'ai lu dans le journal qu'Howard se trouvait à Boston. Je jouais dans *Jane Eyre*, une pièce de Helen Jerome qui se donnait justement à Boston. J'étais descendue au Ritz. La pièce se donnait au Colonial Theatre. Howard est venu s'installer au Ritz.

Je suppose que je devais me sentir un peu seule, parce que Howard et moi avons soupé ensemble dès le premier soir, après la représentation. Ce qui prouve que la persévérance paie. Nous avons soupé encore le lendemain — et...

Howard Hughes était un curieux personnage. Il ne manquait ni de cran ni d'intelligence, mais il était sourd — franchement sourd — et apparemment incapable de dire : « Voulez-vous parler plus fort, je vous prie ? J'entends mal. » De sorte que dès qu'il se trouvait avec plus d'une personne, il était susceptible de perdre l'essentiel de la conversation. Une vraie tragédie. Mais il était incapable de changer. J'avais un excellent ami, Russell Davenport, qui souffrait aussi de surdité. Mais lui disait simplement : « Voulez-vous parler plus fort, je vous prie ? Je suis sourd. » Là se trouve le vrai problème de n'importe quel handicap. Il suffit d'en parler. De le reconnaître. La personne à qui on le dit n'en éprouve aucune gêne. Il ou elle se contente de parler plus fort. En se réjouissant éventuellement de ne pas être sourd. Je crois que cette faiblesse a beaucoup contribué à gâcher la vie d'Howard et à faire de lui une espèce d'excentrique.

Il nous a suivis en tournée. À Chicago, je suis descendue à l'Ambassador Hotel. Howard y a pris une suite aussi. Exactement — au même étage. Oui — vous avez raison bien sûr —, c'était inévitable. Nous avons commencé à faire les gros titres des gazettes. « Le mariage entre Hughes et Hepburn est prévu pour aujourd'hui. » Je ne pouvais pas me déplacer en ville sans être suivie. Ma suite se trouvait au neuvième ou dixième étage. Un jour, j'ai emprunté l'escalier de secours pour sortir sans avoir à traverser le hall. Je suis arrivée jusqu'au premier étage, et j'ai découvert que l'escalier se terminait par une de ces échelles horizontales qui s'abaissent sous votre poids quand vous les empruntez. J'ai donc continué d'avancer, mais le système n'a pas fonctionné, de sorte que j'ai été obligée de faire demi-tour et de regrimper tous les étages pour regagner ma chambre.

Howard a donc suivi la tournée — Detroit, Cleveland, Chicago. Il menait sa vie par téléphone, parce que là il entendait. À la fin de la tournée, nous sommes rentrés en Californie, et je me suis installée dans sa maison au bord du golf du Wilshire Country Club. C'était parfait, car nous n'avions qu'à enjamber la barrière pour aller jouer. Howard avait une certaine Beatrice Dowler à son service. Une fine cuisinière. C'est elle qui m'a raconté que lorsque certaines personnes étaient invitées à dîner, ils dressaient la table avec de la vaisselle ordinaire, et à la fin du repas, elle (Beatrice) cassait assiettes et verres et les jetait à la poubelle.

Je ne sais pas très bien ce qu'il faut en tirer comme conclusion. Un jour, j'ai dit à Howard : « Il me semble que si tu choisissais plus soigneusement tes amis, tu n'aurais pas à casser tant de vaisselle. »

Nous vivions donc dans Muirfield Drive. Ma cuisinière Ranghild et son mari Louis Prysing prenaient également soin de nous. Ainsi que ma bonne Johanna Madsen, et Beatrice, bien sûr.

Howard était un très bon joueur de golf. Je n'étais pas mauvaise non plus. J'avais beaucoup joué, comme je vous l'ai dit, mais nous n'avions pas du tout la même attitude par rapport à ce sport. Moi, je jouais pour le plaisir, et l'exercice. Howard cherchait toujours à améliorer son jeu. Il était lent, préparait ses coups. J'ai fini par avoir presque un trou d'avance sur lui. Je prenais le temps d'admirer le ciel, les fleurs — la détente quoi. Il était absolument écœuré.

« Tu pourrais faire une très bonne joueuse, si seulement tu acceptais de t'entraîner. »

Et je me disais en moi-même : « Et toi, tu ne serais pas mal, si tu étais moins lent. » Et nous continuions. Sans réussir à accorder nos rythmes respectifs.

Howard avait décidé de faire le tour du monde en avion. C'était un pilote averti et il savait tout ce qu'on pouvait savoir des moteurs. Il devait partir de Long Island. Nous étions venus à New York où nous vivions dans l'appartement de mon amie Laura Harding, dans la 52ᵉ rue. Ma maison de la 49ᵉ rue était assiégée par la presse, au courant de l'imminence d'un événement important.

Nous avons quitté la 52ᵉ rue de bonne heure et roulions sur la nationale en direction de l'aéroport où se trouvait son avion (prêt à décoller). Charles Newhill, mon chauffeur, était au volant. Nous avions pris ma Lincoln. Charles avait beau être la crème des hommes, il avait aussi le caractère vif. Tout à coup, nous avons entendu la sirène d'une voiture de police, juste derrière nous. J'ai baissé la vitre :

« Charles, surtout ne vous énervez pas. Prenez la contravention, faites ce qu'ils disent. Mais il ne faut pas qu'ils découvrent qu'Howard Hughes est avec nous ! »

Charles, ne pas s'énerver !

Charles est resté serein. Il a pris la contravention. Et le flic n'a même pas regardé qui était sur la banquette arrière. Et nous sommes repartis.

J'étais censée déposer Howard sur la piste et retourner à l'appartement. Il me tiendrait au courant de la suite des événements.

Howard a donc appelé, pour annoncer qu'il y avait un problème de mécanique nécessitant une réparation. Qui pouvait prendre six heures. Il avait l'air très calme. Il y avait des hordes de gens autour de l'aéroport, pour regarder le départ. Ce retard n'a pas ému Howard Hughes le moins du monde. Il a gardé son calme. Il avait l'habitude des incidents techniques et des réparations. Il a fini par décoller et battre le record. J'ai eu des messages de divers endroits. C'était passionnant.

Nous menions une vie très agréable. De temps en temps, j'allais rendre visite à ma famille sur la côte est. Un jour, je m'en souviens, j'ai dit au revoir à Howard. Je suis partie pour l'aéroport. J'étais installée dans l'avion, prête à décoller. Bagages enregistrés. Un homme en uniforme s'est approché de moi :

« Vous ne partez pas.

— Pardon ?

— Vous ne partez pas. C'est Mr. Hughes qui l'a dit. La météo est mauvaise. »

Sidérée et embarrassée, je suis descendue de l'avion. Laissant le reste des passagers filer vers leur tragique destin. Bien entendu, tout s'est bien passé — il n'est rien arrivé. Très bizarre, comme expérience.

J'allais un peu partout en avion avec Howard — d'un bout du pays à l'autre. Il m'a appris à piloter. Un jour, j'ai décollé sous le pont de la 59e rue. Parfois, je dormais derrière, dans un sac de couchage. Un jour à Fenwick, nous avons décidé d'aller d'un coup d'aile jusqu'à Newport, pour les régates. J'ai cru sentir une odeur de fumée :

« Je sens une odeur de fumée, ai-je dit.

— Parce qu'à ton avis je sens quoi, moi ? »

Nous sommes retournés à New London, dans le Connecticut, et nous avons éteint le feu. On ne s'ennuyait vraiment pas.

Quand nous prenions un hydravion, parfois, s'il faisait chaud, nous nous posions au beau milieu des eaux du détroit de Long Island et, après avoir jeté l'ancre, nous retirions nos vêtements et plongions nus depuis une aile pour nous rafraîchir. Amusant.

Ma famille n'avait pas une sympathie démesurée pour Howard. D'abord, il passait sa vie au téléphone. Et le téléphone se trouvait dans la salle à manger. Or, nous étions une famille nombreuse, et il y avait toujours des invités à la maison. Les coups de fil interminables n'allaient pas bien dans le décor.

Et puis Luddy était toujours là. Surtout sur le terrain de golf. En plus, il ne lâchait pratiquement jamais sa caméra. Ce que Howard ne supportait pas et contre quoi il a protesté. Provoquant la célèbre réplique de Papa :

« Howard, Luddy faisait des photos de nous tous ici bien des années avant que vous existiez et il continuera à en faire longtemps après que vous serez parti. Il fait partie de la famille. Allez-y. Drivez. Il vous faut un fer 7. »

Howard driva avec rage — à six pieds du drapeau de trou.

C'était un bon golfeur. Il a mis la balle en deux coups. Pas mal. Joli sang-froid.

Durant cette période, ma carrière avait amorcé un sérieux déclin. C'est à cette époque qu'on a commencé à parler de « poison du box-office ». Les directeurs de salles indépendantes essayaient de se débarrasser de MOI, de Marlène Dietrich, de Joan Crawford. Ils étaient apparemment obligés de prendre nos films s'ils voulaient obtenir le droit d'exploiter certains titres auxquels ils tenaient.

Je suis sincèrement navrée pour eux. Parce que j'ai tourné une série de navets.

Sylvia Scarlett.
La rebelle.
Quality Street.
Break of Hearts.

Et aussi quelques bons films :

Alice Adams — avec Fred MacMurray.
Stage Door — avec Ginger Rogers.
L'impossible M. Bébé — avec Cary Grant.
Vacances — avec Cary Grant.

Ces quatre-là étaient franchement bons, mais j'étais devenue une personne à éviter à cause des quatre fours précédents. J'ai fait *Vacances* prêtée par la RKO, trop contente de se débarrasser de moi après m'avoir proposé *Mother Carey's Chickens*, que j'avais décliné. Nous avons conclu un marché : je leur donnais soixante-quinze mille dollars, et ils me laissaient signer pour *Vacances* avec la Columbia, dont le patron, Harry Cohn, m'avait proposé cent cinquante mille dollars.

À ce stade, j'avais atteint le haut de l'affiche dans la catégorie « Poison du box-office ». Les salles indépendantes me décernaient la médaille absolue. J'avais vraiment plongé, plongé. On a terminé *Vacances*.

Harry Cohn s'est donc retrouvé avec ce film sur les bras au moment précis où cette mauvaise publicité battait son plein. Pauvre Harry. Il a envisagé de sortir une contre-publicité sur le thème « Mais que reproche-t-on à Katharine Hepburn ? ». Je le lui ai déconseillé : « Méfiez-vous ! vous risquez d'avoir quelques réponses. »

J'ai alors décidé que je ferais mieux de repartir sur la côte est, faire une pièce de théâtre, par exemple.

La Paramount m'avait envoyé un texte de scénario pour lequel elle me proposait un cachet de dix mille dollars. Une sacrée dégringolade par rapport à cent cinquante mille. Je les ai appelés. Je les ai remerciés chaleureusement. Dit que c'était la seule proposition que j'avais eue. Que j'étais au regret, mais que je n'avais pas aimé le scénario.

Tout cela contrariait fort Howard. Il avait très envie de me voir accepter cette proposition de la Paramount. Moi, je pensais que ce serait une terrible bêtise. Il était très soucieux de ce qu'il croyait que les gens racontaient sur lui. Il avait le sentiment que j'étais atteinte par mon échec, ce qui curieusement n'était pas le cas. Enfin, j'y étais bien évidemment sensible, mais pas au point que cela me dicte mes décisions.

Je pensais que Howard Hughes avait tort. Lui estimait que je faisais une erreur.

Nous formions un couple vraiment bizarre, Howard et moi. Je ne pense pas..., comment dire... je crois que malgré lui il trouvait en moi une compagne idéale. Et je crois que la réciproque était vraie. Il était ce qui se faisait de mieux en matière d'hommes — et moi en matière de femmes. Nous formions un assemblage haut en couleur. Il nous semblait logique d'être ensemble, mais avec le recul, je crois que nous étions trop semblables. Il était né du bon côté de la barrière, comme on dit. Moi aussi. Nous avions grandi dans l'aisance. Nous avions tous les deux un farouche désir de célébrité. Je crois que c'était un handicap capital. Les gens qui désirent être célèbres sont de grands solitaires. Ou devraient l'être.

Certes, j'avais le sentiment d'être folle amoureuse de lui. Et je pense qu'il était dans les mêmes dispositions à mon égard. Mais au moment de répondre à la question : « Et maintenant, qu'est-ce qu'on fait ? » je suis partie sur la côte est, et il est resté sur la côte ouest. Notre liaison durait depuis trois ans. L'ambition a triomphé de l'amour — ou bien s'agissait-il de compagnonnage ?

J'ai conseillé à tout mon personnel (Louis et Ranghild Prysing ainsi que Johanna Madsen) de rester au service de Howard Hughes. « Vous aurez la vie plus facile qu'avec moi ; et de loin. » Ce qu'ils ont fait — ils sont restés. On était à la fin de 1937, début de 1938.

J'avais le sentiment de me trouver dans une bien étrange

situation. Certes j'avais tourné un certain nombre de films d'un total ennui. Mais j'avais fait ensuite quatre films franchement bons, et ils n'avaient pas eu de succès. Enfin, ils avaient marché à peu près, mais pas comme ils le méritaient. C'est pour cela que j'ai éprouvé le besoin d'aller respirer un peu ailleurs. De changer radicalement de décor.

Encore une fois, en y réfléchissant rétrospectivement, je suis bien obligée d'admettre que j'ai fait ce qui me semblait un bon choix sur le plan professionnel, sans laisser les considérations privées interférer avec ma décision.

Je n'avais pas envie d'épouser Howard. Je l'aimais bien. C'était un homme brillant, intéressant, qui menait une vie passionnante, mais mon échec personnel m'obsédait manifestement et je me demandais comment redresser la situation.

Je suis allée à Fenwick, où tout était en fleurs. On était en juin, le temps était divin, et l'on pouvait nager, faire du tennis, du golf ou de la voile autant que l'on voulait. Toute la famille était là. C'était formidable. On parlait beaucoup. On se bougeait beaucoup. Les gens n'étaient pas vraiment au courant de mes ennuis, que l'on n'évoquait donc jamais.

Certes Papa savait bien qu'il ne rentrait pas d'argent. Mais comme il avait toujours considéré qu'une carrière à l'écran et sur les planches ne pouvait être qu'aléatoire, cette soudaine accalmie ne l'a pas surpris.

Un jour le téléphone a sonné. Philip Barry, dans le Maine :

«J'ai une idée. Je voudrais vous en parler.

— Volontiers. Je suis à Fenwick. Descendez quand vous voulez... oui... demain sera parfait... Oui, je vous attends pour le thé. D'accord.»

Il est arrivé. Je l'ai déjà dit, il y avait souvent des gens qui venaient prendre le thé, et Philip a fini par dire :

«On ne pourrait pas aller quelque part ? J'ai besoin de vous parler, en tête-à-tête.»

Nous sommes allés nous asseoir au bout de la jetée. Philip a dit alors qu'il avait deux projets : un, une histoire père-fille ; l'autre, *Indiscrétions*. Le second m'a semblé plus intéressant.

Philip est reparti et quelques semaines plus tard, je recevais une première version du premier acte.

J'ai lu. J'ai adoré. Il n'a pratiquement rien changé dans la version définitive.

J'ai appelé Howard pour lui annoncer que j'étais sur un nouveau projet passionnant. Réaction de Howard : « Achète les droits de cinéma avant la première. » Et il a acquis pour moi les droits de cinéma pour *Indiscrétions*, assurant ainsi mon succès à venir.

Je crois que nous avions une réelle affection l'un pour l'autre, mais…

Le lendemain, Dieu nous envoyait l'ouragan de 1938. Dans lequel la maison de Fenwick a disparu. Howard a dépêché Carl Evers en avion avec de l'eau en bouteilles — et j'ai su que Howard et moi étions désormais des amis, plus des amants. L'amour s'était changé en eau. De l'eau pure. Mais de l'eau quand même.

Howard et moi semblions faits l'un pour l'autre. J'admirais son culot et sa capacité de résistance. Il semblait avoir aussi de l'admiration pour moi. Il comprenait ce que je disais à cause de ma voix aiguë. J'étais heureuse avec lui parce que, comme moi, il était « pantouflard ». Quand je repense à notre relation, je me dis que nous étions tous les deux faciles à vivre. Il pouvait faire tout ce qu'il voulait. Et quand j'ai pris la décision de partir sur la côte est, je crois qu'il s'est dit : « Bon, je n'ai pas envie d'aller là-bas. J'en trouverai une qui reste sur la côte ouest. » J'ai toujours pensé que nous avons bien fait de ne jamais nous marier : deux personnes habituées à agir à leur guise devraient toujours garder leur indépendance.

Il a toujours été un ami. Son médecin, le docteur Lawrence Chaffin, était aussi le mien. Il pensait comme moi que sa surdité a causé la perte de Howard. Howard a eu un grave accident d'avion qui lui a occasionné d'insupportables souffrances. Pour le soulager, on lui a administré de la morphine — et il a fini par trouver cette route vers le néant plus confortable qu'une vie de lutte permanente. Nul ne peut l'en blâmer, mais c'est triste. C'était un homme remarquable.

L'ouragan

Cet ouragan de 1938...

Une sacrée aventure. Je l'ai dit, nous étions à Fenwick. Très étrange, comme événement. Le matin — c'était à la fin de septembre — la plupart des gens étaient rentrés à Hartford et les maisons étaient plus ou moins fermées. Moi je nage tout l'hiver, alors en ce qui me concerne, la saison n'est jamais close. En réalité, nous avions même toujours eu un faible pour les périodes désertées.

Je me rappelle être sortie pour ma séance de natation à huit heures du matin. Il faisait très beau. La marée était basse — prête à s'inverser. L'air était clair, avec une brise légère. Les couleurs étaient nettes. Je suis rentrée à la maison, j'ai pris mon petit déjeuner. Je suis ressortie. Le vent s'était bien installé, à présent, mais c'était très agréable.

J'ai décidé de faire un parcours de golf. Jack (Red) Hammond était venu passer un week-end au mois de juillet, et alors que nous approchions de la fin du mois de septembre, il était toujours avec nous. Nous nous entendions très bien, c'était un très bon joueur de tennis et un très bon joueur de golf, comme moi. Bref, nous ne nous ennuyions pas du tout.

Oh ! il faut que je vous raconte une anecdote fabuleuse à propos du père de Red, le juge Hammond. Il se trouvait un soir au théâtre, seul, à Boston. Au lever du rideau, il s'aperçoit que la femme assise devant lui a gardé son chapeau. Et qu'elle n'a manifestement pas l'intention de l'ôter.

Il se résout néanmoins à lui taper sur l'épaule pour lui dire :

« Je vous demande pardon, mais si vous pouviez avoir l'amabilité de retirer votre chapeau. Je ne... »

À quoi elle lui signifie par un geste grossier d'aller se faire voir.

Que faire ? Que faire ?

Ah, oui.

Il se saisit de son propre chapeau et le pose sur sa tête. Un haut-de-forme. Aussitôt les gens de derrière se mettent à siffler :

« Chapeau ! »

« Chapeau ! »

Et l'importune qui se trouvait devant le juge d'obtempérer aussitôt. Ce dernier se fait un plaisir de l'imiter. Je pense que ce devait être un juge très malin, non ?

Mais revenons à l'ouragan de 1938.

Nous voilà donc partis jouer au golf. Tous les deux, Red et moi. Là, j'ai remarqué que le vent était devenu franchement fort. À la normale 3, j'ai réussi un très joli drive, haut, et apparemment, la balle avait atterri directement sur le green. Pourtant, quand nous sommes arrivés sur place, la balle était invisible. Où était-elle passée ? J'étais sûre et certaine — oh ! nom d'une pipe ! regardez ! Dans le trou — du premier coup. Vous vous rendez compte ! Cela signifiait un score de trente et un, sur neuf trous. Mon record absolu, sans aucun doute. Nous sommes rentrés à la maison, ravis. Si on se baignait ? La marée était à demi-montée et les vagues commençaient à mériter ce nom. J'ai dit à Red : « Vous savez, il est vraiment fort ce vent. Je peux m'appuyer dessus, il supporte mon poids. »

Nous avons sauté dans les vagues — ouaou ! quel plaisir. Pas facile de rester debout. L'eau était silencieuse et nous en avons profité un bon moment. Une fois hors de l'eau et tout en nous rhabillant, nous nous sommes rendu compte que le vent était franchement violent. Et qu'il forcissait de plus en plus. Le sable s'est mis à voler. Et à nous piquer la peau.

J'ai râlé en pensant à la peinture de ma nouvelle voiture qui allait souffrir. J'ai décidé de charger Charles, mon chauffeur, de l'emmener à Saybrook et de la laisser dans un garage.

Charles est parti avec la Lincoln. Il est passé par Cornfield

Point mais le vent était devenu terrifiant et Charles, qui avait été commotionné pendant la Première Guerre mondiale, a pris peur et est entré dans une maison en attendant que ça passe.

Après notre deuxième baignade, nous avons commencé à sentir qu'il se passait quelque chose de peu ordinaire.

Maman était là. Fanny la cuisinière aussi. Et Dick, mon frère — et Jack Hammond — et moi. Le type de chez Frank Burton est venu réparer les persiennes de la véranda. Qui avaient commencé à se soulever comme un jupon de femme. Il les clouait en position fermée. Tout d'un coup, la voiture dans laquelle il était arrivé de Saybrook s'est mise à voler dans les airs. Elle avait été soulevée par une bourrasque et a terminé sa course dans la lagune. Une voiture de taille normale — soulevée par le vent. C'ÉTAIT DU SÉRIEUX !

Ensuite on a entendu un bruit de déchirure suivi d'un grand fracas, et l'aile de la buanderie s'est détachée de la maison puis écroulée. Là, le vent a semblé redoubler encore de violence, et l'eau, après avoir enjambé la barrière, envahissait la pelouse. La maison, une vieille et vaste construction de bois datant de 1870, tremblait comme une feuille. Les fenêtres étaient soufflées, tantôt vers l'extérieur, tantôt vers l'intérieur. Sur le toit, deux des cheminées avaient été emportées. La maison était édifiée sur des murets de brique d'un peu plus d'un mètre de haut. Maman était persuadée que, Papa venant justement de faire vérifier l'état de ces murets, la maison serait solide comme le roc. Dick a fini par la convaincre qu'il était temps d'évacuer les lieux. Nous avons décidé de sortir par la fenêtre de la salle à manger, qui donnait sur l'ouest, et de traverser un champ pour gagner un point plus élevé. Nous avons trouvé une corde et, un par un — Maman, Fanny, moi, Red —, nous avons enjambé le bord de la fenêtre et rejoint Dick qui nous attendait dans cinquante centimètres d'eau. Puis, derrière mon frère, et chacun tenant la corde, nous avons traversé le champ. Dans l'eau, le courant était puissant. Le vent était violent. Nous avons contourné la maison des Brainard par le nord, et, enfin hors de l'eau, nous sommes arrivés sur une hauteur. En nous tournant pour regarder la maison — que nous avions quittée une petite quinzaine de minutes plus tôt — nous avons vu cette dernière pivoter lentement sur elle-même et dériver vers le nord-est, puis suivre le fil du cours d'eau qui irriguait le marais — la lagune. Elle est partie comme ça — larguant les amarres — et il n'est plus rien resté à l'endroit où pendant un demi-siècle s'était dressée notre maison. Notre maison — elle était à nous depuis une trentaine d'années —, toutes nos affaires disparues. HÉ ! ATTENTION — C'EST CHEZ NOUS — HÉ ! — QU'EST-CE QUI SE PASSE ?

Nous avons forcé la porte d'une maison (une auberge baptisée Riversea Inn) pour permettre à Maman et Fanny de se mettre à l'abri du vent. Puis nous sommes allés vérifier que dans les maisons encore occupées il n'y avait aucun feu, ni dans la cheminée, ni dans une cuisinière. Dans le dernier cas, nous provoquions la colère de la bonne préposée aux fourneaux. Mais dans un environnement de maisons toutes en bois, et par un tel vent, le danger d'incendie était réel.

Lentement, la tornade s'est calmée, la marée a tourné, l'eau a reflué, le vent est tombé. La nuit aussi. Nous avons tous dormi à Riversea Inn.

Lendemain matin. Red et moi étions réveillés aux aurores et nous sommes sortis. J'avais plus ou moins dans l'idée que notre maison aurait retrouvé ses esprits et regagné la place qui était la sienne.

En quoi je me trompais. Plus de maison sur nos terres. Nous sommes passés devant la propriété des Brainard. Leur maison avait été sortie de ses fondations et le mur arrière enfoncé. Chez nous, rien — le plat parfait. Plus la moindre structure verticale. Sauf une baignoire de guingois et une cuvette de cabinets. La maison entière et toutes ses salles de bain avaient disparu — corps et biens.

Par chance, nous avions déplacé ma Lincoln, comme je l'ai déjà dit, ainsi que les deux autres voitures nous appartenant, que nous avions montées sur une hauteur dès qu'il nous était apparu que la situation devenait critique. Nous avons pris une des voitures et, empruntant une route sinueuse, nous sommes allés jusqu'à la Compagnie du Téléphone de Saybrook, pour appeler Papa à Hartford. Nous lui avons tout raconté. Ses premières paroles ont été : « Votre mère va bien ?

— Oui, Papa. Très bien. Nous allons tous très bien. Mais la maison a totalement disparu.

— Je suppose que vous n'avez pas eu l'intelligence d'y flanquer une allumette avant qu'elle s'en aille. Je suis assuré contre l'incendie. »

Nous sommes rentrés chez nous. Étrange sensation. Où étaient nos affaires ? L'argenterie ? Oui, où était passée l'argenterie de la salle à manger ? Elle était rangée dans un grand tiroir très profond d'un lourd buffet, cette argenterie. Et le service à thé de Maman ? Toutes ces choses très lourdes avaient dû sombrer en même temps que la maison.

Nous nous sommes mis à creuser. Et croyez-le ou non, nous avons extirpé de la vase quatre-vingts pièces d'argent massif et la totalité du service à thé.

Puis nous nous sommes mis à dessiner les plans de notre maison actuelle — construite sur le même terrain. En commettant une erreur de taille. Nous l'avons bâtie un mètre plus haut. Nous aurions dû nous donner une marge d'au moins trois ou quatre mètres.

J'espère que le dernier acte ne sera pas une répétition du premier.

L'ancienne maison a parcouru un demi-kilomètre environ, entraînée par le courant, puis elle est restée coincée par un pont de pierre à cent mètres de l'embouchure. L'étage du haut était parfaitement sec. Les papiers de Dick étaient restés rangés à côté de la machine à écrire qui n'avait pas bougé, avec la feuille engagée dans le chariot.

Mon frère Dick raconte qu'après avoir mis tout le monde au sec il est allé jusqu'à la vieille maison des Moore où il est entré par une fenêtre. Du premier étage, qui donnait sur la lagune, il a regardé notre maison pivoter lentement vers la droite en s'inclinant un peu vers l'avant — la façade sud s'est retrouvée orientée au nord —, et puis toute la maison s'est mise à voguer tranquillement sur le marécage inondé — jusqu'au cours d'eau qu'elle a alors descendu avec une majestueuse solennité — comme si elle accomplissait sa petite promenade de l'après-midi.

Louis B. Mayer

Louis B. Mayer et moi étions amis. Il était directeur de la Metro-Goldwyn-Mayer. Il m'aimait bien, et je l'aimais bien. Je lui ai vendu beaucoup de droits de cinéma. Il m'accordait une grande liberté, je lui vouais un grand respect. Louis B. avait une conception romantique de l'homme de cinéma et du système des studios. Je dois dire que moi aussi. C'était la grande époque du cinéma.

Louis B. Mayer était un homme surprenant. Sans avoir fait d'études, il en savait plus long que tous ces types issus des meilleures universités. Il était doué pour les affaires, il avait du flair. C'était un véritable entrepreneur, au vieux sens du terme. Il comprenait qu'un artiste était une chose sacrée. Il comprenait que Judy Garland possédait quelque chose qui lui échappait en partie. On raconte des histoires abominables sur ce qui est arrivé à Judy Garland à la Metro. Quand Judy a commencé à sombrer, Mayer est venu me trouver et m'a demandé :

« Est-ce que vous connaissez Judy Garland ?

— Vaguement. En fait, pas bien du tout.

— Elle va très, très mal. Elle nous a fait gagner des millions de dollars. Nous devrions être en mesure de l'aider. Pensez-vous pouvoir faire quelque chose ? Accepteriez-vous d'aller lui parler, de lui rendre visite ? »

Il devait penser que je pourrais l'aider. Je crois aussi qu'il s'est adressé à moi parce qu'il sentait que je l'aimais bien, lui.

Mes relations avec Mayer ont commencé, je vous l'ai dit, au moment où ma carrière semblait fichue. Le dernier cachet que l'on me proposait représentait une baisse de cent cinquante pour cent par rapport au précédent. J'ai lu le scénario de la Paramount et répondu : « Je vous remercie infiniment, mais je ne suis vraiment pas convaincue par ce scénario. Je vous suis néanmoins reconnaissante de me l'avoir proposé, car je n'ai actuellement aucune autre proposition. »

Je suis rentrée sur la côte est. Phil Barry a écrit *Indiscrétions*. Howard Hughes a acheté pour moi les droits cinématographiques de la pièce. Personne n'en a rien su pendant neuf mois. Toutes les comédiennes qui comptent ont essayé d'acquérir les droits. J'ai dit à Harold Freedman : « Ne dites à personne que c'est moi qui les ai. » Il était agent littéraire et faisait partie des rares hommes en ce monde capables de tenir leur langue.

Les gens ont fini par se rendre compte que j'avais plus ou moins la main sur cette affaire. J'ai fait la connaissance de Louis B. Mayer un soir. Il était accompagné de Norma Shearer.

« J'aimerais parler avec vous, a-t-il dit.

— Volontiers.

— Puis-je vous rendre visite ?

— Non, Mr. Mayer, c'est moi qui viendrai vous voir. »

Je suis donc allée à ses bureaux, et il m'a dit qu'il voulait acquérir les droits. Il a ajouté :

« Est-ce que vous voulez le rôle ?

— Oui, absolument.

— Eh bien, nous serions ravis de vous le confier. »

Il avait trouvé les mots justes avec moi. À telle personne il parlait de telle façon, et à telle autre tout différemment. À moi il a su parler, il a flairé ce qui pouvait me toucher. Il a dit ce qu'il fallait pour me séduire. J'ai fini par lui lancer :

« Allons, Mr. Mayer, vous êtes en train de m'embobiner. Je sais que vous cherchez à me séduire, et le charme opère tout de même. C'est du grand art. »

Il m'a ensuite interrogée sur mes prétentions, et je les lui ai annoncées. J'ai dit que je ne cherchais pas le profit financier. « Ce qui m'intéresse, c'est avec qui je joue, puisqu'il paraît que je suis le poison du box-office. Je veux une distribution.

— Vous avez qui en vue ?

— Donnez-moi Spencer Tracy et Clark Gable.

— Je ne pense pas qu'ils accepteront.

— Je ne le pense pas non plus, mais faites-leur la proposition

— Entendu, je m'en charge. »

Il les a contactés et ils ont décliné. Il m'a dit alors : «Je peux vous donner Jimmy Stewart, parce qu'il est sous contrat avec nous. » Et il a ajouté : «Je vous vote aussi cent cinquante mille dollars pour embaucher qui vous voulez, ou qui vous pourrez. Débrouillez-vous. Vous avez également le choix du réalisateur.

— J'aimerais que ce soit George Cukor.

— Accordé. »

Nous avons obtenu la signature de Cary Grant moyennant les cent cinquante mille dollars pour trois semaines de tournage. Il a dit qu'il acceptait et voulait son nom en plus gros que le mien sur l'affiche. J'ai dit : «D'accord, pas de problème. » Il a fait don de son cachet à la Croix-Rouge. Il a été sur le plateau pendant trois ou quatre semaines. Il a choisi son rôle et Jimmy Stewart a hérité de l'autre. Soit dit en passant, Jimmy a décroché l'oscar.

Tout cela était finement calculé. Louis B. Mayer était un malin, et il comprenait parfaitement les artistes. Ce n'était ni un imbécile, ni un rustre. Il avait en revanche beaucoup de sensibilité, et une totale honnêteté. J'ai traité beaucoup d'affaires avec Louis B. Mayer, et je peux dire que de toute ma vie, je n'ai jamais rencontré personne plus intègre que lui.

Nous avons donc continué notre collaboration. Il y a eu *La femme de l'année*. J'ai envoyé le scénario à Joseph Mankiewicz qui avait produit *Indiscrétions*. Avec le message suivant : « À lire sous vingt-quatre heures. Si vous êtes intéressé, je saute dans le premier avion. » À l'origine, *La femme de l'année* était une idée de Garson Kanin. Son frère Mike Kanin et Ring Lardner Jr. ont collaboré avec lui ensuite. À l'époque, Garson était sous les drapeaux.

En fait, il s'agissait d'un traitement en soixante-dix-huit pages. Il y avait quelques scènes déjà complètement écrites, mais l'ensemble n'était pas achevé. Je n'avais pas mis le nom des auteurs. J'ai juste précisé : «Je veux Spencer Tracy, sinon je ne cède pas les droits au studio. »

Mankiewicz a rappelé pour dire qu'il trouvait le projet superbe. Il pensait que c'était un rôle magnifique pour Spencer, et à juste titre. À l'époque, je ne connaissais pas Spencer.

J'ai pris l'avion et entamé la négociation avec Mayer. « Vous voulez combien ? » a-t-il demandé. Je l'ai dit et il a ajouté : « Qui est l'auteur ?

— Mr. Mayer, je ne peux pas vous le dire. Je veux ça, ça et ça, pour l'auteur, et ça, ça et ça pour moi. Ça fait cinquante-cinquante. Deux parts. Cent vingt-cinq mille dollars chacune.

— Nous serions prêts à donner davantage, mais je veux savoir qui sont les auteurs.

— Mr. Mayer, je ne peux pas vous dire qui sont les auteurs, et vous n'avez aucune chance de le découvrir par vous-même. Pas la moindre chance.

— Je n'aime pas traiter les affaires de cette façon. »

J'ai senti qu'il était sur le point de dire non, alors j'ai dit :

« De toute manière, le projet n'est pas à vendre. Je voulais seulement voir jusqu'à quel point vous étiez intéressé. C'est un rôle superbe pour Spencer. Si vous me dites que vous désirez voir le scénario terminé, c'est entendu. Il sera à vendre. »

J'ai fait marche arrière toute, parce que je sais ce qui se passe quand un gros bonnet dit non. Il ne faut pas demander trop, ni trop peu. Il faut deviner ce qu'ils sont prêts à payer, le demander, et l'obtenir.

Je n'étais pas au courant, à l'époque, de leurs difficultés avec *Jody et le faon*. Ils tournaient en Floride avec Spencer. Il y avait de graves problèmes de photo à cause des insectes qui se collaient sur les objectifs. Ils avaient dû ajourner le tournage et Spencer, une de leurs grandes vedettes, se retrouvait inemployé. Si seulement j'avais connu ce détail, j'aurais demandé trois fois plus. Mais sur le moment, je me suis crue maligne. Je me serais sans doute davantage enrichie, si j'avais été plus au fait des potins. Bref, nous avons terminé le scénario et je le leur ai envoyé. Spencer l'a lu. Il a été enthousiasmé. J'avais déjà dit que je voulais George Stevens pour réaliser ce film. Je n'ai plus rencontré Mayer sur ce projet. Il m'a adressé aux autres décideurs, et j'ai su alors qu'ils allaient dire oui. À dater de ce jour, je n'ai plus jamais varié d'avis.

J'ai mené ma négociation seule, et Mayer s'est déclaré satisfait. J'ai dit que j'étais contente aussi. Et j'ai ajouté : « Puis-je demander à votre juriste de relire mon contrat, parce que je sais que vous n'allez pas m'escroquer. » Par la suite, mes contrats ont toujours été relus par leur juriste. C'était ma façon à moi de traiter avec la Metro. Et je n'ai jamais été dupée.

Nous étions convenus que par principe je leur montrais tout en priorité. Un accord qui portait je crois sur trois ans. À partir de *La femme de l'année*. Je leur ai ainsi apporté *Sans amour*. Et beaucoup d'autres choses. Mais je négociais toujours avec Mayer. Par bonheur, Garson Kanin était un ami et foisonnait d'idées pour Spencer Tracy et moi.

Quand j'ai fait le discours sur la censure, c'était en principe pour introduire Henry Wallace qui se présentait à la présidence contre Harry Truman. Mais je faisais en fait un plaidoyer contre la censure. Les temps étaient difficiles. C'était en 1947 et le Comité des activités antiaméricaines était florissant. Des tas de gens se faisaient licencier. Edward G. Robinson était censé faire ce discours et je me suis dit : « Et moi, je fais quoi ? Il est juif, marqué très à gauche, ce qui le rend certainement suspect aux yeux de ce comité. Mes ancêtres à moi ''étaient sur le *Mayflower*''. Je ne traîne aucune casserole. Je n'ai jamais fait partie d'aucune organisation. Je vais faire ce discours. » J'ai eu droit aux gros titres et aux critiques acerbes, haineuses. Je n'ai répondu à aucune attaque et le studio m'a priée de clarifier par écrit mes options politiques. N'importe qui se serait fait virer après avoir écrit ce que j'ai écrit. La vérité... que la liberté d'expression, nous en jouissions depuis des années... qu'il en était toujours et en serait toujours ainsi. Elle nous appartient. Le sujet n'a plus été abordé.

J'ai été convoquée par Louis B. Mayer.

« Katharine, pourquoi avez-vous fait ce discours ?

— Mr. Mayer, j'ai pensé que quelqu'un devait le faire, et que ce quelqu'un devait être moi. Je pense que la situation sombre dans l'imbécillité et l'arbitraire. On cloue au pilori des gens qui ne sont pas en situation d'y survivre. Moi, je peux m'offrir ce luxe. »

Je venais de finir un film où je tenais la vedette, *Passion immortelle*, et qu'ils allaient tenter de lancer. La Légion américaine * et tout le monde se déchaînaient contre moi. J'ai dit :

* Association américaine d'anciens combattants, très réactionnaires (*NdT*).

« Mr. Mayer, je comprends parfaitement que vous soyez contrarié. Vous avez un film à vendre et je suis dans ce film, ce qui va vous créer de sérieux problèmes. Je vous accorde volontiers que, étant sous contrat avec vous, je vous ai placé dans une situation des plus inconfortables en faisant ce discours. Si j'avais sollicité votre accord avant, vous auriez dit non.

« Cela dit, voyons les choses en face. Je l'aurais fait quand même. Ce qui m'aurait mise en posture délicate. Bref, ce discours je l'ai fait. Par ailleurs, je pense que vous êtes désormais parfaitement en droit de cesser de me verser un cachet hebdomadaire dans la mesure où je vois mal comment vous pourriez inscrire mon nom dans un quelconque générique.

— Ce n'est pas le sujet de notre discussion.

— Mr. Mayer, peut-être devrions-nous l'aborder ce sujet, parce que j'ai fait une chose qu'une personne employée dans une grande institution n'a pas le droit de faire. Quand on accepte l'argent de quelqu'un, on n'a peut-être pas le droit d'aller s'exhiber tout nu dans la rue. »

Il a répété : « Ce n'est pas le sujet qui nous occupe. »

Pour finir, je suis sortie de son bureau sans autre forme de procès. Il m'avait passé un savon. Il refusait de prendre des sanctions concrètes. Point final.

Il n'était évidemment pas content. C'était un républicain et nous n'étions pas du même bord. La façon dont fonctionnaient les studios était tout sauf libérale. Ils assumaient l'entière responsabilité des gens qui travaillaient pour eux. J'ai toujours dit que ce qui me plaisait à la Metro, c'est qu'ils vous soutenaient contre vents et marées. C'est la vérité. Ils réglaient tout avec classe. Ils payaient moins que les autres, mais ils ne vous forçaient pas à faire ce que vous ne vouliez pas faire. Nous n'avons jamais eu d'affrontement à ce sujet. Jamais Louis B. Mayer n'a tenté d'utiliser la force ou dit : « Je vous coupe les vivres. » Ils ne vous imposaient rien. C'était une entreprise paternaliste au meilleur et au pire sens du terme. Force m'est de dire que Mayer ne m'a jamais contrainte à quoi que ce soit.

Je me souviens que le studio avait organisé une projection de *La femme de l'année*. Ils avaient accepté comme dénouement du film celui qu'hélas j'avais suggéré. Le lendemain, j'ai rencontré Mayer qui m'a dit :

« La projection était superbe. Nous sommes absolument conquis. Je suis fier de vous.

— La fin est nulle.

— Comment cela ?

— Je suis bien placée pour le dire, Mr. Mayer, vu que c'était mon idée. Elle est mauvaise. Le film se termine en eau de boudin.

— À votre avis, cela coûterait combien de refaire la fin ?

— Dans les cent cinquante mille dollars.

— Eh bien, allez-y.

— Mr. Mayer, est-ce que j'ai bien entendu ? Nous sommes bien sur le plateau et vous venez de dire : ''Allez-y. Je suis d'accord. Dépensez l'argent qu'il faudra.''

— Oui. »

Comment se disputer dans ces conditions ? Je suis certaine que les gens qui avaient de mauvaises relations avec lui vous raconteront l'histoire inverse. Moi je ne peux raconter que ce que j'ai vécu avec lui. Certaines expériences lui ont coûté des fortunes. Tout n'était pas toujours rose. Nous ne nous fréquentions guère en dehors du travail. Je l'ai toujours appelé Mr. Mayer. J'étais une grande amie d'Irène, mais cette amitié est postérieure à mon entrée à la Metro. Qui n'a donc rien à voir avec le fait que j'étais l'amie de sa fille. Il me respectait, et je le respectais aussi, énormément.

Bien sûr il s'est passé des choses regrettables. Toute l'affaire Judy Garland, par exemple. Quelle part de responsabilité peut lui être imputée à lui ? Quelle part au métier en général ? Judy n'est certes pas l'unique personne à avoir été broyée par le système des studios. Depuis que les choses ont changé, dans le sens de la liberté, c'est encore pire. C'est le métier qui attire les gens à problèmes.

Je crois que Mayer a compris le tourment de Judy Garland. Celui de Robert Walker, qui était marié à Jennifer Jones. Mayer comprenait Robert Walker. Il avait des problèmes d'alcool. On ne sombre pas volontairement dans l'alcool, et c'est bien un truc dont on ne sort pas comme on veut. Vous, vous pourriez peut-être arrêter de boire. Moi aussi. Mais si eux ne peuvent pas... Ce n'est pas toujours si facile. Je crois que Mayer s'efforçait de comprendre la situation de chacun. D'apporter autant d'aide qu'il le pouvait.

Je suis allée parler avec Judy. Je n'aurais sans doute rien pu faire. Si vous décidez d'aider une personne qui a des problèmes, ce n'est pas deux heures par jour que vous allez y consacrer, mais vingt-quatre heures sur vingt-quatre. On ne peut rien faire d'autre si l'on entreprend de ressusciter et de reconstruire un être humain.

Je pense que Judy était une créature infiniment complexe. Quand elle a commencé à être prise au piège, elle n'avait pas trente ans. Et elle avait déjà travaillé dur. Vécu toute une vie. Elle était usée. D'une certaine façon, pour les êtres tourmentés, le travail est ce qu'il y a de plus facile. C'est la vie qui pose problème. Ça, je crois que Mr. Mayer le comprenait. Vous direz : « Pourquoi n'a-t-il pas agi plus tôt ? » Aurait-il pu éviter quoi que ce soit ? Je ne sais pas. Vraiment pas. Je ne crois pas que le travail ait jamais détruit quiconque. Je crois que l'absence de travail est infiniment plus destructrice. Et que les mauvaises habitudes sont mutilantes.

Mayer était un romantique qui avait une passion pour les gens sachant faire des choses. Il avait aussi le culot de prendre le risque de les engager. Il se fiait à son propre jugement. Il ne se tournait vers personne pour demander : « Qu'en pensez-vous ? » Il se lançait. C'était un homme d'affaires brillant. Un grand joueur, qui aimait ce qu'il faisait. Oui, il aimait le métier. On s'est moqué de lui, on l'a tourné en ridicule parfois, mais il aimait ce qu'il faisait.

Je pense que Mayer, Goldwyn et Sol Hurock étaient des romantiques. Hal Wallis aussi, et les autres précurseurs. Ils avaient le sens des affaires. Mais ils couraient après le rêve. Ils entendaient le rêve. Ils pouvaient l'attraper. Ils savaient voir la beauté et en étaient éblouis. Un vrai conte de fées, dites-vous ? Mais les producteurs d'antan étaient des romantiques.

Ben oui, quoi ! Des contes de fées, nous en avons lu pendant des années, n'est-ce pas ? Est-ce qu'on est en train de jeter tout cela ? Si on ne rêve pas ses parents, ses frères et sœurs, ses amis et la personne que l'on aime — si on n'arrive pas à les rêver, coincés que l'on est dans cette réalité qui s'écrit en cinq lettres, alors, Dieu nous garde. Il faut rêver sa vie. Moi, je crois aux miracles. Je crois que nous pouvons être dans un état physique lamentable, tant que notre esprit n'est pas dans un état lamentable, nous pouvons nous élever au-dessus de la réalité. C'est en cela que nous sommes supérieurs à l'animal.

Je crois que Mayer avait cette qualité. On peut trouver ça idiot. Une littérature appartient toujours plus ou moins à la période où elle a été écrite. C'était la fin d'une époque élégante. Ils croient avoir évolué dans le sens du progrès. Je me demande.

Je suis certaine que Mayer avait ses défauts. Il était désagréable avec les gens qu'il n'aimait pas. Il se trouve qu'il m'aimait bien et que je l'aimais aussi. Il le savait et je le savais. Nous avions mille désaccords. Et après ? J'avais très envie de faire *Le deuil sied à Electre* avec Garbo, et George Cukor à la réalisation. Nous n'arrivions à rien avec Mayer. Il a écouté. Il s'est fait raconter l'histoire par Mrs. Frank, sa diseuse. Il était habituel, pour les grands patrons de l'époque, de se faire raconter par une lectrice les histoires envoyées au studio pour devenir des scénarios. Je trouvais cette pratique imbécile jusqu'au jour où j'ai entendu Mrs. Frank. Je me moquais. J'avais tort. Elle a été brillante. J'étais littéralement hypnotisée et captivée pendant qu'elle racontait *Le deuil sied à Electre*. Mayer avait le courage de ses convictions. Ce que j'appréciais. Il continuait dans sa voie, que vous soyez d'accord ou pas. Souvent, avec les gens, on vous dit oui ou non, sans que vous sachiez pourquoi. Vous voyez ce que je veux dire ? Quand on s'adressait à Louis B. Mayer, on obtenait une réponse, ou de l'argent, ou ce qu'on avait demandé, ou rien du tout. Inutile de solliciter cinq mille personnes en plus. Il ne craignait pas de trancher. Si vous estimiez qu'il vous fallait deux millions de dollars de mieux pour faire quelque chose, il payait. Un vrai joueur.

Voyez-vous, je ne l'ai pas très bien connu sur un plan privé. Mais sa vie, c'était son métier. Et quand il a cessé d'exercer son métier, il a cessé de vivre. Il avait travaillé toute sa vie. Il ne connaissait rien d'autre. Ce qu'était Mr. Mayer ? Moi, la routine du neuf heures-cinq heures me laisse pantoise. Je ne comprends pas. Maman me disait toujours : « Ne néglige pas les menues besognes qui gardent de la folie. » Elle avait bien raison.

Je trouvais que la Metro était une merveilleuse école que l'on ne quittait jamais. Ma façon de voir les choses. Merveilleuse, c'est sûr. Je ne m'y suis jamais sentie en prison. C'était comme une pièce de Tchekhov. On s'y sent bien. On y était sous-payé, mais très bien protégé. Quand vous aviez un problème, vous appeliez Howard Strickling, le directeur du département publicité. Votre problème était pris en charge. Agréable, comme sensation.

J'aimais beaucoup Mayer. Je vais vous dire. Churchill avait une séduction personnelle. Roosevelt aussi. Et Mrs. Roosevelt. Mais il y a des gens qui occupent des postes importants sans posséder cette espèce de séduction évidente. La séduction est un atout majeur. Vous pouvez être le roi des crétins, si vous avez ce genre de séduction, le charme va opérer sur le public. Mayer n'avait peut-être pas ce genre d'atout. Tenez, Nixon, par exemple, a de gros problèmes de séduction. Prenez Ronald Reagan, à l'inverse, avec ses yeux très écartés. Il n'a qu'à sourire pour avoir un visage « familier », séduisant d'emblée pour le public américain. Le public se reconnaissait aussi spontanément dans le visage de Spencer Tracy. Fort, massif, irlandais. Un homme. L'homme américain de souche irlandaise. Soit l'HOMME majuscule. Intéressant. Cet homme-là est bien de chez nous.

Oui. Prenez mon cas. Je fais partie du paysage. Je suis devenue familière. J'en suis très consciente aujourd'hui. Pour des tas de gens, je suis comme la statue de la Liberté. À force d'être présente. Les gens finissent par identifier leur vie à vous. Leurs moments d'espoir et de confiance surtout. Il est de bon ton aujourd'hui d'idéaliser certains acteurs du passé. Tout cela est une affaire de charisme, non ? Et le charisme est une chose étrange. Que Churchill possédait à mon sens, de même que certaines personnes et certains lieux. Quoi que l'on en dise, on ne bouscule pas comme ça l'image du père. Elle reste fondamentale pour nous — l'image du père et celle de la mère. On peut cracher sur eux tant que l'on veut, un jour ou l'autre, cette image resurgit. C'est notre ligne de force, parce qu'elle a marqué notre prime jeunesse. Elle nous colle à la peau.

Je ne crois pas que les studios aient jamais créé une image. Je pense que ce sont toujours les acteurs qui ont forgé leur image.

Dire qu'on peut jouer n'importe quel rôle, c'est du bidon. Enfin, on peut jouer n'importe quoi, mais on ne peut pas être excellent partout. On est meilleur dans certains registres que dans d'autres. À mon avis les studios n'y sont pour rien. Ils discernaient les ressources d'un individu, ils ne les créaient pas. Ils n'ont pas fabriqué Judy Garland, par exemple. Elle existait et cette existence même désignait les rôles pour lesquels elle était faite. Ils n'avaient qu'à s'y conformer. Il leur arrivait de se tromper, mais créer une image d'acteur, jamais.

Vous proposiez quelqu'un à Mayer, il pouvait dire : « Oui, c'est exactement ça. » Mayer se trompait parfois, mais très souvent il avait raison. Il avait le culot de dire : « J'aime. » Et il n'avait pas peur de se tromper. Terrible maladie, la peur de se tromper. Lui n'avait vraiment pas peur. Il prenait ses décisions seul.

Je crois que Louis B. Mayer aurait adoré être un être charmant, plein d'esprit et de séduction. Je ne crois pas que c'était le cas. À mon avis, il était fondamentalement modeste. Il essayait toujours de se rendre agréable. Il avait un bureau agréable. Mais il ne s'est sans doute jamais fait trop d'illusions sur ses qualités mondaines. Il ne brillait pas par son esprit. Mais il était drôle. Ses histoires étaient formidables. Moi, il me fascinait. Il n'avait pas besoin de se mettre en frais pour moi. Vu l'approche romantique qu'il avait de l'image des autres, je suppose qu'il devait avoir le même rapport à sa propre image. Je ne l'ai pas connu suffisamment bien pour le savoir. Mais je parierais volontiers dans ce sens. Je le trouvais plus que bien.

Mayer a été très gentil avec moi. Il m'aurait laissée réaliser, produire ou faire tout ce que je voulais.

Je ne suis pas quelqu'un qui court deux lièvres à la fois. À l'époque, j'étais comédienne. Voyez-vous, Louis B. Mayer avait beau être très conservateur sur le plan politique, il ne l'était pas du tout sur le plan professionnel.

Il était passionné. Idéaliste. Il avait la foi.

Les films

Quand j'ai tourné mes premiers bouts d'essai, l'expérience a été d'emblée chaleureuse — passionnante sans être effrayante. Pourquoi, je n'en sais rien. Je trouve la caméra sympathique — amicale. L'absence de public et de critique, peut-être — dans l'immédiat du moins. Et puis la caméra ne se rebiffe pas contre vous. C'était amusant.

J'ai fait quarante-trois films. Lorsque j'ai quitté Hollywood, je pensais bien me souvenir de la plupart d'entre eux, ainsi que de mes partenaires. Eh bien, en réalité, non, j'ai beau essayer, je n'y arrive pas. Ce qui fait qu'on se rappelle certaines choses est étrange — généralement, c'est une anecdote ou un détail particulier qui les ramènent à la mémoire.

Voici donc certains des films dont apparemment je me souviens.

Alice Adams

George Stevens est le réalisateur de nombreux films de qualité dont *Géant* et *Une place au soleil*.

J'ai fait sa connaissance le jour où un assistant réalisateur, Eddie Kelly, qui avait souvent travaillé avec moi, a proposé son nom comme réalisateur éventuel pour *Alice Adams*. À l'époque, George tournait… un quelconque film à tout petit budget, et Eddie Kelly, qui travaillait avec lui, trouvait qu'il avait beaucoup de talent. Il avait à son actif une bonne collection de Wheeler et Woolsey et j'ai eu le sentiment qu'*Alice Adams* avait tout à gagner d'être réalisé par une personne dotée d'une bonne dose d'humour. Sous peine de sembler un peu pesant.

De mon côté, j'étais en train de faire *Break of Hearts* avec Charles Boyer. J'ai dit à Eddie que j'aimerais bien rencontrer ce George Stevens, et un soir, après le tournage, alors que j'étais sur la banquette avant de ma voiture où je tentais vainement de flirter avec Charles Boyer, j'ai levé les yeux et découvert un visage juste de l'autre côté du pare-brise.

« Oui ? ai-je dit.

— Je suis George Stevens.

— Oh ! bien sûr…, euh…, je vous rejoins d'ici dix minutes dans le bureau de Pandro Berman. »

Vous imaginez un peu.

Bref, avec un soupçon de gêne, je me suis tournée vers Charles Boyer pour m'excuser et prendre congé.

Je suis montée dans le bureau de Pandro Berman. Il était là.

Nous avons parlé. J'ai eu l'impression qu'il avait le coup de foudre pour le livre. Je m'étais plus ou moins persuadée que les réalisateurs connus qui avaient manifesté de l'intérêt pour le projet étaient davantage séduits par l'idée de travailler avec moi que par le sujet lui-même.

Bref, nous avons signé avec George Stevens.

Alice Adams racontait les efforts désespérés d'une jeune fille pour réussir une ascension sociale que ses moyens financiers et ses origines familiales ne lui permettent pas de mener à bien. Elle se lance dans une course qu'elle ne peut pas gagner.

George Stevens est venu ensuite chez moi, un dimanche, avec Berman, pour parler du scénario, et il n'a pas dit un mot.

« Mon cher Pandro, ai-je dit après son départ, je crois que nous avons fait une grosse erreur. Je pense que notre conversation lui est passée complètement au-dessus de la tête. »

George Stevens m'a avoué plus tard qu'à l'époque il n'avait pas lu le livre, et que son seul rêve était de travailler avec moi.

Pour tout dire, il était tellement pris par son tournage qu'il n'avait toujours pas trouvé le temps de lire notre livre au moment de notre première séance de travail avec Pandro Berman. Pas étonnant que je l'aie trouvé un peu terne.

C'était un homme étrange, ce George Stevens — brillant comme réalisateur, surtout dans le registre de la comédie. Il avait appris tous les trucs et ressorts du genre en travaillant avec les grands comiques. Faire rire les gens quel bonheur !

Nous avons eu plusieurs séances de travail sur le scénario. George Stevens était un curieux bonhomme. Pas bavard. Il écoutait. Disait oui, ou non. Pandro et moi faisions manifestement les frais de la conversation. Je dois dire que sur le moment, j'ai eu le sentiment que nous avions été dénicher un réalisateur un peu bizarre.

Puis il a choisi la distribution. Frankie Albertson a été retenu pour le rôle du frère. (À l'époque, je le trouvais un peu léger à côté de moi. Fort heureusement, je n'ai pas osé le dire, parce qu'il s'est révélé fantastique.) Fred Stone serait le père. Ann Shoemaker la mère. Hattie McDaniel la bonne.

Le tournage a commencé. J'avais acheté tous les costumes pour une bouchée de pain. La véritable dépense, je l'ai faite chez Hattie Carnegie — pour la robe de bal. À laquelle j'ai donné une allure démodée en lui ajoutant des petits nœuds noirs assortis à ceux de mes cheveux.

Au début, tout s'est déroulé dans la plus grande courtoisie, jusqu'à la scène dans ma chambre, après le bal où j'avais subi l'humiliation de faire tapisserie toute la soirée. Dans le roman (ma bible), je rentre chez moi, je monte les escaliers, je frappe doucement à la porte de mes parents. « Je suis là. » Puis j'entre dans ma chambre, je me jette sur mon lit, et je pleure à chaudes larmes.

Stevens est venu me trouver : « Je crois que la scène serait plus forte si vous marchiez lentement jusqu'à la fenêtre et regardiez dehors, en très gros plan. Il pleut, et petit à petit, vos yeux s'emplissent de larmes, tandis que vous regardez tomber la pluie, et les larmes roulent doucement sur vos joues, etc. »

J'ai trouvé l'idée excellente. Sauf que l'eau froide, en passant à l'intérieur, vu que la fenêtre n'avait pas été prévue pour résister à l'intempérie, a coulé sur mes mains. La sensation de froid, sur mes doigts et mes avant-bras, m'a surprise, séchant du même coup mes larmes.

Que faire ?

Impossible d'accrocher la scène, et inutile d'en exposer la raison à George Stevens, vu que de toute façon il ne pourrait rien faire pour empêcher la pluie de passer à l'intérieur.

Finalement, après quatre ou cinq prises, je me suis tournée vers George que j'ai apostrophé assez grossièrement : « Le problème, c'est que je m'étais préparée pour cette scène où je devais me jeter sur le lit et maintenant... »

Dans un soudain accès de colère froide et de violence contenue, George a dit : « Si vous désirez vous charger de... »

Sa rage m'a libérée d'un coup. « Ça tourne », ai-je dit.

J'ai été parfaite — malgré les doigts gelés — et tout. J'étais ravie.

« Cette fois ça y est, n'est-ce pas ? »

À quoi George a répondu : « Oui... c'est bon », mais il était encore furieux. Je lui ai expliqué le problème plusieurs semaines plus tard. Il m'a dit qu'il avait été à deux doigts de flanquer sa démission.

George Stevens et moi sommes restés amis. Je n'ai fait que deux autres films avec lui : *Quality Street*, pas terrible, et *La femme de l'année*, mon premier film avec Spencer Tracy — gros succès.

Il m'a beaucoup appris. C'est souvent à lui que je m'adressais pour certains « trucs ».

Dans une scène de *Sans amour*, par exemple, Spencer, pris d'une crise de somnambulisme, devait venir se coucher dans mon lit.

« Surtout pas, a dit George. Si un homme se couche dans un lit et que la femme s'y trouve déjà, la situation est sérieuse, dangereuse. Il faut que vous vous leviez d'abord — pour aller chercher une bouillotte par exemple. Pendant que vous êtes dans la salle de bain, Spencer arrive en somnambule et se couche dans le lit vide. D'emblée le public va rire. Puis Katharine arrive et se recouche. »

Oh-oh-oh.

George Stevens était un expert du genre. J'ai toujours regretté qu'il ait décidé de mettre son talent dans des films comme *Géant* et *Une place au soleil*, malgré le succès de ces deux œuvres. Parce que faire rire les gens...

Il venait souvent passer la soirée chez moi quand il se trouvait à New York. Je garde un souvenir particulier d'une de ces soirées. Nous étions restés au coin du feu, et George avait bu un peu plus qu'il n'aurait dû pour sa santé. Je remettais de temps à autre une bûche dans la cheminée. Tout à coup, j'ai entendu un grand ronflement dans le conduit.

J'ai bondi, très sûre de moi : « George, il y a un feu de cheminée. J'appelle les pompiers. Vous, descendez à la cuisine, prenez une casserole, emplissez-la d'eau, remontez ici, et éteignez le feu dans l'âtre. Moi, je serai sur le toit pour m'occuper des éventuelles étincelles qui s'échapperaient par le haut. »

Et je me suis précipitée. Quand tout a été terminé, et que nous nous sommes retrouvés dans le salon, George m'a raconté sa version de l'aventure.

Il était descendu dans la cuisine, avait trouvé une casserole et l'avait emplie d'eau quand on a frappé à la porte. Il a ouvert, sans lâcher la casserole. Six types immenses — tous dépassaient le mètre quatre-vingt-cinq — se sont rués à l'intérieur. (George faisait dix centimètres de moins.)

« Où est le feu ? ont-ils demandé.

— Dans la cheminée », a répondu George.

Ce qui était exact — mais semblait un peu stupide. Ils ont bousculé George et monté l'escalier en courant. Je dois dire qu'en les voyant arriver sur le toit je les ai trouvés gigantesques. Au point de prévenir : « Attention, vous risquez de passer au travers du toit. »

Sur quoi l'un d'eux s'est mis à sauter à pieds joints.

« Non, je vous en prie, pas ça ! »

Après leur départ (le feu éteint, bien sûr), quand je me suis retrouvée dans le salon, George avait toujours sa casserole à la main. Je lui ai raconté le type qui sautait sur le toit.

Il a souri : « S'il était passé au travers, je l'aurais reçu en plein dans ma casserole, n'est-ce pas ? »

Un comique, George.

Sylvia Scarlett

Sylvia Scarlett — un désastre intégral —, avec Cary Grant. Notre premier film ensemble. Une drôle d'expérience. L'adaptation d'un livre de Compton MacKenzie. Pendant le tournage, j'ai commencé à me demander ce que pensait Cukor. J'avais l'impression que l'ensemble ne tenait pas — n'était pas drôle, quoi.

J'avais le crâne rasé et, pendant les trois quarts du film, je jouais un garçon. Brian Aherne était dans la distribution, et Teddy Gwenn faisait mon père. La performance de Cary Grant dans ce film est superbe. Il y est tel qu'en lui-même — le vrai cockney —, à peine enrobé et pétant le feu. Il débordait d'énergie et riait sans retenue, de bon cœur. Teddy Gwenn et moi lui servions de faire-valoir. Une grosse production, qui n'a pas été tout à fait à la hauteur. Et puis les relations avec Brian Aherne n'ont pas été merveilleuses. Sans que ce soit sa faute.

George Cukor était le réalisateur. Après avoir vu le film en avant-première — désastreuse — Pandro Berman, le producteur, et moi nous sommes retrouvés chez Cukor. George et moi avons alors dit : « Ne vous en faites pas, Pandro, nous ferons un autre film pour vous, gratuitement. »

À quoi Pandro Berman a répliqué, en nous jetant un regard noir : « Non, merci, surtout pas ! »

Marie Stuart

Marie Stuart est arrivé juste après *Break of Hearts*. Avec John Ford à la réalisation. Le producteur, si je me souviens bien, devait encore être Pandro Berman, ou Cliff Reid, peut-être, qui produisait généralement les films de Ford, vu que ce dernier n'aimait pas qu'on lui tienne tête. Berman, je crois.

Je n'ai jamais eu de sympathie particulière pour Marie Stuart. Que je tenais pour une belle idiote. J'aurais préféré faire un film sur Elizabeth. Fredric March jouait James Hepburn (le comte de Bothwell). Sa femme, Florence Eldridge, était Elizabeth. Le scénario était quelconque. Je n'ai jamais compris pourquoi John Ford avait accepté la réalisation. Manifestement, c'était un homme très intéressant. Nous avons lié amitié, et nous nous sommes vus épisodiquement tout au long de sa vie. J'ai navigué sur son voilier, l'*Araner*.

John Ford compte certainement parmi nos très grands réalisateurs.

Il travaillait pour la RKO lorsque je suis arrivée en Californie pour *Héritage*, en 1932. Au studio, qui était petit, la moindre des choses était de saluer tout le monde. John Ford était unanimement respecté. Il avait un palmarès extraordinaire. Il fonctionnait avec une bande de machos invétérés qui jouaient toujours dans ses films, s'il y avait un rôle pour eux. John Wayne faisait partie de ses intimes. Il avait été découvert par John Ford.

Ils formaient un petit groupe de six ou sept personnes (dont Ward Bond). Ils partaient tous faire des virées sur l'*Araner*, le voilier de John (cent vingt-cinq pieds, si je ne me trompe pas), et écumaient la côte californienne et mexicaine, pour le seul plaisir de se soûler. Quand ils étaient de retour, ils dessoulaient, et John Ford faisait un autre film, dans lequel il utilisait ceux qui pouvaient raisonnablement entrer dans la distribution. Il a trouvé *Les raisins de la colère* avec Henry Fonda. Il a pris John Wayne pour *La chevauchée fantastique*, et Victor McLaglen pour *Le mouchard*. Ford et moi avons sympathisé très tôt. Je le trouvais fascinant, mais impossible. Il était seul maître à bord de sa propre vie, et on n'avait pas intérêt à le contrarier trop souvent. En réalité, son « gang » ne comprenait que des hommes — mais il tolérait parfois ma présence. Claire Trevor et Maureen O'Hara étaient ses vedettes préférées. Je suis certaine qu'elles étaient toujours de son avis. Maureen était ravissante. Ses films exigeaient toujours des personnages masculins, et les femmes n'y avaient de rôle que décoratif, si femme il y avait.

Un jour Cliff Reid est venu me trouver pour me dire qu'ils avaient besoin de Ford pour un truc à faire d'urgence sur un de ses films, mais que le cher John était en train de se soûler chez lui, dans sa maison de Hollywood Hills, et refusait de bouger. Si je pouvais l'aider...

« Ça alors, Cliff, elle est bien bonne ! Et comment ?

— En allant le chercher — et en le dessoulant !

— Mais... pourquoi moi ? »

Cliff m'a répondu qu'il avait déjà essayé, sans succès.

Me voilà donc partie chez John Ford, que par je ne sais quel miracle j'ai convaincu de monter dans ma voiture. Je l'ai ramené à la RKO où je disposais d'une grande loge, très jolie. Je l'ai fait entrer. Et j'ai réussi à lui faire avaler un mélange mortel de whisky et d'huile de ricin.

Je n'ai jamais vu personne être malade à ce point. Terrifiant. J'ai cru qu'il allait mourir. Lui aussi. Et puis il s'est endormi, et j'ai pensé que ça y était.

Finalement, au bout de deux heures, il a ouvert un œil. Je l'ai conduit à l'Hollywood Athletic Club où on l'a remis d'aplomb. Il a terminé son film. Ouf! Une aventure que je ne suis pas près d'oublier. J'ai vraiment failli le tuer.

Je me rappelle qu'un jour Ford a quitté le plateau en me disant : « Passez derrière la caméra et occupez-vous de cette scène. » J'ai dit d'accord, mais Fredric March allait-il accepter de travailler sous mes ordres ? March a dit que oui, et j'ai dirigé une scène qui se passait dans une tour.

Ford s'est désintéressé de l'aventure. Qui s'est soldée par un bide.

Mais il m'a sauvé la vie.

Dans le rôle de Marie, je montais à cheval, en amazone bien entendu. Un jour qu'ils me filmaient en plein galop, John Ford a hurlé : « Kate, baisse la tête ! » J'ai obéi — et évité une branche d'arbre qui m'aurait décapitée.

Nous sommes restés amis. C'était un type extraordinaire. Les Irlandais ont la peau dure. Lui particulièrement.

La dernière fois que je l'ai vu, il était couché, malade — en fait, il était sur son lit de mort.

Dur — aimant ses amis — détestant ses ennemis — aimant l'Irlande — le cinéma — ses succès — adorant ses échecs — pervers — entêté — inflexible — arrogant — formidable en amitié

Ah ! — et redoutable comme ennemi.

Pension d'artistes

Réalisateur, Gregory La Cava. Vedettes féminines, Ginger Rogers et moi. Avec la participation de tout le gratin de la RKO : Lucille Ball, Gail Patrick, Andrea Leeds, Eva Arden, Ann Miller.

Ma carrière était dans le creux de la vague, et pendant le tournage de *Pension d'artistes* je me suis rendu compte, au bout de quelques scènes, que je faisais partie du décor plus que je ne dominais vraiment le jeu. Après deux semaines, je suis allée trouver Pandro Berman :

« Enfin, Pandro, vous n'avez pas l'impression que... ?

— Écoutez, Kate, vous pourriez vous estimer heureuse de jouer les troisièmes couteaux dans un film à succès », m'a-t-il répondu.

J'ai décidé d'avoir un entretien avec La Cava.

« Ce personnage, Gregory, je ne le sens pas vraiment. Je suis quoi, au juste ?

— Vous êtes le point d'interrogation humain.

— Ce qui signifie ? »

Il m'a regardée et dit le plus sérieusement du monde : « Je n'en sais foutre rien, Kate. »

J'ai écouté. Dit : « Merci. » Et je suis partie. J'ai laissé tomber. Et je n'ai rien dit. Je savais qu'il n'y avait rien à ajouter. Que rien n'est plus ennuyeux qu'une comédienne en perte de vitesse qui pleure sur son sort.

Me taire et faire bonne figure, la réaction la plus intelligente que j'aie jamais eue. La Cava a eu des regrets et m'a mise en valeur dans toute la fin du film.

Je n'ai su que beaucoup plus tard que, sur la copie de l'avant-première, le nom de Ginger Rogers figurait en plus gros que le mien. Je ne pense même pas que Ginger était au courant. Après la projection, toute une série de cartons sont revenus disant : « Le meilleur film de Katharine Hepburn ; elle y est formidable. » Je fais allusion aux cartons qui sont distribués au public à la sortie des avant-premières et où l'on est censé noter ses réactions. Ce sont eux qui m'ont remise en haut de l'affiche. Merci la chance.

L'impossible M. Bébé

1938, *L'impossible M. Bébé.*

Réalisateur, Howard Hawks — avec Cary Grant, Charlie Ruggles, May Robson, et le léopard.

Un bon scénario. Cary Grant merveilleux. Moi, pas mal non plus. Et le léopard, excellent.

Cary refusait catégoriquement de travailler avec le léopard. Il n'avait aucune affinité avec lui. Un jour, pour le martyriser, nous avons lâché un léopard empaillé par la bouche d'aération dans le plafond de sa loge. Houlà ! Il est sorti de la pièce comme une fusée.

Cary a été d'une complète drôlerie pendant tout le tournage. Il était plus enrobé, à l'époque, et au sommet de son dynamisme. Il riait du matin au soir. De son côté, Hawks n'était pas triste. Il arrivait généralement assez tard. Cary et moi étions plus matinaux. Tout le monde a mis son grain de sel dans le scénario.

Je dois ajouter que n'ayant pas eu la jugeote d'avoir peur, j'ai tourné un tas de scènes avec le léopard en liberté dans les parages. Olga Celeste, la dompteuse, avait un grand fouet. Nous étions à l'intérieur de la cage — Olga, moi et le léopard — sans personne d'autre. Nous avions la cage à nous seules. La caméra, les micros opéraient à travers les barreaux. Pour ma première scène, je devais me balader dans la pièce, en déshabillé balayant le plancher. J'étais en grande discussion au téléphone, lequel était relié à la prise par un très long cordon. Le léopard me suivait pas à pas et me poussait la cuisse, qu'on avait inondée de parfum. J'étais censée lui caresser la tête. La scène s'est bien passée. Puis je me suis changée et j'ai mis une jupe à hauteur du genou, avec des espèces de choses collées derrière pour dissimuler des pièces métalliques destinées à donner un joli mouvement à la jupe. Mais —un grand *mais* — à peine avais-je fait un effet de jupe que ce léopard me saute sur le dos, laissant juste à Olga le temps d'abattre son fouet sur la tête de l'animal.

Finie, ma belle décontraction avec le léopard.

Nous avons débordé sur le temps prévu pour le tournage. Ce film est le dernier que j'ai fait avec la RKO.

Curieusement, il n'a pas très bien marché lors de sa sortie. Aujourd'hui, c'est un grand classique. Je crois que ma présence au générique — « le poison du box-office » — n'est pas étrangère à ce premier accueil mitigé.

Indiscrétions (la pièce de théâtre)

À qui confier la production ?

Je me suis dit que la Theatre Guild — avec Lawrence Langner, Terry Helburn — était la mieux placée pour monter ce projet, et puis je leur devais bien ça.

Phil Barry a refusé. Ils lui avaient saboté son dernier texte.

J'étais très décidée, et Phil a fini par céder — la Guild.

Je ne mesurais pas bien, à l'époque, que la Guild traversait une très mauvaise passe. Comme Phil Barry. Comme moi. Ils avaient essuyé une série de fours et se trouvaient au creux de la vague.

Mais qu'importe, nous étions résolus. La Guild n'était pas au courant des fluctuations de ma carrière, Barry non plus. Moi je ne savais pas pour la Guild. Mais nous étions tous les trois dans une situation assez désespérée.

Bref — nous nous sommes lancés. Je voulais un metteur en scène costaud et dans la tradition. Bob Sinclair venait de faire *Women*. Je voulais quelqu'un qui ne me prenne pas pour une espèce de « messie ». Quelqu'un de suffisamment réaliste pour ne pas me laisser... disons... rêver.

Nous avons choisi Van Heflin pour le reporter, Shirley Booth pour la femme reporter, et j'ai persuadé Joe Cotten d'être C. K. Dexter Haven. Il était le bras droit d'Orson Welles — mais je pense avoir réussi à le convaincre qu'il était temps pour lui de voler de ses propres ailes. Anne Baxter devait être la fille, âgée de douze ans. On a pris finalement Lenore Lonergan, qui avait dix ans et correspondait mieux au personnage.

Tout était paré. Prêt à rouler.

Mais où était le troisième acte ?

Coup de téléphone à Phil Barry. Pour apprendre qu'il était en Floride.

Par chance, Phil m'appelle. Comment ça se passe ?

Par chance (répétition), je ne réponds pas qu'il ne manque plus que le foutu troisième acte. Mais simplement : « Oh, pas grand-chose. On auditionne des comédiens, on a un bon metteur en scène et on essaie de faire pour le mieux. »

Et de raccrocher après quelques phrases de conversation.

Quatre jours plus tard, le troisième acte arrivait.

Incroyable, non ? Par la suite, Phil Barry m'a raconté qu'il était tellement angoissé par l'idée d'être prêt à temps qu'il ne parvenait plus à penser. Après notre conversation au téléphone, il s'est senti plus détendu, et les choses sont venues toutes seules. Coup de chance — d'habitude je suis plus directive.

Soit dit en passant, *Indiscrétions* a connu un succès immédiat. S'il n'avait tenu qu'à moi, nous aurions joué en tournée pendant une bonne année. Mais Barry et la Guild ont tenu à donner la première à New York.

Pour essayer de me tromper moi-même, j'ai retenu une chambre au River Club la veille de la première, et j'ai fait tout ce que je pouvais pour me persuader que j'étais à Chicago et que rien d'extraordinaire n'allait se produire. J'étais donc à Chicago, tout allait bien, et nous avons fait la première au Shubert Theatre.

Un succès — oui — phénoménal.

L'un de mes meilleurs souvenirs de cette pièce, c'est le soir où Lawrence Langner est revenu voir le spectacle et m'a dit : « Kate, je crois que cette petite, Lenore Lonergan, elle... on dirait qu'elle vous imite.

— Oh, Lawrence, pas du tout. Vous vous trompez. C'est l'inverse — c'est moi qui l'imite. Elle est fantastique, n'est-ce pas ? »

Indiscrétions (le film)

Le film tiré de la pièce a été fait par la MGM en 1939-1940. La première de la pièce avait eu lieu en 1938. J'ai déjà raconté comment j'avais vendu les droits à Louis B. Mayer.

Mayer m'avait dit que je pouvais avoir Jimmy Stewart. J'ai décroché Cary Grant. Il a choisi le rôle de C. K. Dexter Haven — et Jimmy Stewart a joué le reporter. Ruth Hussey a repris le rôle de la femme reporter, interprété au théâtre par Shirley Booth. Virginia Weidler était la petite sœur. Le rôle du frère a été supprimé. L'adaptation était signée de Donald Ogden Stewart. La réalisation allait à George Cukor.

MGM a fait les choses en grand. Costumes d'Adrian — décors somptueux — musique, etc. Le scénario écrit par Donald Ogden Stewart conservait l'humour délirant et les qualités de la pièce. Nous nous sommes beaucoup amusés à faire ce film, comme on s'amusait toujours pendant les tournages avec George Cukor. Toute sorte de gens sont passés sur le plateau, dont Noel Coward, qui est resté pour regarder une des grandes séquences de Jimmy Stewart — qu'il a ensuite serré dans ses bras pour le féliciter, ce qui a ravi Jimmy. Noel Coward n'a jamais été avare de compliments.

George Cukor a été formidable avec Jimmy comme avec Cary. Sans parler de moi, pour qui il a toujours été parfait. C'était un réalisateur merveilleux, et ce genre de film lui convenait à la perfection. On est tellement content lorsqu'on a l'occasion de faire une bonne comédie. Nous avons tous été nommés pour les oscars et Jimmy a décroché la récompense.

La femme de l'année

J'ai déjà dit qu'il s'agissait d'une idée et d'un traitement de Garson Kanin, de son frère Mike Kanin, et de Ring Lardner Jr. Garson m'avait fait passer les soixante-dix-huit pages du premier état, et j'avais appelé Joseph Mankiewicz (en Californie), qui avait produit *Indiscrétions* à la MGM. En lui demandant de jeter un œil. C'était une histoire pour Spencer Tracy et moi. George Stevens devait en assurer la réalisation. Mankiewicz a promis de lire et de me rappeler. Il a lu. Il a aimé. Et il a dit que le studio serait intéressé. J'ai répondu que je venais en Californie.

J'ai appelé mon ami George Cukor, qui m'a proposé de loger chez lui. Garson et Mike Kanin ainsi que Ring Lardner Jr. se trouvaient déjà à Los Angeles, au Garden of Allah.

Les garçons — Ring et Mike — m'ont fait cadeau d'une Ford. Elle m'attendait à ma porte. Quel plaisir d'avoir une voiture sans être obligée de se la payer !

On a beaucoup bataillé, par la suite, à propos de la fin du film.

J'avais toujours pensé le plus grand bien de Spencer Tracy comme acteur, mais lorsque Garson Kanin a suggéré qu'il serait fantastique pour le rôle masculin, il paraît (selon le même Garson) que j'aurais répondu : « Oh… je ne sais pas. Je me demande si nous serions bons ensemble. Nous sommes tellement différents. »

Garson Kanin racontait aussi que lorsqu'il avait parlé à Spencer Tracy d'un scénario qui serait formidable pour lui et Katharine Hepburn, il se serait entendu répondre : « Ah bon… vous croyez vraiment que nous pourrions être bons ensemble ? Nous sommes… je ne sais pas… différents. »

Bien sûr, moi je ne me souviens de rien. La seule chose que

je me rappelle, c'est qu'à mon avis Spencer ne pouvait être que parfait dans n'importe quel rôle, et qu'ensemble nous serions fabuleux. Je pense que Garson Kanin a sans doute raison. Et que je suis tellement aveuglée par des années de... utilisez le mot que vous voudrez — que ma mémoire est suspecte.

On rapporte une autre réaction de Spencer Tracy qui se serait exclamé : « Comment puis-je faire un film avec une femme qui a les ongles en deuil, une sexualité ambiguë, et porte constamment des pantalons ! »

Après quoi, ayant vu *Indiscrétions*, il aurait changé d'avis. Vrai ou faux ? — qui sait ?

Madame porte la culotte

Le scénario de *Madame porte la culotte* était signé Garson Kanin et Ruth Gordon. Du sur mesure pour Spencer Tracy et moi — en avocats. Gros succès, et intéressant parce qu'il correspond aussi à la première prestation de Judy Holliday pour le cinéma. Judy avait fait un joli succès sur scène avec la pièce de Garson Kanin intitulée *Comment l'esprit vient aux femmes*. Bien sûr, lorsque la Columbia a acheté les droits cinématographiques, Judy espérait bien obtenir le rôle, mais le patron de la Columbia, Harry Cohn, voulait une vedette de cinéma. Judy était amie avec Spencer, George Cukor, moi, et les frères Kanin, évidemment. Nous estimions tous que le rôle devait revenir à Judy. Nous, ou plus exactement, Garson Kanin et moi, avons donc fait le voyage jusqu'à New York pour tenter de persuader Judy d'accepter un tout petit rôle dans notre film, afin de montrer à Harry Cohn ce dont elle était capable et à quoi elle pouvait ressembler à l'écran. Croyez-le ou non, Judy s'est montrée très réticente. Parce que dans son esprit, accepter un petit rôle serait un recul et non un progrès. Garson et moi avons bagarré et fini par la convaincre — maquillage, costumes... une toute petite scène, mais superbe. Je tournerais le dos à la caméra, on verrait constamment son visage de face — en gros plan.

Elle a accepté et, bien sûr, l'opération a été payante. Nous avons envoyé la séquence montée à Harry Cohn. Il a été conquis, et lui a signé le contrat. Elle était ravie. Normal, non ? Elle était unique — bourrée de talent.

Je viens de parler avec Garson Kanin, et il dit que l'idée de faire jouer Judy dans *Madame porte la culotte* me revient complètement — je pensais que ce serait le meilleur des tests. Eh bien, Dieu merci, j'ai eu raison.

African Queen

En 1950, j'étais en tournée avec *Comme il vous plaira*. Nous jouions à Los Angeles. J'habitais dans Summit Drive, chez Irène Mayer Selznick. Avec son maître d'hôtel, Farr — et sa femme Ida, qui faisait office de bonne. Adorables tous les deux. Il y avait aussi Emily, la cuisinière. Une femme de caractère, avec qui je passais une bonne demi-heure tous les jours — à parler et établir les menus. C'était une cuisinière hors pair. Dans tous les registres, de la soupe aux desserts. Fantastique. Une aubaine pour moi — j'adore manger.

Un jour, Sam Spiegel m'envoie le livre de C. S. Forester. Je le lis. Quelle histoire ! J'étais sous le charme. Puis John Huston et moi faisons connaissance. Sam Spiegel venait d'acheter les droits de ce livre. Ils ne savaient pas encore à qui confier le rôle masculin. John Huston a d'abord pensé qu'il fallait un vrai Londonien. Puis, lorsqu'ils ont commencé à parler de Bogart, plus personne ne soutenait la comparaison avec lui quant à la personnalité et au physique. Ils en ont fait un Canadien. Pouvez-vous imaginer un autre que lui dans ce rôle ? Il était la perfection.

J'ai déjà écrit un livre sur *African Queen*. En fait, il s'agissait surtout d'un livre sur John Huston — ses défauts et ses qualités. Un bonhomme étonnant, John Huston. Il avait des éclairs. Et ces éclairs étaient toujours géniaux — quand il m'a dit de m'inspirer d'Eleanor Roosevelt visitant les soldats blessés dans les hôpitaux, toujours le sourire aux lèvres, pour mon personnage de Rosie, par exemple. Il avait senti que je mettais trop de sérieux dans mon interprétation de Rosie, et comme j'avais la bouche naturellement tombante, les scènes devenaient carrément pesantes. Or, étant la sœur d'un pasteur, mon approche des gens et des choses devait être pleine d'espoir. Un sourire. Ça, c'était un véritable éclair de génie. En bref, il m'avait indiqué exactement la façon de jouer le personnage de Rosie.

J'avais entendu dire par mes relations londoniennes — Michael Bentham et Bobby Helpmann — que la personne idéale pour les costumes ne pouvait être qu'une certaine Doris Langley Moore. Elle possédait un musée du costume. John Huston m'avait dit dans une lettre qu'il pressentait quelqu'un d'autre, mais je lui ai parlé de Doris — et L'ÉCLAIR — il a changé d'avis sans discuter.

J'ai rencontré cette Doris. Beaucoup de séduction, et toute une collection de jupons et sous-vêtements. Elle avait été élevée en Afrique, ce qui était une chance pour nous. Elle nous a expliqué que nous devions utiliser des tissus supportant une chaleur très humide — ne se froissant pas trop facilement, sur lesquels la saleté ne marquait pas trop, ni l'humidité.

Première conférence entre Huston, elle et moi. Huston s'est montré fasciné par les sous-vêtements. J'ai essayé tout un assortiment de caleçons fendus, de chemises — et j'ai eu une peur bleue qu'il ne m'oblige à paraître en petite chemise dans le film.

Je réclamais le script à cor et à cri — mais rien ne venait. John Huston s'est envolé pour l'Afrique en compagnie de Peter Viertel, qui collaborait au scénario. J'avais les pires pressentiments, mais Bogie qui avait déjà travaillé avec Huston m'a dit :

« Ne vous en faites pas. C'est sa façon de faire.

— Bouh !

— Vous verrez... ça vaut la peine. »

J'ai suivi le conseil de Bogie.

Qui a gagné l'oscar.

Les gens se précipitent toujours pour voir le film. Que demander de plus ?

Vacances à Venise

Vacances à Venise — un film tiré d'une pièce d'Arthur Laurents, intitulée *The Time of the Cuckoo*. On m'a appelée, et on m'a dit que le film serait réalisé par David Lean. Est-ce que... ? Ils n'ont pas eu à finir la phrase. Oui, j'étais intéressée par n'importe quel projet de David Lean.

J'ai donc accepté — et bien sûr le tournage devait se faire à Venise. Et Constance Collier, mon amie, ainsi que Phyllis Wilbourn, sa secrétaire, viendraient avec moi. Spencer devait faire *La neige en deuil*, dans les Alpes françaises, alors tout s'arrangeait à la perfection. Il était occupé — j'étais occupée.

Nous sommes arrivés à Venise — le Grand Hôtel. Les costumes devaient être achetés sur place. J'ai trouvé une maison sur la même île que le studio — Murano. Avec piscine, court de tennis, ce qui me semblait devoir être parfait. Nous avons donc emménagé. Désespoir. Les malheureuses Constance et Phyllis se sont trouvées coupées de toute la vie qu'elles auraient eue à Venise même. Les lits gardaient l'empreinte de leur ancien occupant. L'escalier était raide, étroit, avec une corde souple en guise de rampe. Pour Constance Collier qui y voyait mal et n'avait pas le pied sûr, c'était terrifiant. En d'autres termes, impossible.

Constance et Phyllis connaissaient tout le monde, partout, et elles étaient habituées à une vie sociale animée. Quand je les ai installées dans cette île, elles se sont littéralement retrouvées sans vie. Nous étions juste assez loin de Venise pour rendre les choses désespérées. Comment avais-je pu être assez stupide pour ne pas le prévoir, je n'en sais rien. Mais au bout de vingt-quatre heures, j'avais trouvé un appartement aussi sublime que celui-ci était nul.

Il donnait sur le Grand Canal, presque en face du Gritti. Superbement décoré, deux étages, trois chambres, trois salles de bain. L'appartement était aux troisième et quatrième étages — avec jardin sur le canal et personnel stylé : cuisinière, maître d'hôtel, bonne. Nous disposions de notre gondole privée. La perfection.

David Lean habitait au Gritti. Il travaillait beaucoup sur le scénario. Il a tout supprimé, sauf l'intrigue centrale de la secrétaire désespérément seule qui finit par tomber sur Rossano Brazzi, avec qui elle rompt ensuite pour rentrer aux États-Unis. Une secrétaire en vacances à Venise. La pièce d'Arthur Laurents est devenue un film écrit par David Lean et son compère l'écrivain H. E. Bates. Je ne me rappelle pas qui apparaît comme l'auteur du film au générique, mais David Lean pinaillait toujours sur les scénarios, coupant tout ce qui ne l'intéressait pas *lui* — de sorte que ce film est finalement l'histoire de David Lean à Venise. C'est-à-dire de quelqu'un qui ne connaissait pas forcément les célèbres trésors de la ville mais réagissait aux beautés et à l'atmosphère de cette cité magique, pendant les trois semaines que duraient ses vacances, plus une histoire d'amour, avant de repartir en train.

L'intrigue était racontée très simplement, dans les rues, sur la place Saint-Marc. Nous tournions dans des ruelles minuscules — larges d'un mètre parfois. Le soleil sortait et disparaissait en quelques minutes. Mon rôle jouait beaucoup sur l'émotion, et je n'avais pas intérêt à m'endormir pour donner à David ce qu'il réclamait dans l'instant. Une aventure passionnante cependant. Et une musique parfaite, choisie par David.

Travailler avec David Lean était formidable. Il était assez primaire — simple — vrai. Il racontait une histoire. Une tranche de vie, compréhensible. Avec tous les détails. Il photographiait ce qu'il voyait avec son âme. Un don extraordinaire qu'il avait. J'avais l'impression qu'il ingérait littéralement Venise. Qu'il se l'appropriait. Il avait un grand talent de photographe. Une pensée descriptive. L'histoire était contenue dans les plans. David Lean était capable d'une sorte de superconcentration. J'ai été profondément marquée et impressionnée, et il est l'un des réalisateurs les plus intéressants avec qui j'aie eu l'occasion de travailler. Il avait été monteur pendant des années, puis il était plus ou moins devenu le coréalisateur de *Cavalcade* avec Noel Coward. Il tenait à obtenir de chaque acteur le jeu qu'il attendait exactement, et qui correspondait à son espèce de vision intérieure. D'où l'aspect monolithique de ses films. Il peint un tableau, le sien.

En tout cas travailler avec lui a été une chance.

Pour lui, aucun obstacle n'était insurmontable. Noel Willman a été son collaborateur pour *Le docteur Jivago*. Il devait y avoir un plan où trois cents officiers de cavalerie étaient censés traverser un champ. David Lean contemplait le champ en question — silencieux et songeur.

Puis il s'est tourné vers son assistant : « C'est morne, tout ça… il faudrait un champ de coquelicots. Nous allons planter des coquelicots tous les trente centimètres, dans tout ce champ. Renvoie la cavalerie. Convoque ce type, à côté de l'hôtel, pour… » Il leur a fallu trois jours pleins. Il a eu son champ de coquelicots. Spectaculaire.

La recherche des coupes rouges, pour *Vacances à Venise*, a été épique. Il a fini par embaucher un souffleur de verre à qui il en a fait souffler une demi-douzaine dans des tons de rouge à peine différents pour obtenir la nuance exacte qu'il avait en tête.

Mais quand tout était fini, chacun avait la véritable satisfaction de savoir qu'il avait donné le meilleur de lui-même. Un perfectionniste, David Lean.

Long day's journey into night

Une grande expérience — avec Sidney Lumet à la réalisation, Ralph Richardson dans le rôle principal, et Jason Robards et Dean Stockwell pour incarner mes deux fils. Une pièce brillante, le personnage de la mère brossé avec tant de sensibilité qu'il était un plaisir d'interprétation. Nous avons répété pendant trois semaines dans cette vaste salle de la Deuxième Avenue, et nous avons appris le texte de sorte que, pour le tournage, dans une vieille maison de City Island, nous étions capables d'avoir de longues séquences en une seule prise. Impossible de faire mieux que le texte. La connaissance qu'O'Neill avait des gens, son analyse de ce couple étaient stupéfiantes. Je n'avais qu'à me concentrer très fort et lire les répliques. J'étais complètement portée par les mots. Quelle expérience ! Je ne l'oublierai jamais.

À la fin du tournage, nous avons organisé une petite fête — très modeste —, un dîner, avec des musiciens. Au bout d'un moment, Richardson s'est levé et est venu me trouver — je parlais avec sa femme, Mu Forbes, à côté de qui j'étais assise. Il m'a invitée à danser.

« Ralph, cela fait des années que je n'ai pas dansé.

— Ça ne fait rien, a dit sa femme, dansez avec lui. »

Me voilà donc partie dans un pas de valse avec Ralph Richardson. Quand l'orchestre s'est tu, Ralph s'est immobilisé, il s'est écarté de moi d'un petit pas, et sans ôter la main de mon épaule, il m'a dit d'une voix douce, surprise et émerveillée : « Vous êtes une femme fort séduisante ! »

Le lion en hiver

Spencer est mort le 10 juin 1967. Je n'avais guère travaillé au cours de ces années soixante. Après sa mort, en Californie, j'étais partie, avec Phyllis Wilbourn, devenue ma secrétaire, chez Gar et Ruth Kanin, à Martha's Vineyard. Ils étaient descendus dans un hôtel, à Edgartown. Nous les avons imités. C'était charmant, et avec la voiture, nous visitions diverses plages et bourgades merveilleuses.

Un jour m'est parvenu un scénario, *Le lion en hiver*, signé de James Goldman. Je l'ai lu. J'ai été conquise. Phyllis a lu. Elle a aimé. J'ai dit : « Oui, j'accepte. » Peter O'Toole devait être le roi. Il voulait que le film soit réalisé par un certain Anthony Harvey, monteur réputé à Londres. Le film devait être produit par Joseph Levine. Le tournage se faire dans le sud de la France. Et les costumes être exécutés à Londres par Maggie Furse.

Peter O'Toole est venu me trouver et m'a fait visionner un petit film réalisé par Anthony Harvey. *Le métro fantôme*. Excellent, et j'ai dit que pour moi, c'était d'accord.

Nous avons répété à Londres, au Haymarket, avec mes trois fils — Richard, Geoffrey et John — interprétés respectivement par Tony Hopkins, John Castle et Nigel Terry. Timothy Dalton incarnait le roi de France.

Nous étions logés dans un tout petit hôtel du sud de la France, et le film s'est tourné dans l'abbaye de Montjamour. Le village s'appelait Fontvieille. Un lieu superbe. L'hôtel était plein de charme et la nourriture excellente.

Plusieurs antiquaires étaient établis dans les environs et ma maison de New York porte les traces de mes visites chez chacun d'eux.

Peter O'Toole était installé dans une autre ville. Nous étions très près du lieu de tournage. L'abbaye de Montjamour était un lieu plein d'intérêt — en partie en ruine, en partie reconstruit par nous, avec un joli jardin d'agrément et plusieurs vastes pièces. Quelques cellules dans la partie cellier.

J'ai établi mes quartiers dans la partie supérieure de l'abbaye, à côté du jardin. Tous les autres avaient leur loge en contrebas par rapport à moi. J'ai eu de la chance. C'était une région escarpée.

Nous nous sommes beaucoup amusés, comme d'habitude. Peter et moi avions le même maquilleur. Un jour, il m'a fait attendre un temps fou. Je suis descendue le chercher. Il était en train de s'occuper de Peter, qui ne travaillait que plus tard.

« Qu'est-ce que c'est que ce cirque ? Il est censé s'occuper de moi. Je joue dans la prochaine séquence, moi. » Et j'attrape le maquilleur et son coffret. J'en flanque un bon coup sur la tête de Peter au passage et nous voilà remontés à ma loge personnelle. Dès que je suis prête, je commence la scène, et qui vois-je débarquer ? Peter en personne, la tête disparaissant sous les bandages, avançant sur une paire de béquilles et en gémissant. Quand je vous disais que nous nous amusions !

Il y avait une grande scène en bateau, sur le Rhône, que nous étions censés descendre. Le fleuve était en crue. Répétition un après-midi et tournage le lendemain matin. Sauf que dans la nuit, la jetée où nous devions accoster avait été complètement submergée. Nous avons tourné plus bas, sous un vent terrible. J'étais dans mes plus beaux atours.

J'ai regardé un des membres de ma suite, dans son armure complète, et j'ai dit : « J'espère que tous ces trucs sont détachables. Sinon, quand nous allons chavirer, vous êtes sûr de couler à pic. Moi, je sais que je peux m'extraire de tous ces beaux habits. Je n'aurai qu'à plonger et rejoindre la berge à la nage, nue. » Ça lui a fait un coup. Ce dont je ne saurais le blâmer. Tout cela était fort drôle et le tournage du film a été sublime.

Nous sommes allés en divers endroits, dont Tarascon, pour les scènes de la fin. Et puis je suis partie pour l'extrême sud de la France, cette fois, pour jouer *La folle de Chaillot*, avec Bryan Forbes à la réalisation. Anthony Harvey, lui, s'est retrouvé à l'hôpital avec une hépatite. Il était très malade, mais il s'est relevé pour terminer le film. Je dois dire qu'il a fait du beau travail. Un grand talent.

Une bible et un fusil

John Wayne est le grand héros des années trente, quarante, et d'une bonne part des années cinquante. Avant l'arrivée rampante des rampants. Avant que, au cours des années le type même du héros masculin ne devienne un faible incompris. Du temps où les femmes ne jetaient pas encore leur virginité aux orties. Avec un mépris de la vérité bien pathétique. On entrait dans l'ère de l'unisexe. Les cheveux poussaient et la fierté raccourcissait. C'était parti pour les antihéros et les antihéroïnes.

John Wayne a survécu à tous ces avatars. Même dans les années soixante-dix. Il se dresse comme un arbre tellement grand que le soleil ne peut pas le manquer, quel que soit le fouillis de la jungle qui l'entoure.

Des pieds à la tête, il est bâti tout d'une pièce. Tête solide. Grands yeux bleus. Cheveux blonds. La peau tannée — par la vie, le rire et le tempérament. Tannée mais résistant au temps. Un nez ni trop gros, ni trop petit. De bonnes dents. Le visage pétillant d'humour. Un certain humour, dirai-je, plus un esprit caustique. Dangereux quand on s'y frotte. Les épaules carrées — très carrées. Le buste massif — très massif. Quand je m'appuyais contre lui (ce que je ne ratais pas une occasion de faire, je l'avoue — j'en suis réduite à de bien innocents plaisirs), le bonheur. L'impression d'être appuyée à un grand chêne. Ses mains immenses. Les miennes, pourtant de taille respectable, n'existaient pratiquement plus. De bonnes jambes. Pas de fesses. Un corps d'homme véritable.

Et soutenant ce superbe spécimen humain, une paire de petits petons. Portant cette gigantesque carcasse comme s'il s'agissait d'une plume. La démarche souple. Légère. Dansante. De jolis pieds.

Très observateur. Très perspicace. Il écoute. Se concentre. L'humeur badine. Prêt à rire. Et à être moqué. À répliquer. À hausser le ton. Drôle. Affreux. Gâté. Cabot. Méchant. Plein de charme. Et le sachant. En usant. Sans s'en soucier. Avec une précision inquiétante. Ne laissant pas grand-chose lui échapper.

Il était toujours à l'heure. Connaissait toujours son texte. Toujours le sens de ce qui devait être fait. Intraitable avec le réalisateur qui ne préparait pas bien son travail. Courtois avec les autres acteurs. Très agacé par les gens inefficaces. Sans se donner le mal de masquer son impatience.

Politiquement réactionnaire. À cause d'un point de vue fondé exclusivement sur son expérience personnelle. Il avait été entouré, pendant ses premières années dans le monde du cinéma, par des gens comme lui. Arrivés à la force du poignet. Bûcheurs. Indépendants. De la race des pionniers qui ont fait ce pays. En se lançant dans l'inconnu. Des gens prêts à vivre et mourir sans jamais se fier à autre chose que leur jugement propre et indépendant. John Ford, l'homme par qui John Wayne est arrivé au cinéma, était taillé du même bois. Une indépendance farouche. Sans indulgence ni compréhension pour les êtres plus timides et plus influençables. Aide-toi, le Ciel t'aidera, telle était leur devise. Je pense parfois qu'ils ne se rendaient pas compte qu'eux avaient la chance d'avoir une force supérieure à la moyenne. Ils n'ont pas besoin de protection et n'en veulent surtout pas. Ils tiennent à être entièrement responsables. Ils assument. Font face. La vie a réservé des coups sévères à John Wayne. Il est capable de les encaisser. Et il l'a prouvé. Une certaine discipline personnelle ne lui fait pas défaut. Il n'a pas peur d'avancer seul. De courir. De danser. De sauter. De marcher. De traverser la vie en ramant. Il a tout fait. Alors, gardez votre pitié, merci.

En plus de tout cela, il a pour les gens dont il estime qu'ils ont une part déterminante dans son succès une gratitude affable et pleine de respect. Ses admirateurs. Il met son point d'honneur à répondre aux lettres de ses fans. Il se montre réaliste en autorisant la présence de la presse sur le plateau. Il réagit en toute simplicité aux louanges et à l'admiration. Ravi de recevoir telle ou telle distinction, récompense. Un homme sans complication. Rien à voir avec cette hypertrophie de l'ego qui semble nous tourmenter, moi et bien d'autres dont je tairai le nom, lorsque nous recevons un prix couronnant une interprétation appréciée. Je me demande souvent si cette réaction peu élégante est due au fait que nous estimons en réalité que toutes nos prestations méritent une récompense. Ce qui expliquerait une première réaction d'amertume. Bref, John Wayne est un homme simple et correct. Plein d'indulgence pour les gens qui le bousculent un peu dans un accès d'enthousiasme. Savourant sans arrière-pensée ses succès. Comme Bogie. Il apprécie sincèrement le concert de louanges dont il est l'objet. Un esprit réceptif et doté de la merveilleuse naïveté de l'enfance.

En tant qu'acteur, il a un don extraordinaire. Un naturel unique. Que ne possèdent que les acteurs de cinéma venus au métier par hasard. Gary Cooper avait ce don. Une absence de gêne. Une aptitude à penser et sentir les choses. Flirtant avec la caméra. Capable de penser, d'exprimer, de caresser l'objectif — et le public. Sans effort apparent. Un secret qu'ils partagent entre eux. Au fil des années, ce type d'acteur semble développer une technique proche de celle d'un comédien de théâtre rompu à la scène. Ils parviennent apparemment au même point par un itinéraire radicalement différent. L'un doit désapprendre, l'autre apprendre. Un jeu si naturel qui fait que le public n'a pas l'impression d'être spectateur. Mais se sent partie prenante de ce qui arrive. Le jeu disparaît en tant que tel. Wayne possède le don merveilleux de la vitesse naturelle. Du geste interrompu. De partir subitement sur une nouvelle piste. D'essayer quelque chose de totalement inédit pour lui. Il saisit la balle, fonce et marque avec une liberté, un esprit et une joie qui font plaisir. Sa puissance d'acteur est à la mesure de sa forte personnalité. Il est un grand, grand acteur, au sens le plus élevé du terme. Et on ne s'en rend pas compte.

Quand vous achetez une chemise en coton, vous voulez du coton. Pas du nylon. Le nylon reste propre, mais fait transpirer. Pas le genre de truc qu'on laisse sécher — repassage inutile, mais qui serait bienvenu. Non, du coton. Du bon vieux coton qui dure. Pas du synthétique. Avec John Wayne, on est sûr d'avoir du coton. Moi j'ai eu du coton. Et comme vous pouvez le constater, j'ai apprécié.

«John Wayne est mort.

— Qui ça? John Wayne? Le héros?

— Oui.

— John Wayne... vous voulez dire qu'il est mort? *La chevauchée fantastique. Une bible et un fusil.* Le grand entre les grands. Le Duke.

— Il est mort.

— C'est un malheur.

— Oui... un malheur.

— Mais il n'y a personne pour le remplacer.

— Personne.

— Mais comment a-t-il pu?

— A-t-il pu quoi?

— Mourir.

— Ne fait-il pas partie de ceux..?

— Ceux qui quoi?

— Les indestructibles.

— Oui... oui... je crois... là-haut, quelque part.»

La maison du lac

Le scénario était une pièce de théâtre. Je suis allée à Wilmington, dans le Delaware, pour la voir. Avec Noel Willman. (Le metteur en scène de plusieurs des pièces que j'ai jouées, dont *A Matter of Gravity*.) La pièce était jouée par deux acteurs dans la cinquantaine qui se donnaient un mal de chien à paraître vieux et un peu affaiblis. Une bonne pièce. En même temps que j'essayais de monter le projet pour le cinéma, Jane Fonda est tombée dessus, et elle a pensé que cela ferait une histoire parfaite pour son père, Henry Fonda, avec elle-même dans le rôle de la fille, et moi dans celui de la mère. J'ai accepté. Elle s'est occupée de tout. A confié la réalisation à Mark Rydell.

Lieu de tournage : Squam Lake, dans le New Hampshire. Henry dans un des bungalows — moi dans un autre. Et le film dans un troisième, entouré d'arbres. Tous donnant sur le lac. De très jolies maisons, toutes les trois. Étant au bord de l'eau, je pouvais nager tous les jours, et je l'ai fait matin et soir. C'est drôle. Enfant, on me plongeait dans un bain froid chaque matin. Je continue de nager — été comme hiver. À Fenwick, je traverse une pelouse couverte de neige, j'ai mes pauvres pieds gelés. Mais j'y vais. Je plonge. Je nage une brasse — une seule brasse — et je sors en courant. Et je remonte par l'escalier extérieur.

Quoi qu'il en soit, le lieu était formidable, et nous nous sommes beaucoup amusés. Jane et Henry étaient très occupés à démêler une relation père-fille pour le moins compliquée, et dont le tournage a été la solution. Un père ambitieux et sa fille ambitieuse règlent leurs problèmes grâce à une amie ambitieuse. Nous avons tous vécu une aventure heureuse. Les scènes ont été très drôles à tourner. Jane aimait bien que j'assiste aux scènes entre elle et son père. Je n'ai jamais trop bien compris pourquoi.

La maison que j'habitais jouissait d'une position stratégique, et je voyais souvent Henry faire sa promenade du soir, juste en bordure de chez moi — je me suis même interrogée sur ses arrière-pensées. C'était un peintre de talent. Je ne l'ai jamais vu passer en maillot de bain — il marchait toujours d'un pas solennel. Tout habillé — sans hâte — sans lenteur — à des milliers de kilomètres. Il était assez spécial. Je n'ai jamais eu le sentiment de le connaître vraiment. Il n'était guère bavard, et moi non plus.

Être le partenaire de quelqu'un dans un film institue une étrange relation. Bien sûr on se trouve projeté dans une grande intimité avec cette personne. Puis le film se termine. Il se peut qu'on ne se revoie plus jamais. Mais les gens — ceux qui écrivent des articles et des livres en particulier — demandent : « Comment était-il/elle ? » Et je ne sais pas. En fait je ne sais à peu près rien d'eux/elles. Je me demande si cela vaut pour tous les acteurs. Je sais que mon père recommandait toujours des relations impersonnelles avec les collègues de travail. Je dois dire que j'ai suivi son conseil, mais à y réfléchir aujourd'hui, je me demande si je ne suis pas tout simplement faite comme lui. Peu portée aux amitiés de circonstance.

Quand on fait partie d'une grande famille, on a toujours quelqu'un sous la main pour jouer au tennis, au golf, se promener ou aller au cinéma. On n'est jamais obligé de se faire des relations, comme on dit.

J'avais fait cadeau à Henry du vieux chapeau de Spencer au début du tournage. C'était un grand fan de Spencer et j'ai pensé lui faire plaisir. Plus tard, quand le film a été terminé, il m'a donné un tableau représentant trois chapeaux, avec celui de Spencer au milieu. C'était gentil, et j'ai été très touchée qu'il se donne cette peine. Et puis je me suis rendu compte que ce tableau me rendait triste — Spencer n'étant plus là, Henry non plus. Je l'ai offert à Ernest Thompson, l'auteur de *La maison du lac*. Son premier grand succès.

Le film est une excellente étude de la relation entre un mari et une femme qui s'aiment vraiment. Henry et moi avions l'âge des personnages — nous étions vieux —, ce qui nous a évité l'effort d'une composition. La vieillesse vous tombe dessus sans crier gare. D'un seul coup, on n'a plus de ressort. Plus de ressort au sens de l'élasticité. Quand on est vieux, on ne bondit pas de sa chaise. On *se lève*. Ce qui est très différent Henry avait perdu davantage de ressort que moi au moment du tournage, de sorte que nous nous sommes installés tout naturellement dans nos personnages. C'était un partenaire merveilleux — authentique, naturel. Il m'a beaucoup émue dans la scène où il commence à tomber en ruine. En fait, il ne jouait pas. Je suis contente qu'il ait eu l'oscar. Je crois qu'il en a été très heureux. Il a donné quelques très belles interprétations au cours de sa carrière.

Sa fille aussi était très bonne. Nous avons pris beaucoup de plaisir aux scènes que nous avons tournées ensemble, Jane et moi. À un moment, dans le film, Jane devait exécuter un saut périlleux arrière sur un plongeon pour entrer dans l'eau. Je l'ai martyrisée en lui répétant : « Si tu n'y arrives pas, mon petit, je le ferai à ta place. C'est une de mes spécialités. » Je vous jure qu'elle n'a pas voulu être doublée.

Le film a été un succès.

Shakespeare

J'aime me lever de bonne heure et travailler le matin et l'après-midi. J'aime dormir le soir. Mais pour construire ma carrière, je me forçais à faire du théâtre. Du travail de nuit. Ensuite, pour maintenir l'intérêt, je partais en tournée dès que les recettes descendaient au-dessous d'un certain chiffre.

Et puis Shakespeare a pointé sa vilaine tête.

En cours de route, vers la fin des années quarante, j'étais devenue très intime avec Constance Collier. Constance avait grandi avec Shakespeare en Angleterre, et c'est avec elle que je l'ai étudié. Nous y avons pris beaucoup de plaisir et j'ai décidé de jouer *Comme il vous plaira*. La Theatre Guild s'est intéressée au projet, et mon ami Michael Benthall — qui dirigeait à l'époque l'Old Vic en Angleterre — a assuré la mise en scène. Une belle production, montée par James Bailey, qui était un ami de Benthall. Nous avons joué au Cort Theatre de New York, et toutes les places étaient virtuellement louées pour cent quarante-huit représentations. William Prince jouait Orlando, Ernest Thesiger, brillant comédien, était Jacques. On m'a trouvée correcte. Disons, moitié louanges, moitié réserves. En lisant aujourd'hui les critiques qu'à l'époque je n'avais pas regardées, j'ai le sentiment que j'agaçais le milieu. Ils m'aimaient bien dans *Indiscrétions*, mais dans Shakespeare… — bref, le ton général était : « Elle a du culot de se lancer là-dedans. » Enfin, je ne sais pas. J'ai beaucoup étudié et travaillé dur, Constance m'a beaucoup aidée, et c'était passionnant. Du moins, j'ai pris du plaisir à le faire.

Après New York, nous sommes partis pour une grande tournée à travers les États-Unis. Une grosse affaire, qui semble avoir plu — au public et à la critique. J'ai beaucoup appris.

En 1952, j'ai joué *La millionnaire*, toujours sous la direction de Michael Benthall. Dix semaines à Londres, vacances pendant l'été, et dix autres semaines à New York.

Plus tard, avec l'Old Vic, en 1955, j'ai joué *Le marchand de Venise, La mégère apprivoisée,* et *Mesure pour mesure* avec Robert Helpmann, toujours dans une mise en scène de Michael Benthall. Six mois en Australie : Sydney, Melbourne, Adelaïde, Perth et Brisbane. Grand plaisir et gros succès.

L'Australie est un pays fascinant. Climat merveilleux — les promenades, la natation, les fleurs sauvages, des fleurs en pagaille, différentes de tout ce que nous pouvions connaître. J'ai vu tout ce que je pouvais voir, et j'adorerais retourner là-bas. Les oiseaux, merveilleux — les animaux, fantastiques.

Tous ces rôles, je les ai travaillés avec Constance Collier. À l'époque, Phyllis Wilbourn travaillait pour elle, et lorsque Constance est morte, je me trouvais en Australie avec l'Old Vic. À mon retour, Phyllis a décidé de venir à moi. Je n'avais plus eu de secrétaire qui soit en même temps une sorte de compagne, depuis Emily Perkins, qui avait choisi de partir pour le Maine. C'était une cuisinière fantastique, et depuis toujours elle voulait tenir un restaurant dans le Maine. Ce qu'elle a fait. Avec succès pendant environ trois années.

J'ai rempilé pour deux saisons d'été à Stratford, dans le Connecticut, avec John Houseman et Jack Landau. En 1957, *Le marchand de Venise* (avec Morris Carnovsky) et *Beaucoup de bruit pour rien* (avec Alfred Drake). La seconde année (1960), *La nuit des rois* et *Antoine et Cléopâtre*.

Je regrette de n'avoir jamais joué *La mégère apprivoisée* à New York. C'était un bon spectacle et je crois avoir eu là une bonne idée de base : à savoir que Kate était très attachée à son père et avait bien du mal à faire un transfert d'affection sur Petruchio.

Je me trouvai bonne aussi dans *Antoine et Cléopâtre*. Robert

Ryan jouait le rôle d'Antoine — et quel physique ! Quelle pièce !

Quoi qu'il en soit, toutes ces aventures ont été passionnantes, et par chance le public a été de cet avis et affluait par wagons — ce qui est toujours rassurant. J'étais contente de sortir du cocon.

Spencer

Spencer Tracy est une authentique star. Reconnu par les acteurs. Reconnu par les gens. Ses qualités sont claires et manifestes. On pose une question, on a la réponse. Sans temps d'arrêt, sans fausse réflexion — une réponse, simple. Il parle. Il écoute. Il n'est pas verbeux. Il n'est pas hyperémotif. Il est direct, d'une totale honnêteté. Il vous amène à croire ce qu'il dit.

Prenez *Capitaine courageux* — le pêcheur portugais. Cette interprétation est pour moi la plus époustouflante de sa carrière. Il se demandait comment il pourrait en faire un personnage convaincant — l'accent... quoi !

Il a fini par obtenir du studio qu'ils fassent venir un authentique pêcheur portugais à qui il pourrait poser mille et mille questions. L'expert portugais est arrivé. Il s'est assis. Apparemment, il était fort cosmopolite. Il a souri.

« Voilà, a dit Spencer, je dois chanter une chanson intitulée "Petit poisson", tout en contemplant la mer, le soir. Je me pose des questions sur l'accent du personnage. Pour le mot "poisson", par exemple. Comment le prononceriez-vous ?

— Poisson ? P-o-i-s-s-o-n... eh bien, poisson, tout simplement, Mr. Tracy. Enfin...

— Ah... vous ne diriez pas "poichon".

— Euh, non. Poisson, c'est poisson — "ss" et pas "ch", Mr. Tracy. »

Même échange à propos d'autres mots. Un dialogue sans espoir.

Spencer a maintenu son "poichon". Qui semblait convenir à la situation. Cheveu sombre et bouclé, plus poichon. Il surcoupait sur le pêcheur — fils, petit-fils du pêcheur de l'histoire, né en mer, mort écrasé par le mât brisé, après avoir fait partie intégrante de la mer au même titre que les poissons qu'il attrapait, pour se fondre finalement à elle. La mer, son tombeau naturel — pas de retour à la terre, mais une plongée dans les profondeurs.

J'ai vu ensuite *Furie* — ou comment un brave homme se transforme en monstre. Il devient une furie, enfermée dans le corps d'un homme parfaitement banal. Un corps subitement trop petit pour le contenir. Il semble se servir de lui-même, de son corps, comme d'un récipient. Une sorte de boîte, contenant tout le lot des émotions humaines. Son interprétation, qui relève de l'abstraction — la manifestation d'un personnage —, est si remarquable qu'elle atteint la totalité d'une naissance, ou d'une mort, et ne nécessite aucun habillage extérieur — accent, maquillage. En d'autres termes, l'extérieur n'entre pas en jeu. Il devient, automatiquement, le miroir des passions qui s'agitent à l'intérieur du personnage. De sorte que pour nous, public, son visage serait réellement encombré par toute adjonction de maquillage, ou tout commentaire ajouté. Son visage sert de toile à Spencer — qui y peint dans un mouvement d'extériorisation relevant de la magie.

Un exemple fascinant de ce talent unique apparaît dans *Dr Jekyll et Mr. Hyde*, son grand, son seul véritable bide. Un projet de la MGM. Dans lequel Spencer a été enrôlé. On l'a persuadé d'accepter un maximum de maquillage pour faire Mr. Hyde. Perruque, fausses dents — la panoplie classique. Quand il avait joué le rôle, John Barrymore avait été jusqu'à ajouter un crâne en pain de sucre. Lui adorait ce genre d'accessoires. Comme Fredric March. Ça les amusait, tous les deux. C'est vrai que c'est drôle. Quoique...

Non. Pas sur Spencer Tracy. C'était contraire à son style. Il se sentait débile. Il était tellement gêné par tout cet attirail qu'il arrivait sur le plateau dans une limousine aux stores baissés. Ingrid Bergman était la prostituée; elle eut un prix d'interprétation *, je crois. Lana Turner faisait la demoiselle de bonne famille ; elle n'a rien eu, je le sais. Ce film est un des rares qui valurent de mauvaises critiques à Spencer Tracy.

Naturellement, il est très embêtant, quand on tourne un film important où l'on tient le rôle principal, d'être mauvais. Au moment de notre rencontre, Spencer ruminait encore cet échec. Comme je ne le connaissais pas, j'avais pris soin de voir un maximum de ses films, et *Dr Jekyll et Mr. Hyde* faisait partie du lot.

« Très intéressant, ai-je dit.

— Non... vraiment pas... nul, complètement nul. Je suis incapable de faire ce genre de truc. C'est comme fabriquer une marionnette et tenter ensuite de lui insuffler la vie. J'aime mieux me prendre moi-même comme marionnette, et conduire ensuite les gens — les forcer au besoin — à croire que je suis ce que j'ai décidé de leur faire croire. Un mouvement qui va du dedans vers l'extérieur — et pas l'inverse. Sans maquillage.

« C'est trop tard maintenant, a-t-il continué, mais croyez-le ou non, quand ils ont commencé à me parler de *Dr Jekyll et Mr. Hyde*, j'ai été séduit. Cette histoire me fascinait depuis toujours, et pour moi, elle racontait les deux faces d'un même homme. Je recevais Jekyll comme un docteur parfaitement respectable — un notable apprécié. Il avait demandé la main d'une charmante jeune fille, et il allait l'épouser. Mais l'homme avait un autre visage. De temps en temps, Jekyll partait en voyage. Il s'absentait. Et sous l'effet de la boisson, de la drogue et de Dieu sait quoi, il devenait — ou devrais-je dire qu'il se transformait ? — Mr. Hyde. Et dans une ville ou une contrée où personne ne le connaissait, il se livrait à des actes incroyables de cruauté et de vulgarité. L'équilibre affectif de Jekyll était manifestement très perturbé. Le personnage de la jeune fille, quand il s'agit de sa fiancée, est parfait de bonne éducation. Mais quand il s'agit de sa prostituée fantasmée, elle colle à son côté Mr. Hyde. Elle devient capable des pires turpitudes.

« Les deux filles seraient jouées par la même actrice ; les deux hommes par moi. »

---

* En fait, elle eut ce prix trois ans plus tard, pour *Golight* (Hantise) (*NdT*).

Assez curieusement, en voyant les choses de cette façon, c'est à moi qu'il pensait pour la jeune fille. À l'époque nous ne nous étions jamais vus. L'idée me semble toujours intéressante. Dommage qu'il ne soit parvenu à les convaincre de se ranger à son point de vue. Cela aurait donné un film passionnant, et très moderne.

Je me suis demandé pourquoi il s'était enflammé sur cette vision de *Dr Jekyll et Mr. Hyde*. Une vision... que je n'arrivais pas à m'ôter de l'esprit. Existerait-il une connotation d'ordre personnel ?

La complexité de la nature humaine semble certes infinie. Une dose de ceci, une autre de cela, on mélange bien, et nous voilà sortis de l'éprouvette — la plupart du temps enfermés dans notre identité.

L'acteur a un avantage sur ce terrain. Il peut s'échapper dans la *création*. L'acteur parfait — si je pense à Spencer Tracy — est capable de rester sur ses rails et de se transformer sous nos yeux. Sans accessoire, par la seule magie et le magnétisme de ses pensées, il devient un autre. Il vous fait rire — il vous fait hurler de peur — il vous fait pleurer. Il vous persuade qu'il est cet homme extérieur à lui. Mais lui reste confronté à lui-même, n'est-ce pas ? Et qui est-il ?

Je ne l'ai jamais su. Il avait verrouillé la porte de son jardin secret. Je ne suis même pas sûre que lui-même en possédait la clef. Je soupçonne simplement qu'à l'intérieur de ce jardin ronflait un moteur puissant, qui tournait vingt-quatre heures sur vingt-quatre, à plein régime. Il a produit un certain nombre d'êtres remarquables — oui — et tous différents.

Mais j'en dirai plus sur Spencer plus tard. Soyez patients. Je l'ai été.

Quatrième Partie

Memorial Day*

Les circonstances sont les suivantes :

Disons que j'étais un peu épuisée. C'était le week-end du Memorial Day — et pas le 30 du mois. Non, terminé ça, de l'histoire ancienne le vrai Memorial Day. Désormais, les affaires sont reines. Le reste est du passé. Et les fêtes se célèbrent pendant le week-end. Pourtant, cette année-là, le 30 tombait un vendredi, ce qui aurait été pratique, mais il avait été décidé en haut lieu que les morts au champ d'honneur seraient célébrés un lundi. Le dernier de mai. Ce qui faisait des 24, 25 et 26 mai le week-end du Memorial Day. Et c'est ce week-end-là qui m'a achevée.

Printemps 1986, 23 mai, midi, nous quittons New York — David Lean et sa première femme Sandy, ma secrétaire Phyllis, et moi. Pour un week-end de détente, en principe. Ils aiment veiller tard. J'avais bon espoir de contourner l'obstacle et de réussir à me coucher de bonne heure. Ils sont adorables — simples, directs..., têtus, féroces ; et puis c'est le meilleur réalisateur de cinéma du monde entier. Il sait faire les soufflés. Cuire les rôtis. Et rien — vous avez bien entendu ? j'ai dit rien — ne peut se mettre en travers de sa route. Il attend,

* Le jour des morts au champ d'honneur (férié) ; dernier lundi de mai (*NdT*).

regarde, observe. On a tout le temps. Il ne bougera pas tant que l'odeur de la perfection ne parviendra pas à ses narines. Il n'a qu'une devise, dans le travail comme dans le loisir : toujours faire le mieux possible. Ou ne pas faire du tout.

Je sais de quoi je parle.

Dans *Vacances à Venise*, je me souviens encore du jour où, ne parvenant pas à ce qu'il voulait dans une scène avec Isa Miranda, il s'est adressé à moi : « Kate, essayez, vous », avant de reculer en position de spectateur.

« Isa ! ai-je dit. Écoutez, Isa, voici ce qu'il veut... »

Et on a pu tourner.

Eh oui, c'est une qualité que nous avons en commun. Nous ne baissons pas les bras. Quand on dit que l'on sera quelque part, on y est — on se débrouille. Si vous dites que vous allez grimper en haut de la montagne, eh bien faites-le !

Mais sortons les plantes du coffre de la voiture.

Mon Dieu !... j'ai oublié de vous dire. Nous sommes à Grove Nursery, chez le pépiniériste de Clinton. John — le patron des lieux —, John donc a vite senti qui menait la danse. David.

« Bon, Kate, vous ne pensez pas que ce serait une bonne idée, ces cognassiers ? Une touche de rouge. Vous en avez combien de pieds, John ? Trois ? D'accord, nous prenons. »

Sandy arrive alors avec un très joli genêt : « Oui, dit David, très bien.

— Oui, dit Kate. Mettez-en trois pieds.

— Et ça ?

— Oh ! c'est ravissant... C'est quoi ? dis-je en cherchant l'étiquette.

— Des cotonéasters », dit Sandy. Elle connaît tous les noms — même en latin. Moi aussi, mais plus vaguement.

« Ah oui ! dit David. Ils donnent une jolie baie rouge à l'automne. À mon avis... (Il s'adressait à John.) Voyons... six... oui, mettez-en six. D'accord ?

— Très bien », dis-je. De fait, ils étaient très jolis.

Arrive encore Sandy, qui tient un petit conifère fort fringant — une espèce de race naine.

« Oh ! j'aime beaucoup. En auriez-vous trois, John ? » Il avait. Achetés.

« Vous n'avez pas de glycine ?

— Non, terminé. Désolé.

— Bon, je vais chercher la voiture, pour que nous puissions charger… D'accord ? » David et Sandy étaient partis dans un autre rayon. Celui des outils. Ils étaient en train d'acheter une grande fourche, deux petites et une bêche. Le temps que je repasse avec la voiture, ils avaient tout payé.

J'avise une jolie petite bêche sympathique. « Je crois…

— Pas solide, dit David.

— La taille me plaît.

— Pas solide », dit David.

J'achète quand même. Elle a cassé le jour même ou presque, sur une mauvaise herbe.

Pas de jugeote, Kate…

Je suis en train de me laisser mener, là, non ? Inhabituel pour moi, et, d'une certaine façon, très agréable. Et puis ils ont l'air tellement contents. Moi aussi — cela fait deux ans que je dois arranger le talus qui longe l'allée. Et que je ne le fais pas. Pas la force. Les mauvaises herbes, la broussaille — et puis quoi planter ?

Retour à la maison.

Le Commandant en chef s'adresse à nous. « Il faut d'abord mettre ces plantes à l'ombre. Et attaquons-nous à ces mauvaises herbes. »

Le talus — normalement escarpé. On y avait planté des genévriers bas, un an et demi plus tôt. Très laids, et prenant une vilaine teinte rouille à l'automne. Pas un succès. Le talus descend jusqu'à de grosses pierres lourdes qui bordent un bras de rivière — alimenté par la marée. Nous parlions du marécage, Papa de la lagune. Pour moi, il s'agissait davantage d'un marécage. En cas de tempête, surtout si le vent soufflait du nord, l'eau montait, raison pour laquelle nous avions surélevé la route et remblayé. Ce talus servait de digue de protection à la maison. Un pin de Nantucket, vestige de la végétation d'origine, avait survécu aux travaux.

Outre les genévriers, poussaient diverses mauvaises herbes, dont le redoutable chiendent, de l'oseille, et de l'herbe des pampas. Nous nous mettons au travail. Nous creusons, arrachons, creusons. Sandy avec une fourche, David avec une fourche, moi à la pelle. Tirer, extirper, tirer, l'entêtement de trois personnes viendrait bien à bout de la détermination redoutable de ces racines indésirables. On tire — on se penche — on tord

— on arrache — on creuse avec la pelle — on prend la main. Le supplice ! Mon dos, ma hanche, mes doigts, mes pieds. Mes pauvres articulations — un peu de lubrifiant, s'il vous plaît ! David prend un instant de repos sur le seul fauteuil.

Commentaire : « Tout cela ne sert à rien si vous n'enlevez pas la racine. Vous n'aurez pas le dos tourné que tout aura repoussé… Oh ! Kate, vous venez d'en casser une… dommage. Ça vaut vraiment la peine de bien creuser avant de tirer. Doucement… ne soyez pas pressée. »

David avait passé ces derniers mois dans des chambres d'hôtel, assis devant sa machine à écrire. Il était en plus mauvaise forme encore que moi. Nous devons avoir le même âge, j'imagine. Lui est déterminé et patient. Je suis déterminée et impatiente. Sandy a bien une trentaine d'années de moins que nous. Nous sommes tous, de façon innée ou par notre éducation, habitués à ne pas laisser un travail inachevé. On termine. Et on termine bien.

À la fin du premier jour, nous avions nettoyé une douzaine de mètres de talus. Chargement après chargement, les mauvaises herbes avaient été remontées jusqu'à notre décharge. Qui se trouvait à environ trois cents mètres, en léger contre-haut. Et la brouette était la plus lourde que nous avions — la grande. Celle que j'aimais se trouvait chez Mundy — mon neveu, le fils de Dick. Dick avait un faible pour la brouette légère. Ce dont je ne saurais le blâmer.

On arrache — on tire après avoir creusé — on met sur la brouette. Oh ! je suis éreintée… mon dos — mes pieds — mes mains — mes doigts. N'y pense pas, oublie Kate. Continue, ne t'arrête pas.

David aussi continue : « Bon, commençons à nous occuper de disposer les plantes. C'est le début de la deuxième étape. Les cognassiers ?

— Je peux… ?

— Non, Sandy va le faire — c'est une experte. Qu'en dites-vous, Kate ? Cette touche de rouge… »

Sandy travaillait sur la bande de terre que nous avions débroussaillée. Elle bêchait — en profondeur. David disposait les plantes, avec soin.

« Je crois que si nous groupions les trois pieds de genêt… une grande tache de jaune…

— Kate, est-ce que vous avez de l'engrais ?

— Je vais le chercher. » Me voilà partie pour le garage où je soulève le sac de vingt kilos — que je charge sur la brouette. Ho ! hisse ! Je suis crevée... Ils ne vont donc jamais s'arrêter ? « Formidable. Bon, Sandy va ouvrir.

— Non, je... » Je rentre à la maison chercher les ciseaux de cuisine. Cette fois-ci, je vais mourir... mon dos...

« Très bien, merci — le coin seulement. Non, laissez faire Sandy, elle connaît la quantité exacte. C'est une étape cruciale, vous savez. Ces trucs sont tassés dans un pot, il faut d'abord dégager les bords en douceur, puis le bas, et dégager un peu les racines après avoir sorti le pied de son pot. Bien sûr, il faut prendre soin de ne pas malmener les racines, les mettre seulement à nu... Oui, c'est bien, tourne encore un peu. Parfait. Ah ! et quand vous mettez l'engrais, mélangez-le bien à la terre pour éviter un contact direct qui brûlerait les racines. »

Et merde pour les racines ! Je vais claquer, moi. Et qui s'en soucie de mes racines, hein ? Ces gens sont des robots.

« Voilà, c'est bon... L'arrosage maintenant... Il y a une arrivée d'eau ?...

— Je vais chercher le tuyau. » Je fais le tour de la maison, et je ramasse tous les tuyaux. Ils sont fixés à divers robinets, un peu partout. Allez, ma vieille, dévisse ! Je suis trop fatiguée — ah ! oui maligne... tu es fatiguée — ils sont fatigués — le monde entier est fatigué — dévisse. Je traîne les maudits tuyaux que je revisse les uns aux autres. La longueur est bonne. Maintenant, on ouvre le robinet — pas trop fort, juste...

« Fermez... fermez. Je vais le faire. » David arrive au robinet. « Regarde, Kate, comme ceci, goutte à goutte... il ne faut pas tout noyer. Ça va, chérie ? » La question s'adressait à Sandy.

« Très bien !

— Dites Kate, si vous rentriez vous reposer un peu ? Nous pouvons nous débrouiller...

— Non, ça va très bien. Il faut seulement que je me débarrasse de ces saletés... »

À un moment, quelque part, au beau milieu de ce chantier, nous nous arrêtons, nous allons nous changer, et nous partons faire des courses — acheter d'autres plantes. Deux glycines, trois genêts blancs, une espèce de mousse dite herbe aux vers, et tout un plateau de lierre. Dans un élan de désespoir, j'achète aussi des plantes annuelles pour garnir le massif devant la maison : des œillets de poète — un beau rouge cerise —, un forsythia — facile à repiquer. Et puis j'avise des choses apparemment très solides — de la famille du melon. Je n'y vois pas trop bien sans mes lunettes. J'en prends quatre au hasard.

« C'est quoi ? demande David.

— Des melons.

— Des melons ? s'étonne Sandy. Quel type ? »

Aucune idée. Concombre, courge, cantaloup, pastèque ? C'est juste que je les trouve gros, costauds, gais. Et que je n'en ai jamais planté. « Des cantaloups, j'espère. J'adore les cantaloups.

— Il faut beaucoup s'en occuper », disent-ils.

Tant pis. Je les entends se dire : « Des cantaloups ? Pourquoi achète-t-elle des cantaloups ? Nous n'avons pas encore fini le talus. Pourquoi ne s'en tient-elle pas à ce qui est commencé ? Irresponsable ! N'importe quoi... Capricieuse. Drôle de façon de jardiner. »

Pensent-ils en ces termes, ou bien est-ce mon sentiment de culpabilité ? Je reprends la pelle. Nous avons dépassé le premier pin. Il reste encore une demi-douzaine de mètres derrière. Sans parler des mauvaises herbes sous l'arbre.

Cette fois, je ne sens plus rien. « Tu sais ce que tu es, Kate ? » Je me parle à moi-même. Mon corps est devenu une boule de souffrance et de désespoir. « Tu es leur coolie. Tu es une débile profonde — qui ne connaît rien à rien. Tu as envie de lever le pied. Tu te fiches bien que les plantes reprennent ou pas. Comme tu te fiches de savoir où et comment on va les planter. » Le vent s'est levé. Il souffle du nord et nous le prenons de face. Dieu merci, je suis sous le pin ; je creuse, je tire, je me baisse. Je lève la tête. Et je prends une aiguille de pin dans l'œil — en plein dans l'œil. Et voilà, me dis-je ; je suis tellement fatiguée que je n'ai même plus le réflexe de cligner les yeux.

« Ça fait vraiment joli, Kate. J'adore la forme de cet arbre. »

L'idée me traverse l'esprit. J'en ai rien à foutre de la forme de l'arbre — ni du reste d'ailleurs. La seule forme qui m'intéresse, c'est la mienne — et elle est tout sauf brillante.

Mais je dis : « Merci. » Et je regarde. Et je trouve l'arbre très joli.

« Bon… plus que six mètres », dit David.

Il m'en veut ! Ou il essaye de m'encourager ? C'est ça, six mètres. Si je suis toujours en vie. Écoute, Kate, tu n'as qu'à arrêter, reconnaître la réalité. Tu es morte, tu rentres à la maison, tu prends un bain, tu t'allonges… Non, pas question. Je suis bien trop fière. Je resterai sur place à me battre, jusqu'à ce qu'eux abandonnent, ou jusqu'à ce que je meure.

Mais, ma chérie, ils ne vont pas abandonner. Ils vont arracher les mauvaises herbes, repiquer les plantes — le lierre, les deux glycines, le genêt —, arroser le tout. On n'en finira jamais et tu vas mourir — et ils pousseront ton corps de côté pour finir le travail ! Katharine, Katharine… Comment peux-tu dire cela ? Ce sont tes amis.

Encore une brouettée. À monter sur le tas. Je suis tellement épuisée que je parviens à peine à pousser ce fichu truc. Hors champ, je bagarre pour rester debout, je commence à fléchir — à courber l'échine, vaincue. Je commence à mourir — je vais mourir…

Et je me mets à rire. Espèce de pauvre idiote… tu refuses d'admettre que tu ne peux pas continuer. Tous tes ennuis viennent de là…

Tu n'es pas moins bonne qu'eux ! Le voilà ton problème. Mais tu as affaire à deux individus aussi agaçants que toi. Qui ne cesseront pas tant qu'ils ne seront pas tombés, et cette femme qui pourrait être ta petite-fille. Tu as trouvé plus fort que toi ! Tant pis… secoue-toi. Régénérée, je reviens avec ma brouette vide…

« Où allez-vous mettre celui-ci ? »

Je regarde un des cotonéasters qui restent, ainsi que les genêts blancs. « Je vais creuser les trous.

— Écoutez, Kate, laissez donc faire Sandy… elle sait exactement…

— Oh ! personne ne vous oblige à utiliser mes trous… je veux seulement… » Deviendrais-je mesquine ?

« Kate, vous êtes trop pressée. Il faut avoir de la patience pour être un bon jardinier. Il n'existe qu'une seule façon de procéder — la bonne… N'est-ce pas étonnant, Kate ? Vous n'avez jamais perdu patience pendant le tournage de *Vacances à Venise*. »

Oui, je perds patience. Plantée sous ce maudit soleil, avec ce maudit vent du nord…

« Bon, est-ce qu'on met celui-ci ici, ou vaut-il mieux les laisser en groupe ? Et...

— Et comme ça, David ? » C'était Sandy.

D'accord, je perds patience. Je deviens carrément dingue. Je vais retourner à ma condition de simple coolie. M'occuper de ces mauvaises herbes — ces trucs vert et rouge, tout en longueur, pointus, avec des racines de dix kilomètres — et de l'oseille sauvage. Voilà ! J'arrive au pin — le deuxième —, je fais trois trous pour les foutus genêts blancs, pour le seul plaisir de... — est-ce que je sais ? — ... le seul plaisir de me donner l'illusion de progresser... Creuse !... J'ai une grande fourche, à présent. Je fais du mauvais travail, je sais que je fais du mauvais travail. Sandy arrive...

« Bon, je vais retourner la terre. Pour la faire respirer un peu. »

David, à la rescousse. « Oui, ils font très bien ici. Allez, Sandy, on les plante.

— Il en reste combien à repiquer ? » Je me risque sous une grosse branche de pin. Oh ! non, encore dans l'œil — une aiguille de pin. J'ai les yeux pleins de poussière, d'aiguilles de pin, de piqûres des aiguilles de pin. En plus, je vais être aveugle.

Sandy s'affaire sur un pied d'herbe des pampas — devant lequel j'avais capitulé. « Vous n'en viendrez pas à bout, Sandy ! Il y a tout un réseau souterrain. »

Elle casse une racine.

« Vous voyez...

— Essaie encore », dit David.

Elle essaie. Nouvel échec.

« Encore », dit David. Tentative — échec.

« Inutile, concède David. Plantons les genêts blancs. Occupe-t'en. Ce vent est gênant, hein ? »

Espoir ? La fin serait-elle en vue ? Oh ! le progrès...

Ils se lancent dans une discussion, sur les préparatifs, la terre à assouplir, aérer, le pied à dépoter, les racines à dégager, l'engrais — temps d'arrêt...

David : « Ce sol, c'est du sable et du caillou. Il faut rajouter de la terre. » Il me regarde.

« Attendez... oui, je vais en chercher... nous avons un tas de je ne sais plus quoi.

— Je vous accompagne. » J'emmène David à un tas. « Non,

c'est de l'engrais, Kate — enfin je crois, non ? » Dieu seul sait. Je sais que j'ai de la terre sur une série d'amaryllis, de narcisses et de jonquilles en pots.

« Là-bas.

— Exact. »

Je plonge, oui, à pleines mains, et je mets dans la brouette ce qu'il faut pour combler les trois trous. Retour au talus. Sandy est toujours au travail. « Vous êtes comme moi, dis-je. Vous ne vous arrêtez jamais.

— Je sais, dit-elle. Nous sommes fous. Il faut que nous arrivions à cet arbre.

— Je suis sûre que vous connaissez la vérité.

— ... Oui.

— La compétition.

— Oui.

— J'ai plus de résistance que vous.

— Oui, mais je commence à revoir mes prétentions à la baisse.

— Dites-moi la vérité.

— À la baisse.

— J'espère que non.

— Si. Je me livre à un travail superficiel. Je laisse un morceau de racine — l'apparence y est. Je n'arrose pas assez — je me débrouille. »

David me regarde, incrédule.

« Kate, enfin, vous touchez là à des choses fondamentales. La tricherie et les faux-semblants. L'arrosage, par exemple..., il faut le faire à fond. Ne vous laissez pas abuser par une humidité de surface. Ça ne sert à rien. Les racines se contentent de remonter vers la surface pour trouver l'eau au lieu de s'enfoncer pour capter une humidité durable. Mieux vaut ne pas arroser du tout — auquel cas les racines, si elles ont deux sous de jugeote, vont s'enraciner toujours plus profond. Ne noyez pas la plante, donnez-lui seulement une chance d'absorber ce qu'elle pourra. Les racines nous ressemblent : on ne peut pas les contraindre..., il faut leur permettre de pourvoir à leur propre survie. À force de régularité..., d'attention... et moyennant l'environnement adéquat. »

Terminé. Le travail est achevé. C'est la nuit. J'ai pris mon bain, je suis allée nager, et je suis dans mon lit. Et je me dis que j'ai enfin découvert la vérité sur moi-même. Mes parents m'ont offert un départ extraordinaire. J'ai été plantée dans une bonne terre, nourrie, arrosée, soignée avec attention. Et puis j'ai été lâchée dans le vaste monde. Où j'ai eu de la chance. Apparemment, j'ai réussi. Mais ai-je été au bout de mes possibilités — compte tenu de ce que j'avais au départ ? Non, j'ai été superficielle. Je ne suis pas allée au cœur des choses. Je ne sais faire ni telle chose, ni telle autre, et j'aurais pu y parvenir avec un peu de concentration, de persévérance. Il est un peu tard maintenant, mais tire la leçon — ce que tu peux faire, fais-le. Les mauvaises herbes, arrache-les. Et ne plante pas n'importe comment.

Fin de l'histoire du travail de jardinage sur le talus bordant le marécage.

J'en ai envoyé un exemplaire à David, un autre à son accessoiriste. David a été enchanté.

Peu de temps après, je rencontre l'accessoiriste à New York. Il était très enthousiaste. Et il me dit : « Je vais vous raconter une autre histoire montrant que, lorsqu'il veut quelque chose, David fait toujours en sorte de l'obtenir.

« Nous étions en tournage en Écosse — dans une grande maison imposante. Une scène où les voitures arrivaient les unes après les autres dans l'allée, dont une très belle Rolls Royce blanche, à la fin. Les passagers descendaient, les voitures repartaient.

« "Maintenant, a dit David, je veux que tu vérifies bien que lorsque la Rolls s'arrête, le double R sur les roues est à la verticale."

— Et alors ? Il l'était ?

— Bien sûr. La perfection, c'est la perfection. »

Un an plus tard :

« Bonjour, comment allez-vous tous les deux ? Le talus est superbe. Vraiment, David..., il est... somptueux — les genévriers, les genêts, les jaunes et les blancs, les pins nains, et le lierre, et l'herbe aux vers une merveille. Je pense à vous deux chaque fois que je passe devant — c'est beau... tellement beau...

— Et les melons ? Que sont-ils devenus ?

— Les melons... Ah ! les melons ! Je n'ai jamais su exactement... Ils sont morts. »

Willie Rose et sa Maserati

William Rose est l'auteur de *Geneviève*, de *Tueurs de dames*, etc. Un homme d'esprit et de grand talent. En 1966, Stanley Kramer devait réaliser son dernier scénario, *Devine qui vient dîner*.

Avec Spencer et moi dans les rôles principaux. Ma nièce Kathy Houghton devait être notre fille. D'après le script elle devait s'appeler Joey. Je trouvais que ce nom n'était pas une bonne idée et je voulais que Willie Rose le change.

Colère de ce dernier. Et coup de fil à Kramer. Il repartait pour Jersey — que Kramer donne la haute main sur le scénario à Katharine Hepburn, qu'elle le signe tant qu'on y était, etc., etc.

À la suite de quoi Kramer m'a appelée. Et carrément intimé l'ordre de la boucler.

Ce que j'ai fait. Une histoire idiote de bout en bout.

Lentement, au cours du tournage, l'hostilité a fait place à l'amitié entre Willie et moi. C'était un homme très amusant, la cinquantaine, un écrivain américain parti s'établir en Angleterre. Il avait une maison — une jolie maison en pierre, sur l'île de Jersey, construite à la fin du XVIIe siècle. (Jersey, c'était pour échapper aux impôts britanniques.) Il vivait séparé de sa femme. Lui était souvent sur les plateaux ; pour des raisons de visa, il allait régulièrement au Canada, son permis de séjour étant limité dans le temps.

Spencer est mort quelques semaines après la fin du tournage de *Devine qui vient dîner*.

Je travaillais sur un livre de Margery Sharp, *Martha*, dont j'essayais de tirer un scénario. Je faisais ce travail avec Irène Selznick. Elle devait produire le film et moi le réaliser. Nous avions loué les services d'un jeune écrivain, Jim Prideaux. Après quelque temps, Irène a estimé qu'il valait mieux que je travaille seule. Nous avons donc fonctionné ainsi jusqu'à ce que nous soyons en possession d'un manuscrit achevé. Et puis nous avons décidé d'aller à Londres, pour tenter de persuader la sœur de Vanessa Redgrave, Lynn Redgrave, qui était grosse, de jouer le rôle principal, vu qu'il nous fallait impérativement une fille franchement corpulente.

À notre arrivée à Londres, nous avons pu constater que Lynn n'était plus grosse du tout. Elle était même très, très mince. Trouver une jeune actrice qui soit grosse est une tâche difficile — voire quasiment impossible. Entre-temps, je me suis dit : « Au fait, Willie Rose n'est pas très loin. Il accepterait peut-être de jeter un coup d'œil au scénario. » Irène a proposé de m'accompagner.

Nous voilà parties pour Jersey. Willie était dans un état épouvantable. Il a trouvé le scénario nul. Et il l'a dit. Irène a jugé que le cas était désespéré. Elle est rentrée à Londres.

J'étais très inquiète pour Willie qui buvait beaucoup trop, et tous les jours. Je le croyais complètement seul. Il parlait constamment d'une Maserati — une voiture dont il devait prendre livraison en Italie. Un des garçons du restaurant où il prenait ses repas, disait-il, allait le faire pour lui.

« Et nous alors ? ai-je dit. Si nous faisions le voyage pour aller la chercher ? »

Ce que nous avons fait.

L'idée était amusante, et je pensais pouvoir bâtir un scénario hilarant autour de l'idée d'une actrice tombant amoureuse d'un jeune écrivain qu'elle plaque parce qu'elle a trouvé plus intéressant.

Quelques années plus tard, alors que sa carrière est au plus bas, elle retourne le voir dans l'espoir de lui inspirer un scénario écrit pour elle, et ils partent ensemble chercher la voiture.

Telle est ma version de notre voyage.

Londres. Dernières formalités pour les papiers de la voiture — l'homme du consulat, aimable : un bon signe, non ?

Juste pour te rafraîchir la mémoire, Willie — et pour m'amuser un peu —, mais loin de moi la prétention que ma mémoire puisse jamais rivaliser avec la tienne.

Tu te souviens ?

Une journée épique. Nous sommes allés à l'aéroport avec David Lowe, mon chauffeur anglais, et Phyllis. Pour une fois, j'avais des bagages raisonnables. Toi, tu avais deux grosses valises, si je me souviens bien. Moi, j'avais une valise Vuitton et deux espèces de sacs marins — de chez Vuitton également. Et bien sûr, mes deux énormes sacs à main que je portais en bandoulière.

Tu as été adorable et je me suis dit : « Quel être exquis ! Beau — viril — naïf. » Pardon ?

On a annoncé au haut-parleur que Milan était sous une tempête de neige. Que selon toute probabilité nous serions obligés d'atterrir soit à Gênes, soit à Venise.

La catastrophe, ai-je pensé. Je ne connaissais pas Gênes, mais je connaissais Venise. Le trajet depuis l'aéroport — qui se trouvait sur le Lido — jusqu'à Venise était une horreur. Et ensuite, trouver un garage où, avec un peu de chance, on pourrait louer une voiture... La barbe. La barbe.

« Mais non, a dit Willie. Nous allons atterrir à Milan. Je suis tout à fait confiant ! »

Tu as pris ma main.

Nous nous sommes levés pour parcourir le long couloir menant à l'embarquement.

Nous allions vivre un moment formidable, rien que tous les deux.

J'avais vraiment poussé pour que ce voyage se fasse.

À mon sens, il fallait qu'il aille chercher sa Maserati lui-même — il aurait davantage le sentiment qu'elle lui appartenait. Il y a tellement peu de choses qui l'intéressent, mais apparemment, les voitures l'excitent beaucoup. Et cette voiture, elle ne représenterait jamais la même chose pour lui si un des garçons du restaurant en prenait livraison.

Par ailleurs, s'il ne sortait pas de Jersey, aucune chance qu'il se remette sur les rails professionnellement. « Sur ma tombe, j'aimerais qu'on grave : ÉCRIVAIN », avait-il dit un jour.

Et nous nous sommes retrouvés dans l'avion. Avec une coupe de champagne.

Willie ne doutait jamais. Et moi, je le trouvais brillant, fascinant — tant de force et d'assurance. C'était reparti. Superbe !

J'essayais vraiment d'entreprendre ce voyage dans la peau d'une femme soumise.

Il est tellement intelligent que dans le domaine du jeu verbal — ou de nos prédictions tous azimuts — j'étais ravie d'écouter.

Quand je dis que j'écoutais, c'est la vérité.

L'un de ses grands griefs était que je gâchais ses meilleurs dialogues en ajoutant mon grain de sel sous forme de commentaires totalement hors sujet, qui rompaient le fil de sa pensée.

Je ne devrais pas, non je ne devrais pas dire une chose pareille, mais le fil de ma pensée à moi, il ne s'en est jamais soucié.

Non... je ne dois pas parler de lui en ces termes. Regardez-le. Il n'est pas extraordinaire ? Il dort sur son siège, à côté de moi, ou bien il brosse un portrait au vitriol, ou bien il me demande pourquoi je ne porte pas de lunettes vu que, manifestement, je ne vois rien. À mon âge, on a besoin de lunettes.

Mais tout cela est fait avec charme, humour, drôlerie. Drôle d'oiseau. Incontestablement une intelligence. Intellectuellement, il me fait de l'ombre. Ce qui n'est pas sans m'agacer parfois, car je suis habituée à être considérée comme brillante. Avec lui, j'ai en permanence l'impression d'être une gourde. Exceptionnellement, lorsque je parle de lui ou de ses problèmes, il lui arrive parfois d'envisager que je puisse émettre une idée digne d'intérêt.

Nous sommes au-dessus de Milan. Hou là ! les nuages se fendent en deux. Nous atterrissons. Willie, Willie chéri, tu avais raison. Ma parole, tu as le don de seconde vue — tu es formidable !

Débarquement. Le porteur prend nos bagages.

En vérité, il y a quinze centimètres de neige sur le sol, et il continue de neiger. Il devait être midi trente, une heure. Mon italien, sans être terrible, nous permet d'atteindre le comptoir Avis, très pratique à l'aéroport de Milan. De plus, ce dernier se trouve sur l'autoroute menant à Modène, où sont installées les usines Maserati. Pour le déjeuner, j'ai emporté des sandwiches et une bouteille de vin. J'ai aussi une carte routière et un « Guide bleu » de l'Italie du Nord.

Nous voilà donc partis dans notre Fiat de location. Je suis censée indiquer le chemin.

Par où ? À droite sous le pont, puis à gauche au premier tournant..., puis à droite...

WILLIE

Pas la peine de me réciter tout l'itinéraire. Là, maintenant..., je fais quoi ? Je tourne de quel côté ?

KATE

À gauche.

WILLIE

Je croyais que tu avais dit à droite

KATE

Effectivement, mais je me suis trompée. On n'a pas le droit de tourner à droite. C'est interdit. Alors tourne à gauche. Dans un peu plus d'un kilomètre, tu prends complètement à gauche, et ensuite, première à droite, après avoir dépassé l'aéroport. Tu passes sous le pont, ensuite, à gauche jusqu'à...

WILLIE

Écoute, je suis pas très malin, et je ne vois pas la carte. Je ne pense pas que tu la voies beaucoup mieux d'ailleurs, sans tes lunettes.

KATE

Je t'ai déjà dit que je ne porte pas de lunettes. J'ai dix dixièmes aux deux yeux.

WILLIE

Je sais...

KATE

À gauche là-haut, à cent cinquante mètres.

WILLIE

Où ça ?

KATE

Là..., là !

WILLIE

Mais c'est la direction opposée.

KATE

Je sais. Nous sommes obligés. On repasse devant l'aéroport, et ensuite...

WILLIE

Pas la peine de me raconter un roman. J'espère seulement que tu as raison.

KATE

J'ai raison.

WILLIE

D'accord, espérons.

KATE

Il faut avoir confiance, mon amour.

WILLIE

Tu n'as pas été impressionnée par la façon dont ces nuages se sont fendus en deux pour nous permettre d'atterrir ?

KATE

Tu es un génie.

WILLIE

Tu nous voyais déjà obligés d'aller à Venise.

KATE

C'est vrai. Dieu merci, je me trompais.

WILLIE

Sur toute la ligne, tu te trompais.

KATE

Oui. Et j'en suis ravie.

WILLIE

Tu es jolie fille, tu sais.

KATE

Merci.

WILLIE

C'est le mot jolie ou le mot fille qui te fait plaisir ?

KATE

Attention. Ne sois pas désagréable.

WILLIE

Je ne comprends pas pourquoi tu attaches tant d'importance à ton âge.

KATE

Eh bien ne cherche pas à comprendre. Point final.

WILLIE

Soyons sérieux. Quand tu auras cent vingt-cinq ans, j'en aurai cent quatorze. Ça ne fait pas une si grosse différence.

KATE

Je ne serai pas là pour en juger. Et toi non plus.

WILLIE

Si nous nous remettons ensemble, tu n'auras qu'à dire que ton mari est attiré de façon irrésistible par les crépuscules et les spectacles tardifs.

KATE

Très drôle !

WILLIE

Tu es en colère ?

KATE

Non, je suis heureuse.

WILLIE

Prends-moi la main. Est-ce que je peux mettre la radio ?

KATE

Bien sûr.

WILLIE

Allume-moi une cigarette.
(Elle allume une cigarette.)

KATE

Tu veux manger ?

WILLIE

Pourquoi ne l'as-tu pas proposé avant que je me mette à fumer ?

KATE

Je suis idiote.

WILLIE

Pardon ?

KATE

J'ai dit que j'étais idiote.

WILLIE

Ah.

KATE

Tu es censé répondre : « Mais non. »

WILLIE

Nous allons mettre combien de temps pour arriver ?

KATE

Je dirais trois heures.

WILLIE

Non, ce n'est pas possible. Il n'y a pas de limitation de vitesse sur cette route, tu sais.

KATE

Comment le sais-tu ?

WILLIE

Je suis déjà venu ici.

KATE

Vraiment ?

WILLIE

Plusieurs fois, même. J'aime bien l'Italie.

KATE

Tout seul ?

WILLIE

Comment cela, tout seul ? Qu'est-ce que tu veux dire exactement ?

KATE

Ce que je dis. Est-ce que tu étais seul pendant ces voyages ?

WILLIE

Non, pour tout te dire, j'étais avec...

KATE

Ne dis rien.

WILLIE

Pourquoi pas ? Il y a des choses que nous devons affronter.

KATE

Ah oui — *des choses* ? Au pluriel, en plus !

WILLIE

J'espère que tu ne vas pas comparer ma misérable vie avec la tienne.

KATE

Willie.

WILLIE

Quoi ?

KATE

Que dirais-tu d'un sandwich arrosé d'un verre de vin ?

WILLIE

D'accord. Sans nous arrêter ?

KATE

Évidemment, cette question ! Le vin est débouché. J'ai volé deux verres.

WILLIE

Merci. C'est parfait. Quelles sont les possibilités ?

KATE

Poulet. Bœuf.

WILLIE

Poulet.

KATE

Ça ira ?

WILLIE

Superbe. Tu es jolie.

KATE

Tu n'es pas mal non plus.

WILLIE

J'ai toujours cru que je n'étais pas terrible. Un parmi tant d'autres.

KATE

Non, sérieusement, et indépendamment des sentiments que je peux avoir pour toi, tu es beau. Tu as un visage sublime. J'aime le regarder.

WILLIE

Folle… Bouge-toi. Non. Viens plus près.

KATE

N'est-ce pas le paradis ?

WILLIE

Absolument.
(Il monte la radio.)
On arrive dans une ville — Modène —, je pense que nous sommes sur la mauvaise route.

KATE

Fais demi-tour.

WILLIE

Non… continuons encore un peu.

KATE

À mon avis, c'est du temps perdu. Tiens, demande à ce gamin.

WILLIE

Ah oui ! Et je m'y prends comment ?

KATE

Je vais le faire.
(Nous nous arrêtons.)
Perdonie, scusi — Modena ? Usine Maserati ?
(Le gamin montre la route par laquelle nous arrivons et parle en italien.)

KATE

Grazie.

WILLIE

Tu as compris ce qu'il a dit ?

KATE

Non, pas vraiment. Mais de toute façon, il faut faire demi-tour.

WILLIE

Écoute, c'est moi qui conduis, n'est-ce pas ? Alors je ferai demi-tour là où cela ne sera pas dangereux.

(Entre-temps, j'ai trouvé une carte de Modène. Je localise en gros l'emplacement des usines Maserati, qui ne sont pas sur la carte.)

KATE

Tourne dans via...
(Nous entrons dans une ville très animée. Un flic.)
Stop, un flic !

WILLIE

Quel est l'intérêt de s'arrêter si tu ne comprends pas ce qu'il dit ?

KATE

Nous allons nous débrouiller.

WILLIE

Toi, peut-être. Moi, je ne pige pas un traître mot d'italien.

KATE

Écoute, arrête toujours. On n'a rien à perdre.

WILLIE

Rien que ma santé mentale.

KATE

Stop ! Pas d'affolement, mon mignon.
(Nous nous immobilisons à hauteur du flic. Une espèce de petite place avec une circulation infernale.)
Scusi, usine Maserati ?
(Je lui tends la carte.)

LE FLIC

Si, signora. Dritto, e al primo semaforo, girate a destra — via Marghetta. E poi dritto al ponte e di nuovo a destra. La fabbrica e alla destra. Avete capito ?

KATE

Si, grazie tante. Continue...

WILLIE

(Au flic :)
Merci. *Thank you.*

LE FLIC

Niente, Signore.
(Nous repartons.)

WILLIE

Qu'est-ce qu'il a dit ?

KATE

Continue tout droit...

WILLIE

Qu'est-ce qu'il a dit ?

KATE

À droite au premier feu — via Marghetta...

WILLIE

Préviens juste au moment — je ne peux pas tout faire...

KATE

À droite.

WILLIE

Tu es sûre ?

KATE

Tourne à droite. Regarde cette église... superbe...
(Il regarde Kate longuement.)
Quels artistes, ces Italiens.
(Willie regarde l'église.)
Bon, voilà le pont, tu prends à droite. Regarde, Willie.. on y est, là derrière la grille. Comment s'appelle le type ?

WILLIE

Signorelli.
(Ils franchissent le portail.)
Trois heures... Pas mal.

KATE

Il y a quelqu'un, dans le petit bureau, là-bas.

Nous passons une deuxième grille. L'endroit semble désert. Pour finir, nous arrivons dans une espèce de cour, avec des bâtiments de chaque côté, et une petite cabine de gardien. Je descends de voiture, et j'entre. Willie reste au volant. Je me trouve dans une pièce minuscule, avec un bureau et plusieurs téléphones. Le tout entièrement vitré, de sorte que Willie peut nous voir, et vice versa. Il sort à son tour de la Fiat, en prenant le porte-documents contenant les papiers pour la voiture.

KATE

Il signor Signorelli per il signor William Rose... un nuovo Maserati.

LE GARDIEN

Si, signora Rose. Un momento...

KATE

No... il non la signora. Oh, *non è importanto. Comprende.*
(Explication compliquée du gardien au téléphone.)

LE GARDIEN

Momento.
(Willie fait son entrée, avec les papiers.)
Signore... momento...
(Le gardien s'en va.)

KATE

Je me demande s'il y a des toilettes dans le coin ?

WILLIE

Ici même, certainement pas.

KATE

Tu n'as pas envie de... ?

WILLIE

Non.

KATE

Tu es fantastique, comme compagnon de voyage.

WILLIE

Disons simplement que je n'ai pas de faiblesse rénale.

KATE

Quatre heures et une bouteille de vin, je n'appelle pas cela une faiblesse rénale.

WILLIE

Nous demanderons à Signorelli quand il sera là.

KATE

Non, tant pis. Je vais me débrouiller toute seule. Oublie cela.

WILLIE

C'est urgent ?

KATE

Non, pas vraiment. Juste une idée, comme ça.
(Retour du gardien accompagné d'un signor Retto.)

SIGNOR RETTO

Signora... signor Rose...
(Échange de poignées de main.)
Le signor Signorelli est en ligne. Si vous voulez bien me suivre. Nous allons commencer par aller voir votre voiture. Nous nous occuperons des papiers ensuite. Notre technicien va essayer la voiture avec vous, si madame a la gentillesse de vous attendre un instant ? Vous n'allez pas vous mouiller ?

KATE

Non... non... il pleut à peine.

WILLIE

Tu vas bien, chérie ?

Je suis le mouvement, et traverse la cour pour pénétrer dans l'usine, derrière les deux messieurs. Salle immense, toute en longueur.

SIGNOR RETTO

Votre voiture, Signore.

Elle était là... éblouissante... exactement la couleur d'un Château-Lafite-Rothschild — un des bordeaux qu'il adorait.
Elle était à lui — l'acquisition de sa vie — un geste d'enfant

Spitfire

Les quatre filles du docteur March

Avec Lowell Sherman

La maison de la 49e rue

The Lake, avec Colin Clive

Avec Franklin Delano Roosevelt

Avec George Cukor

Le soixante-dixième anniversaire d'Ethel Barrymore, avec Sam Colt, George Cukor, Constance Collier et Billy Burke

La maison de Cukor

Avec Peter, Button et Mica

En tournée pour *Jane Eyre*,
la fuite devant les fans

Avec Laura Harding,
retour de Mexico

Devant l'avion
de Howard Hughes

Avec Howard Hughes, dans son avion

Sur le *Southern Cross*,
le yacht de Hughes

Au golf
avec Howard

Entraînement pour
L'impossible M. Bébé

Vacances, avec Cary Grant

Avec L. B. Mayer
aux courses de Santa Anita

Joe
Manckiewicz

A gauche, avec "Red" Hammond
après la tornade,
ci-dessous : *Alice Adams*,
avec George Stevens

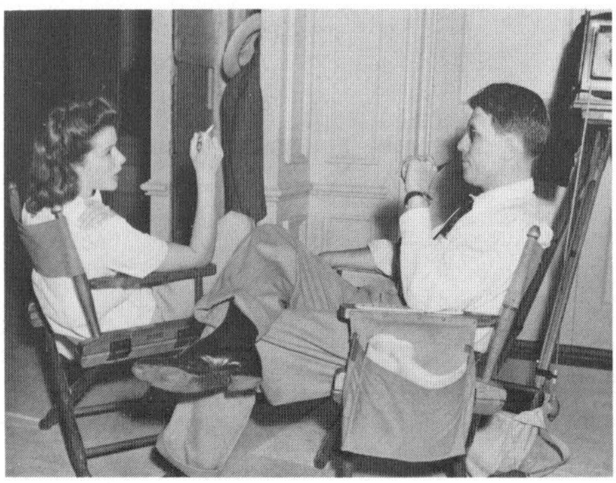

Mary Stuart

Sylvia Scarlett

Break of Hearts, avec Charles Boyer

En haut : *Stage Door*, avec Ginger Rogers ;
au milieu, *L'impossible M. Bébé*,
avec Howard Hawks et Cary Grant ;
en bas, *Stage Door*, avec Constance Collier

En haut : *Indiscrétions*, le film ;
au milieu, et en bas : la pièce

Avec Cukor

Avec Cukor, Mankiewicz et Stevens

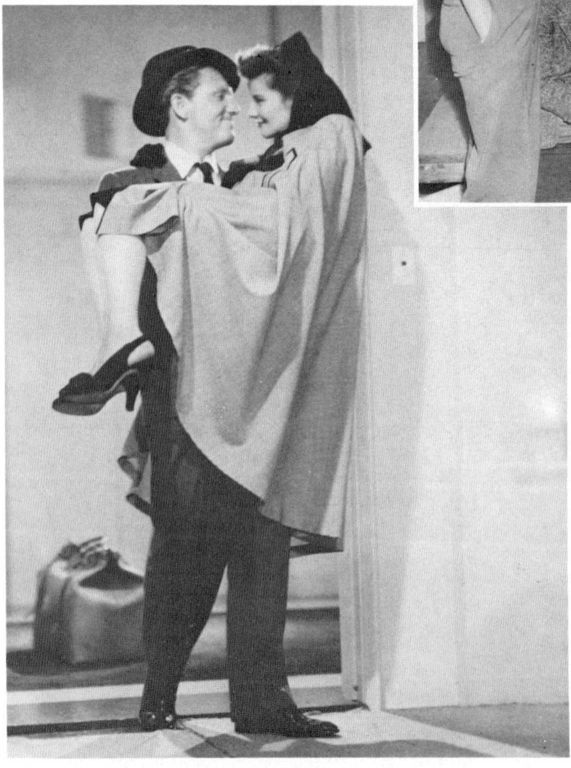

La femme de l'année,
avec Spencer

John Huston

Madame porte la culotte,
avec Judy Holliday

Vacances à Venise

Le lion en hiver, avec Tony Harvey

Long Day's Journey into Night

Avec David Lean

Avec Constance Collier et Laura Harding

Peter O'Toole

Une bible et un fusil, avec John Wayne

En scène à Stratford, Connecticut

L'équipe de *La maison du lac*

Le marchand de Venise

La mégère apprivoisée

A Sydney, en Australie

Avec Robert Helpmann
en tournée en Australie

Avec John Houseman
et Alfred Drake

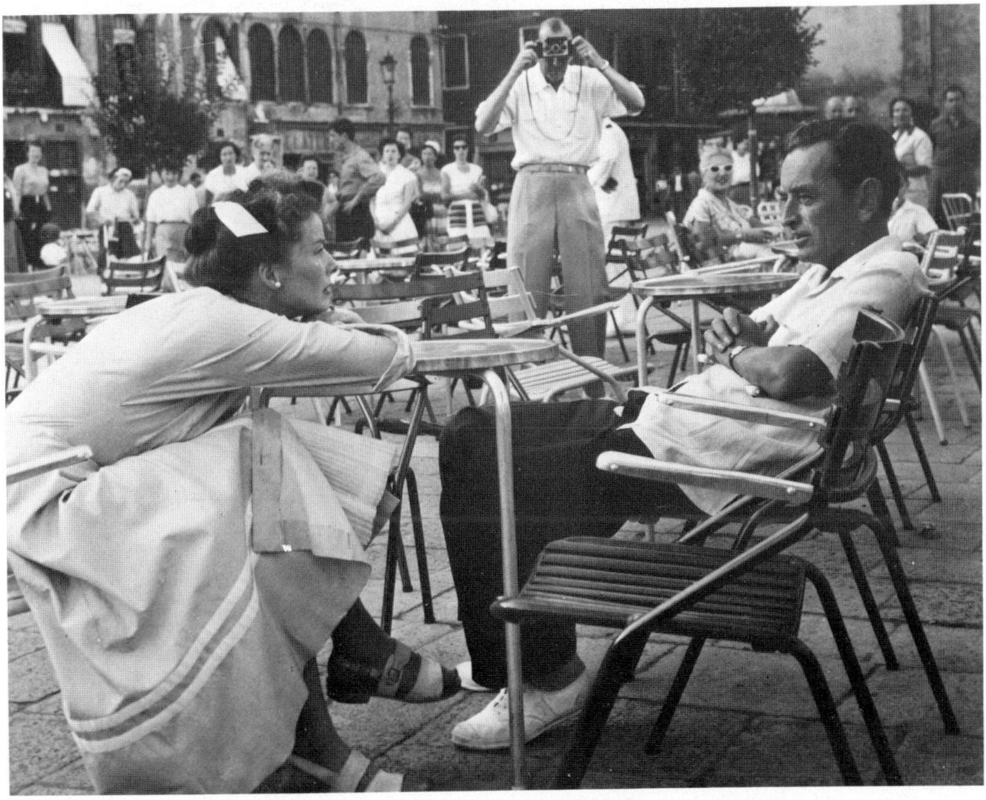

Avec David Lean à Venise

Dans le jardin à Fenwick

Kate et Spencer

Avec Cukor

Willie Rose
et Alec Guinness

Avec Phyllis, habillage pour *The Corn Is Green*

Au pays de Galles, en repérage

A la mine de charbon de Wrexham

The Millionairess,
avec Robert Helpmann

Coco

Avec Susie, la fille de Spencer

Phyllis, Kate et son neveu dans la nouvelle cuisine à Fenwick

— l'ultime manifestation de l'enfance. La couleur qu'il voulait — sa voiture à lui — payée avec *son* argent, gagné par lui.

Sa voiture... Un grand moment dans la vie de Willie Rose...

WILLIE

Je n'avais pas commandé ces roues... j'avais demandé des jantes à rayons...

Le technicien attendait, comme l'homme qui nous avait amenés — et tous les ouvriers alentour, plus ceux qui étaient « à la chaîne » — guettant la réaction des Américains devant leur voiture toute neuve. Willie, qui était timide, ne voulait pas se montrer trop expansif, d'où son attitude critique. Nous ouvrons le coffre. Je m'assois dans la voiture.

WILLIE

Et les roues ? Elles sont d'une lourdeur. Combien de temps faudrait-il pour les changer ?

KATE

Je crois...

Willie me lance un regard. Le technicien fait des signes désespérés — Empêchez le signor de changer les roues.

LE TECHNICIEN

Va bene - è megliore.

KATE

Willie, il essaie de dire... Cet homme, il dit que ces roues rendent la voiture plus sûre... essaie-les. Si elles ne te conviennent pas, ils peuvent toujours t'expédier les jantes à rayons.

Le temps passe, et je suis toujours assise dans la voiture, poussant des « oh ! » et des « ah ! »...

Nous parcourons ensuite diverses autres allées, et voyons un assortiment de leurs voitures. Willie décide de garder les roues.

Entre-temps, plusieurs ouvriers commencent à flairer que je suis qui je suis — et je joue les gentilles dames s'extasiant sur la belle voiture. Si j'acceptais de les laisser faire une photo... Non, pas à moi la voiture — à lui. Et puis de toute façon, je n'aime pas... Très bien, signora...

Nous sortons de l'usine et regagnons le bureau. Signorelli en a terminé avec son coup de fil. À ce moment-là, tout le monde sait qui je suis et afflue à la porte pour jeter un œil — les dames surtout, dont une femme charmante. Je fais signe que j'aimerais me laver les mains. Elle me conduit aux toilettes de l'autre côté du vestibule. Ce Willie... il va y aller aussi, maintenant, parce que je pourrai lui indiquer l'endroit. Sauf qu'il est trop têtu pour demander.

Je tiens conversation en italien et signe les autographes à la chaîne. Willie s'en va essayer la voiture. Une fois les papiers enfin prêts, nous déchargeons la Fiat, chargeons la Maserati, et la nuit n'étant plus très loin, nous partons pour Florence... moi, équipée d'une carte, d'une loupe, et d'une torche électrique.

KATE

Il a dit de prendre à gauche.

WILLIE

Droite — gauche... L'essuie-glaces... bon, voyons... clignotant — lanternes — codes — phares — les freins. Un peu durs...

KATE

Tu veux dire qu'elle est difficile à conduire ?

WILLIE

Non... dure, raide... Je vais où ?

KATE

Tout droit, toujours tout droit, il a dit qu'on ne pouvait pas manquer la bifurcation. Tu es content ?

WILLIE

La couleur est jolie, non ?

KATE

Oui, superbe...

WILLIE

Ce bordeaux...

KATE

Ouais.

WILLIE

Les roues alourdissent la ligne...

KATE

Moi, j'aime bien.

WILLIE

Vraiment ?

KATE

Oui, l'assise est meilleure.

WILLIE

Moi, je trouvais que les jantes à rayons donnaient une certaine légèreté — et faisaient plus discret.

KATE

Jouer la discrétion avec ce genre de voiture relève un peu du pari perdu d'avance.

WILLIE

Dis carrément que tu la trouves tape-à-l'œil...

KATE

Non, je n'utiliserai pas ce mot.

WILLIE

Mais c'est exactement ce que tu penses.

KATE

Willie... je trouve cette voiture absolument superbe et je peux même te l'avouer maintenant... j'ai très envie de m'en commander une. Elle est confortable..., elle est...

WILLIE

C'est la nationale ?

KATE

Oui... tourne... parfait. Maintenant, c'est tout droit jusqu'à Florence.

WILLIE

Tu ne pourrais pas la conduire. Elle est assez lourde. Tu comprends ? le levier de vitesses, l'embrayage. C'est une voiture d'homme.

KATE

Et toi, tu es un homme, Willie.

WILLIE

Alors, elle te plaît vraiment ?

KATE

Vous me plaisez tous les deux, la voiture et toi.

WILLIE

Tu sais, quand je l'ai commandée, je me suis senti comme... oh, je ne sais pas... c'était comme si je réalisais un rêve de toujours... je me voyais installé au volant de... tu comprends ce que je veux dire...

KATE

Willie... j'ai compris.

WILLIE

Tu me prends pour un imbécile, n'est-ce pas ?

KATE

Je te trouve adorable. Tu me plais beaucoup. Te voir au volant de cette voiture...

WILLIE

Tu es contente de m'avoir accompagné ?

KATE

Bien sûr, cette question !

WILLIE

C'est encore loin ?

KATE

Écoute, si nous entrons dans Florence, ce qui à mon avis serait mieux que Montecatini... Oui, allons à Florence, c'est mieux.

WILLIE

C'est toi qui décides.

KATE

Hou ! quelle soirée épouvantable ! Je n'ai jamais vu une pluie pareille. Ça ne te gêne pas trop ?

WILLIE

Pas vraiment.

KATE

Tu es d'un calme olympien.

WILLIE

Prends ma main.

KATE

Willie… c'est amusant, tout de même, non ?

WILLIE

Amusant, je ne sais pas… mais intéressant.

KATE

Jette-toi à l'eau, Willie. Lance-toi… qu'est-ce que tu as à perdre ?

WILLIE

Je ne sais pas nager…

KATE

Je te sauverai…

WILLIE

Je me demande…

KATE

Toi, tu me sauveras…

WILLIE

Voilà qui est plus vraisemblable.

KATE

Je reconnais — c'est plus vraisemblable — si tu te mets au travail et que tu m'écrives un scénario.

WILLIE

Serait-ce la raison de ta présence ?

KATE

Je ne crois pas, non. C'est plutôt que je n'ai jamais réussi à t'oublier.

WILLIE

Tu as essayé ?

KATE

Tu m'as percée à jour, Willie, tu as percé les noirs abîmes de mon âme.

WILLIE

Parce que tu as une âme ?

KATE

Je t'en prie... n'ouvre pas ce chapitre.

WILLIE

Tu as raison, il faut que je me ménage. Je suis sensible au chaud et froid.

KATE

Merci.

WILLIE

Où allons-nous ?

KATE

Comment cela, où allons-nous ?

WILLIE

Florence... quel hôtel ?

KATE

Autant que je me souvienne, sur cette place..., il y en a deux qui donnent sur le fleuve — dont un est très tranquille.

WILLIE

Il s'appelle comment ?

KATE

Je le reconnaîtrai lorsque nous y serons...

WILLIE

Il y a donc des choses que tu oublies ?

KATE

Je ne t'ai pas oublié, toi...

WILLIE

Je me demande...

(Il s'arrête sur l'accotement de la route.)

Je t'ai aimée du plus profond de mon être. Je n'étais pas grand-chose, à l'époque. Mais je t'aimais vraiment — douloureusement...

KATE

Trop douloureusement, peut-être...

WILLIE

Ne sois pas dure.

KATE

Je ne suis pas dure. Je suis là, non ? J'ai eu des déceptions, tu ne le sais pas ?

WILLIE

Écoute, mon cœur, tout le monde a des déceptions. Rien qu'un bon scénario ne saurait effacer.

KATE

D'accord... message reçu. C'est vrai. Mais rien ne dure. Je veux du plus solide.

(Willie remet le moteur en marche et reprend la route.)

WILLIE

Le soulagement sera temporaire. Si la douleur persiste, arrête le médicament et consulte ton docteur.

(Ils roulent en silence.)

KATE

La douleur persiste.

WILLIE

Je ne suis pas docteur.

KATE

Tu es mon docteur à moi.

WILLIE

Je me demande... je me demande si...

KATE

Il y a un panneau. Florence.

(Il la regarde. Elle se moque donc de ce qu'il allait lui dire ?)

WILLIE

Je tourne où ?

KATE

Je te le dirai... Tu allais dire quelque chose...

WILLIE

Je n'ai aucune idée de ce que j'allais dire — et manifestement cela ne t'intéressait pas du tout, sinon tu ne m'aurais pas interrompu.

KATE

Enfin, chéri, je ne t'ai pas interrompu... c'est à cause du panneau...

WILLIE

Le panneau... si tu savais comme je m'en fous de ton panneau !

KATE

Mais c'est le panneau de Florence. L'endroit où nous sommes censés passer la nuit...

WILLIE

En quel honneur ?

KATE

Mais enfin, Willie... nous avons décidé...

WILLIE

Qui ça, nous ? Tu veux dire toi... Tu as décidé — comme d'habitude...

KATE

Écoute, on ne va pas passer la nuit dans la voiture, sous la pluie battante.

WILLIE

Pourquoi pas ? Nous étions en train de parler de nous. De nos éventuels projets... Je me trompe ?

KATE

Non, pas du tout... mais...

WILLIE

Et puis c'est bon... donne-moi tes ordres. Tous les pédés que tu fréquentes devaient adorer recevoir tes ordres...

KATE

Prends à droite.

(*Ils tournent et entrent sans un mot à Florence. Elle tient la carte — et sa lampe de poche — et sa loupe.*)

WILLIE

Ça ne te simplifierait pas la vie de porter des lunettes ? Plutôt que d'avoir tous ces trucs à tenir... enfin je sais que tu as dix-dix aux deux yeux mais...

KATE

Non... ce bazar ne me dérange pas du tout — et n'importe comment, je ne pourrais pas lire cette carte même avec des lunettes...

WILLIE

Comment le sais-tu ?

KATE

J'ai essayé...

WILLIE

Tiens, tu as donc des lunettes ?

KATE

Oui — j'en ai... mais elles ne me servent à rien.

WILLIE

Elles sont peut-être trop faibles pour être efficaces. Essaie les miennes...

KATE

Non... ça va très bien... merci... Tourne à gauche...

WILLIE

Est-ce que tu sais où nous allons ?

KATE

Oui... on descend le fleuve par là, et ensuite on arrive à une espèce de place où il y a... — Nous y sommes, tourne... — où il y a deux hôtels... Tiens, le premier est ici — le Grand Hôtel.

WILLIE

On dirait qu'il est en travaux.

KATE

C'est le meilleur... on n'entendra rien si on donne sur le fleuve — et puis c'est pour une nuit seulement.

Nous roulons jusqu'à l'autre côté où sont garées plusieurs

voitures. Nous nous arrêtons. Le portier arrive aussitôt, ouvre la portière.

WILLIE

Où puis-je mettre la voiture pour la nuit ?

LE PORTIER

Un garage ?

WILLIE

Oui... Vous saurez la conduire ?

LE PORTIER

Signore ! Elle est belle !

WILLIE

Merci.

KATE

Ouvrez le coffre... sortez tout.

LE PORTIER

Si signora.

Le jeune portier ouvre le coffre, sort tous les bagages. Un autre arrive, les porte à l'intérieur. Le hall est petit. Je vais à la réception.

KATE

Auriez-vous deux chambres — avec salle de bain ?

L'EMPLOYÉ

Ah, signora, c'est un grand honneur pour nous de vous recevoir...

KATE

Merci.

L'EMPLOYÉ

Communicantes ?

WILLIE

Non.
(Elle lui jette un regard.)

KATE

Non... mais pas trop éloignées l'une de l'autre... de très jolies chambres.

(Regards muets du personnel de réception.)

L'EMPLOYÉ

Passeports ?

(Willie et Kate lui tendent leurs passeports.)

Merci.

(L'employé sort plusieurs clefs. Ils prennent un ascenseur. Descendent. Parcourent deux longs couloirs. Entrent dans une chambre — minuscule.)

KATE

Trop petit.

L'EMPLOYÉ

Elles sont toutes petites... Voulez-vous une double ?

KATE

Oui, une double, très bien. Deux doubles.

L'EMPLOYÉ

Il faut que j'aille chercher d'autres clefs. *Perdoni...*

(Départ de l'employé. Willie et Kate s'assoient sur une banquette, dans le couloir.)

WILLIE

Je me demande ce qu'ils pensent quand ils voient les âges, sur les passeports. Ha-ha-ha-ha-ha. Puis-je dire une horreur ?

KATE

Pourquoi pas ?

WILLIE

Je propose : « Les filles de la révolution américaine et les boy-scouts made in USA sont vraiment ce qui se fait de mieux parmi les grands classiques américains. »

KATE

Willie, comment oses-tu ! Oh ! tu es un monstre ! Mais un monstre amusant. Je me demande effectivement ce qu'ils pensent...

L'EMPLOYÉ

Signore... signora...

(Il ouvre une autre porte.)

KATE

Ah ! c'est beaucoup mieux... parfait.

WILLIE

À présent, une autre pour moi.

L'EMPLOYÉ

Elles ne sont pas communicantes, mais voisines.

WILLIE

Merci... Je vais entrer. Faire un brin de toilette.
(À la porte de la chambre :)
Toc toc ! Tu vas bien ?

KATE

Entre. Oui, je vais très bien. Regarde, un seau à glace — et le champagne.

WILLIE

Sers-moi.

KATE

Tu dois être mort... toute cette pluie plus une voiture neuve.

WILLIE

D'une certaine façon...

KATE

Mais tu dois aussi être content...

WILLIE

Oui, je suis content.

KATE

Le confort est parfait... elle est extraordinaire...

WILLIE

Tchin tchin...

KATE

Tchin tchin...

WILLIE

Finalement, on s'entend bien... pas de dispute... je suis très heureux. Et toi ?

KATE

Moi aussi, je suis très heureuse.

WILLIE

On dîne en bas ?

KATE

Je pense que la nourriture sera meilleure.

Nous descendons donc dîner. Ils nous placent dans une sorte d'alcôve. Tout se passe très bien. Nous allons ensuite marcher un peu le long de l'Arno. Puis, de retour à l'hôtel, et devant la porte de ma chambre :

WILLIE

Bonne nuit, mon cœur.

KATE

(L'interpellant dans le couloir :)

Tu veux que je lave tes chaussettes et tes caleçons ?

WILLIE

C'est une *plaisanterie* ?

La chambre est jolie — avec une belle salle de bain. Je sors tous mes petits trésors : Spencer — Maman — Papa. Je les regarde longuement. Ma famille. Ceux à qui j'ai donné. Ceux qui m'ont donné. Et je me demande ce que je fais ici. Je cherche quoi ? Il cherche quoi ? J'arrive à cette conclusion que nous sommes l'un et l'autre totalement désespérés — sans racines, de l'aube au crépuscule — et que tout le monde s'en fiche éperdument.

Je suis mieux lotie que lui. J'ai de bons, de très bons amis qui me protègent. Lui a une fille qu'il tient à distance — comme il tient tout le monde à distance — parce qu'il a peur d'être blessé.

Quelque part dans cet homme, il y a un terrible orgueil. On lui a fait mal, très mal. Mais quand ? Il a toujours été respecté en tant qu'auteur. Même avant *Geneviève*.

Mais peut-être pensait-il mériter davantage encore ?

Ou bien s'agit-il d'une jalousie démesurée ?

Il est certes d'une incroyable jalousie concernant son œuvre — comme s'il était un néophyte. Lorsque j'ai critiqué le nom Joey ! Quel drame !

Je le tiens en aussi haute estime qu'il est possible de tenir un homme. Je pense que si quelqu'un est digne du nom d'« écrivain », c'est bien lui. Pas de ficelles. Pas de concession. Un vrai talent, classique. Sauf que, pour une raison futile, je n'aimais pas « Joey », comme nom. Quel genre de doute peut bien ronger un tel homme pour qu'il aille imaginer qu'il y avait autre chose ? Autre chose que le simple fait que je n'aimais pas ce nom.

Bien sûr, le NOUS ALLONS TROUVER QUELQUE CHOSE a mis le feu aux poudres — mais tout de même !

J'ai l'impression d'être une petite souris à côté d'un géant — mais au fond de son cœur, ce géant ne se sent-il pas petite souris ?

Seuls les imbéciles se prennent pour des cadors — en règle générale. Toutefois, lorsqu'on atteint une certaine réussite dans son domaine, on cesse un peu de se sentir menacé par autrui. Lui doit bien savoir qu'il possède réellement les qualités et le talent requis pour être à la hauteur de ses ambitions. Il est tout simplement formidable. Et dire qu'il n'en tire pas la moindre joie — pas la moindre confiance en lui. Je me demande pour quelle raison.

Je ne crois pas qu'on puisse raisonnablement être en permanence fier de soi. Mais oh là là ! Avec lui, on ne sait plus quoi dire. Il est le seul auteur sur le marché contre lequel je n'aie jamais entendu s'élever une critique — pas un mot —, il est universellement admiré.

Pour une femme comme moi, habituée à faire en sorte que les gens — enfants, parents, public, pour ne rien dire du sexe opposé — aient une bonne opinion d'elle-même, la rencontre avec une personne comme Willie est un sacré défi.

Si j'étais à sa place — et si j'avais son talent d'écrivain — je vivrais sur un nuage. Certes, je suis sûre qu'il se demande à chaque fois s'il pourra rééditer son exploit. Mais tout le monde a ce genre d'inquiétude — les chirurgiens, les musiciens —, Alan Jay Lerner en parlait, justement. Lui aussi est un grand admirateur de Willie. Je crois qu'être écrivain est un véritable supplice. Et qu'avec l'âge, le talent, l'exigence, les choses ne font qu'empirer.

Bref, je voudrais bien lui redonner un peu d'énergie, mais à vrai dire la seule chose susceptible de lui insuffler un peu d'allant, c'est une PRÉSENCE — quelqu'un qui l'aime, LUI — en qui il trouverait un havre de confort et de sécurité. Et un beau jour, il se mettra à la tâche. En fait, c'est déjà un privilège, car la plupart des gens ne seront jamais capables d'aucune réalisation — quoi qu'ils fassent, ou ne fassent pas, ou tentent de faire.

J'ai bien dormi, malgré le bruit infernal de la pluie contre les carreaux. Nous sommes convenus d'un départ aux alentours de neuf heures. Je dois l'appeler, ou vice versa. Je me commande un solide petit déjeuner et j'étudie mes cartes. Téléphone :

KATE

Oui... Bonjour Willie... Très bien... Parfait... Ah bon ?... Neuf heures tapantes... d'accord... Je laisse la porte ouverte. . Je leur demande de sortir la voiture ?... Entendu.

Je m'habille. Laisse un pourboire pour la femme de chambre — boucle mes valises — ouvre la porte — sors mes bagages. Arrivée de Willie. Nous appelons un portier. Réglons la note. Il règle la note. Le portier charge les bagages dans la voiture. Je me précipite et dis :

KATE

Non... ce sac va ici et celui-là là. Ensuite, vous mettez ceci ainsi et...

(Le portier et Willie restent plantés comme des idiots. Nous montons dans la voiture.)

WILLIE

Quelle direction ?

KATE

Il faut prendre exactement le chemin que nous avons fait à pied hier soir. Là-bas, et sur la gauche, ensuite — quand je le dirai —, encore une fois à gauche, j'aimerais juste passer devant le Battistero — voir les trois portails de Ghiberti. C'est tellement beau, et de toute façon, c'est notre chemin...

WILLIE

Ah.

KATE

Si on pouvait s'arrêter un instant et jeter un œil.

WILLIE

Non.

KATE

On peut toujours faire le tour en voiture.

WILLIE

D'accord. Écoute, nous avons cette voiture à mettre sur le bateau. À Saint-Malo, vendredi. J'ai eu un mal du diable à avoir le billet. Il est impossible de prendre un autre bateau. C'est du concret, et Saint-Malo n'est pas la porte à côté.

KATE

C'est entendu. Mais Willie, nous ne sommes qu'au second jour. Mardi. Et puis la distance n'est pas si grande.

WILLIE

Mille cinq cents kilomètres exactement, ce qui est beaucoup — pour moi. Je conduis.

KATE

C'est bon, c'est bon. De toute façon, il faut prendre cette rue, là...

(Il la regarde.)

Nous sommes obligés. Celle d'hier soir, en bordure du fleuve, est en sens unique.

Arrivederci au portier, qui reçoit de Willie un pourboire royal, et nous voilà partis. La circulation est intense.

KATE

À gauche ici.

WILLIE

C'est sens interdit.

KATE

Ah, zut !... Bon, continue et tu prendras la prochaine à gauche.

WILLIE

Les choses seraient sûrement plus faciles si je pouvais bénéficier d'un guide voyant clair. Tu as en permanence le nez sur ces cartes. Je ne crois pas que tu saches seulement dans quel pays tu te trouves, et tu m'envoies sur la mauvaise route, en sens interdit de surcroît.

KATE

La carte ne dit pas — pardon —, n'indique pas si les rues sont en sens unique ou pas... À gauche tout de suite... c'est bon.

WILLIE

Cette rue mène-t-elle où tu veux aller ? Tu pourras voir ce que tu as envie de voir ?

KATE

Je l'espère. Tu es bien aimable.

WILLIE

C'est que... enfin, la conduite en ville...

KATE

Oh là là !... je sais... moi, je serais folle... Oblique légèrement à droite.

WILLIE

Je me demande s'il va se remettre à pleuvoir.

KATE

J'en ai bien peur, apparemment...
(Nous arrivons sur la place.)
Fais le tour tout doucement, peut-être que nous pourrons nous arrêter. Le Battistero est ici.
(Elle se met à lire.)

WILLIE

Pourquoi ne regardes-tu pas ? Tu pourras lire ensuite.

KATE

Les célèbres portails.

WILLIE

Je n'ai pas d'yeux derrière la tête.

KATE

L'église est ici. Gare la voiture.
(Nous avançons en voiture, sommes agressés en italien.)

WILLIE

Regarde... c'est privé. Réservé aux cars ou quelque chose.
(Nous ressortons.)

KATE

Refais le tour de la place lentement... comme en ce moment... encore...
(Elle lit.)

WILLIE

Ne te donne pas la peine de me faire la lecture. J'ai déjà tout lu tout seul. Le bâtiment a été construit, etc., etc.
(Il récite en détail l'histoire du Battistero.)

KATE

Ça alors — comment diable t'es-tu débrouillé pour savoir tout ça, et surtout, le comble du comble, pour t'en souvenir ?

WILLIE

Question de concentration.

KATE

Comme la tomate en boîte.

WILLIE

Tu ne peux pas en dire autant, si ?

KATE

Je ne sais pas, Willie. Oblique à droite. Je crois que je m'emballe toute seule, et les choses me sortent de la tête. Je garde une impression — des couleurs, des formes, un lieu. Je suis toujours capable de retrouver un chemin déjà parcouru.

WILLIE

J'avais remarqué.

KATE

Oh ! toi... enfin, ça valait la peine, non ?

WILLIE

Je suis époustouflé. Tu es sûre que nous sommes sur la bonne route ?

Nous sortons sans encombre de Florence et prenons la nationale en direction de Pise. Nous passons Montecatini, puis Lucques, une ville charmante, mais sans voir aucune des deux car nous roulons sur l'autoroute. Puis nous atteignons la côte. Mon idée était de faire au moins le crochet par Pise, qui se trouve à quelques kilomètres au sud par rapport à la côte, parce que c'est une ville très photogénique — de visiter rapidement, et de reprendre la route vers le nord.

Très vite la pluie se met à tomber — à verse. Les camions forment de longues files interdisant pratiquement tout dépassement.

WILLIE

Tu es sûre que c'est la bonne route ?

KATE

Oui — il n'y en a pas d'autre.

WILLIE

Je ne peux pas doubler. C'est trop dangereux.

KATE

Je suis désolée. Je sais que nous aurions manifestement mieux fait de filer vers le nord après Modène.

WILLIE

Nous ne pouvions pas savoir...

KATE

J'ai déjà fait cette route. C'était la même chose. Je m'en souviens à présent.

WILLIE

Tiens donc — c'était avec qui ?

KATE

Avec qui ? Grands dieux ! Je n'en sais rien.
(Ils roulent silencieusement.)
Superbe la couleur de cette maison, non ?

WILLIE

Oui... superbe. Est-ce que tu es en train de me dire que tu ne te souviens plus avec qui tu étais la dernière fois, sur cette route ?

KATE

Oh ! il devait s'agir de mes parents.

WILLIE

Je n'arrive pas à croire ce que je viens d'entendre, que tu aies pu dire ce que tu viens de dire.

KATE

Je voudrais bien savoir ce qui te choque dans le fait que je voyageais avec mon père et ma mère.

WILLIE

Je pense que tu me balances tes parents comme un os à ronger. Tu sais parfaitement bien avec qui tu étais.

KATE

Willie... tu te trompes...

WILLIE

Eh bien, disons que c'est mon jour.

Nous continuons la route, avec des hauts et des bas. Gênes, puis la Côte d'Azur en France. Une suite d'endroits enchanteurs.

La conversation n'est pas toujours aussi plaisante qu'au début du voyage. Il est fatigué et, oui, je vous l'accorde, moi aussi.

Nous arrivons à l'ultime étape avant le ferry.

KATE

L'endroit me semble agréable pour dîner.

WILLIE

Écoute..., je suis mort. Je n'ai pas envie de dîner, je veux seulement...

KATE

Tu veux seulement quoi ?

WILLIE

Je ne crois pas que tu tiennes vraiment à le savoir.

KATE

Si, j'y tiens même beaucoup.

WILLIE

Est-ce bien raisonnable ? Tu n'as pas peur qu'un jour quelqu'un te dise la vérité ?

KATE

Pas de problème.

WILLIE

Tu es certaine ?

KATE

Absolument.

WILLIE

Quand j'ai dit que je n'avais pas envie de dîner, j'étais très sérieux. Je n'ai pas envie de dîner. Je n'ai qu'un désir : monter dans ma chambre — seul — et avoir la paix.

KATE

Et alors… où est le problème ? Je serai ravie d'en faire autant.

WILLIE

Ah bon… vraiment ?

KATE

Oui.

WILLIE

Eh bien, ne te gêne pas. Fais ce qui te plaît. Je ne voudrais pas me mettre en travers. C'est un art que tu possèdes à la perfection — celui de faire ce qui te plaît.

KATE

Enfin, Willie, qu'est-ce qui… !

WILLIE

Écoute, laisse-moi vivre, veux-tu ? Je vais garer la voiture et ensuite… De quel bagage as-tu besoin ?

Il arrête la voiture, me fait passer mes bagages et entre dans le petit hôtel pour prendre possession de sa chambre, que nous avons réservée. J'attends un instant, on me remet ma clef.

Ah!... la vie, la vie. Et maintenant? Ce voyage est-il une si bonne idée? Bon, commandons à dîner. Quel salaud.

Je fais un repas délicieux, et je passe une nuit exquise.

Toc toc!

La barbe! Qui c'est?

J'ouvre la porte.

WILLIE

Bonjour mon cœur! Tu es en beauté. Prête pour le départ?

KATE

Comment se portent nos boy-scouts américains, ce matin?

The Corn Is Green

Et voilà. La chose est virtuellement à son terme. Je veux dire qu'ils sont en train de monter. Et vu que je suis sur la côte est, et eux sur la côte ouest, je n'aurai évidemment qu'une influence fort réduite sur l'opération.

Je suis de retour à Fenwick.

De mon lit, je vois le soleil se lever. Entre les deux phares. Au-dessus d'un champ d'herbes de marécage. Avec des oiseaux qui tournent dans le ciel. Une famille d'aigrettes blanches. Et les cygnes qui trompettent. Et une orfraie parfois. Je vois la trajectoire du soleil levant se décaler doucement vers le sud en même temps que nous entrons dans l'hiver. Je n'ai pas suivi tout le périple du soleil cette année, parce que j'étais en train de me bagarrer à Londres. Mais il est déjà bien au sud. Le temps passe. Oui. Ne le gâchons pas.

Comme je l'ai dit, je suis de retour. Ils ont vu toutes les photos. Eux — les frères, les sœurs. Dick connaît la pièce — *The Corn Is Green* (Les blés sont verts). Les autres sont loin de l'histoire. Mais ils essaient. Et je suis là, moi, dans mes robes 1890. Très endimanchée, je trouve. Et un peu grosse, à mon goût. Et plus vieille que dans mon souvenir. Oui. Enfin, quand on mange six épis de maïs. Nous les avions cueillis à la ferme Viggiano, à la sortie de la route 95, sur le chemin du retour.

« Ça, c'est du vrai maïs », a dit Mrs. Viggiano.

Tor, mon neveu, en a mangé six aussi. Plus une grande

ration de glace au café. Et une énorme part de gâteau de courgettes. Glaçage superbe. Un accueil chaleureux. Dick avait fait cuire un immense jambon. Et une grande timbale de macaronis au fromage. Plus un saladier de carottes râpées — de tomates du jardin en salade — de romaine craquante — de laitue et de persil fraîchement haché. On se sert comme on veut. Je fais la vinaigrette. Dick sa mayonnaise à l'ail.

Au dessert ont fait leur apparition Marion et El (ma sœur et mon beau-frère), venus de chez eux avec leur petit-fils Jason. Avaient-ils été invités à dîner ? Répondez. Aurions-nous dû attendre ? De toute façon, il y avait assez pour tout le monde, ils ont pris une chaise et ont mangé avec nous. Toute la famille réunie.

Ma famille. Dick — son fils Tor. Bob — sa femme Sue. Marion — son mari El. Peg — son mari Tom. La bande au complet. Nous avons parlé de moi, montré les photos.

« Oh ! Kathy, tu es superbe.

— Et là, qui c'est ? Le garçon. Qui c'est, ce garçon ? Oh !... bien sûr.

— Et la fille ? Elle joue quel rôle ? »

Ils faisaient des efforts, mais ils se trouvaient en terre inconnue. Très vite la conversation n'a plus oscillé qu'entre moi et le pays de Galles.

« Écoute, je voudrais te raconter ce qui s'est passé juste après ton départ. »

Enfin, ils étaient contents de me voir. Et réciproquement. Je suis allée me baigner et j'ai été piquée par une méduse. J'étais chez moi, à la maison.

« Regarde ce carreau cassé. Personne encore ne l'a réparé ? Où est passé le butoir qui retenait la porte ? Elle cogne contre le coin de table. Je vais aller chez le quincaillier acheter une vitre, un butoir, et arranger tout cela. »

Chez le quincaillier : « Bonjour, Kathy. Vous voilà de retour ?

— Oui. Je voudrais un carreau de vingt sur trente. C'est parfait.

— Non. Ce mastic est meilleur. C'est un sacré boulot, Kathy. Faites attention en retirant le carreau cassé. C'est traître. »

Il avait raison. C'est un travail d'artiste. J'ai mis trois heures. Qui a dit que les menuisiers étaient trop payés ? Bon, passons à cette porte qui ne veut pas rester fermée...

Oh ! Mais j'étais partie pour vous raconter l'épisode *The Corn Is Green*. On s'est bien amusés, là-bas. Au début, je tenais un journal. Puis les choses ont si mal tourné que je n'ai plus osé les noter par écrit.

L'idée d'adapter pour l'écran la pièce d'Emlyn Williams est venue d'un coup de téléphone de George Cukor.

Dring ! Dring !

« Kate. C'est George. Alan Shayne — le patron de la Warner's TV — rêve d'une chose. Faire *The Corn Is Green* avec toi.

— George ! Oui, George, je connais la pièce. Mais... c'est un truc qui a été fait cent fois déjà. Et puis, que fais-tu de tous ces petits bâtards ? Écoute, non. Je ne crois pas... Oui, je vais relire le texte, promis mais... Tu sais bien qu'il y avait un projet de comédie musicale tiré de cette pièce. Qui transformait les mineurs en pauvres Noirs. Une horreur. Bref, ça n'a pas marché du tout... Oui, oui, je vais relire... Oui George. Je sais que c'est à vous que je dois d'être ce que je suis... Non, je n'oublierai pas. Vous vous chargerez de m'en empêcher. »

Je me suis procuré la pièce. Je l'ai lue.

« Allô ?... George ! J'ai lu. Formidable. Un texte plein de force et d'espoir... Oui. C'est une histoire qui va de l'avant. Pas un retour au passé. Avec un personnage qui prend sa vie en main, ce qui change de la rengaine actuelle à base de moi — mes excuses — mon enfance malheureuse — qu'est-ce que je peux faire ? — et autres gémissements. L'appétit joyeux d'apprendre des choses. Et de faire. Foncer. Une porte ouverte sur LA VIE. Et toutes les perspectives fantastiques qu'elle offre à qui veut bien travailler... Oui, George... Oui, oui, je suis d'accord. C'est une excellente pièce. Drôle. Ce que j'ai ri. Et pleuré, pleuré... Oh ! absolument... un rôle merveilleux. Très bien pour moi. Quel soulagement. Être vivante... et pas à moitié morte. Merveilleux aussi, le rôle du garçon, à condition de tomber sur le bon numéro. Et cette fille. Incroyable et drôle à la fois. Rien que des personnages intéressants, n'est-ce pas ?

« Non. Pas en Californie. Il faudra tourner au pays de Galles... Oui, je suis d'accord. Avec un acteur inconnu. Oui. Qui soit gallois. Décors naturels... pays de Galles... Non. Pas question de tricher. Oui, comme *African Queen*, tourné en Afrique.

Oui, il faut aller à la source pour capter l'insaisissable. La différence. Cette chose ténue qui ne s'invente pas. La qualité de l'air — les montagnes — la lumière — la brume — l'extrême douceur de l'eau. Et la langue. Très étrange. Difficile à attraper. Les sonorités. Une sorte de mollesse, entre le flou et le précis. Les doubles *l*. Plaquer la langue contre le palais. Faire « *l* ». Et le double *d*. Qui se prononce comme un th. Impossible de s'y retrouver. Il faut vraiment être né dans le pays.

« Et les gens. Grands yeux. Costauds. Pas du bidon. Indépendants. Le sens de l'humour. Quant aux mineurs, ils forment vraiment une race à part. Le danger, peut-être ? Le danger qui plane en permanence sur leur vie ? Est-ce pour cela qu'ils restent tellement simples et directs ? »

C'était décidé. Je suis partie pour Londres avec Cukor. Pour réunir une distribution. Faire des repérages au pays de Galles.

Premier problème à résoudre : trouver le garçon — Morgan Evans. Si nous ne dénichions pas le bon numéro, autant renoncer tout de suite au film. Un rôle difficile. Le personnage est censé passer du stade de jeune gars de dix-huit ans travaillant à la mine — enfermé dans son monde par une absence quasi totale d'instruction — à celui de jeune homme capable de décrocher une bourse pour le *nec plus ultra* des universités anglaises, Trinity College, à Oxford.

Il nous fallait donc un type costaud — qui en plus de la carrure ait l'intelligence et l'énergie —, et surtout qui soit capable d'intéresser vraiment le public. Une chaleur humaine, une lueur dans le regard.

Quand on prépare un film, on reçoit toujours des listes de propositions. Les acteurs connus qui vous sont familiers, il est trop facile de dire oui ou non. Mais ceux qui sont inconnus, il faut les recevoir. Les responsables de casting doivent se mettre en relation avec toutes les agences. Se tenir au courant de toutes les écoles, tous les conservatoires, petits théâtres, troupes permanentes — qui sont légion. Sans oublier les nouveaux venus.

On nous a donc adressé une liste de noms pour le rôle de Morgan Evans. Le premier s'appelait Ian Saynor. Gallois. À Londres depuis trois semaines. Trois années de scène au pays de Galles. Jouant en anglais ou en gallois. Tous les rôles.

Cette première journée.

À la porte est arrivé Ian Saynor. Et nous avons tous manqué de défaillir. Exactement le personnage. Un mètre quatre-vingt-cinq. Cheveux brun foncé. Yeux écartés, d'un ton de vert intéressant. De la voix. Un rêve incarné en ce qui nous concernait. Il a auditionné dans le rôle. Miracle des miracles — apparemment, il avait un vrai talent d'acteur. Le premier à auditionner. C'était trop beau pour être vrai.

Bien entendu, nous ne pouvions pas l'embaucher sur-le-champ. Il ne faut pas trop en demander. Nous avons continué la sélection. Convoqué trois jeunes gens. Ian était sans rival. Je crois que Cukor se serait décidé en sa faveur dès le premier jour. Il ne cessait de répéter : « C'est bon. Pourquoi aller chercher ailleurs ? »

Je suis une curieuse impénitente, qui se demande toujours si l'herbe n'est pas plus verte un peu plus loin. Le pauvre Ian est donc resté dans l'expectative pendant huit semaines. Puis nous l'avons auditionné encore une fois. Et nous avons fini par lui annoncer qu'il avait le rôle.

Nous avons aussi trouvé la fille. Elle est entrée lorsque nous avons appelé le nom de Toyah Wilcox. Un mètre cinquante-cinq. Une taille toute menue. Des seins ronds. La peau nacrée comme l'intérieur d'un coquillage. Les yeux...

Oh !... vous ai-je parlé des dents de notre recrue masculine ? De vraies DENTS. De quoi se faire une fortune en les vendant aux Arabes. Une splendeur ! Bref, revenons à Toyah qui avait les yeux écartés. Et pleins de pensées. De vilaines pensées. Des yeux qui en disent long. Et pleins de drôlerie, aussi. D'amour de la vie et... elle a donc auditionné avec moi. George et moi avons hurlé de conserve.

En rentrant de chez George, je dois avouer qu'une pensée m'a traversé l'esprit.

Soit dit en passant, George habitait au 95 Eaton Square. Un appartement en location. Salle de séjour correcte. Ni grande, ni petite. Fauteuils plus que défraîchis. Deux grandes fenêtres, donnant sur la place. Deux chambres. Une avec salle de bain — petite. Une avec cabinet de toilette — petit. Deux fenêtres dans la grande chambre. Placards décents. L'immeuble était en ravalement. Un chantier. Pas de tapis. Des murs décrépis. Vacarme incessant. Ascenseur utilisé en permanence ou presque par les ouvriers et leur bazar. Le tout pour trois cents livres par semaine. Le coût de la vie à Londres — exorbitant.

Moi aussi, j'habitais Eaton Square. Tout en bas, par rapport à George. L'appartement de Bobby Helpmann, avec un immense jardin plein de charme. Une chance. J'habitais toujours là. Gratuit. Je pouvais aller et venir à pied ou à vélo.

Comme je le disais donc..., en revenant de chez George, une pensée m'a traversé l'esprit. Au fait, ces deux jeunes que nous venons d'auditionner, ils sont plutôt mignons, non ? Qui va prêter attention à toi, Kathy ?

Mais tu vas être superbe, Kate. Un rôle taillé pour toi.

Pourtant, je ne pouvais chasser cette idée... je me demande bien ce qu'ils ont raconté à John Barrymore quand il a accepté de faire *Héritage* ? Et à Jane Cowl, quand elle a joué dans *Art and Mrs. Bottle* ? Avec ces personnages de jeunes filles — avides de célébrité. Jeunes — belles — riches de promesses.

Ton tour est-il venu, Kathy ? Oh, et après ? C'est un grand sujet. Oui. Voilà ce que tu devrais te dire. Mais est-ce ce que tu te dis, Kathy ? Hein ? Oh !... zut !... je ne suis pas une imbécile...

Enfin, c'est la vie, n'est-ce pas ? On rame, et on fait un tabac. On rame encore, et on se fait doubler par un autre — ou une autre. Et cet autre — cette autre — se fait doubler à son tour. Le nivellement du temps.

Ensuite, on a distribué les autres rôles. Nous voulions Anna Massey pour le personnage de Miss Ronberry. Elle a accepté. Patricia Hayes pour Mrs. Watty. Artro Morris, un Gallois, pour Mr. Jones. Et enfin, Bill Fraser, qui s'est trouvé libre pour faire le seigneur. Nous avons eu beaucoup de chance d'obtenir tout le monde. Fin du casting.

Ce premier travail s'est déroulé en fait sur plusieurs semaines à partir de notre arrivée. Carmen Dillon, qui avait conçu les décors de *Love Among the Ruins*, se trouvait au pays de Galles, en repérages. C'est une femme d'un goût exquis. Un puits de science et d'imagination. Unique en son genre. Une championne du perfectionnisme. George essayait toujours de l'avoir.

Avant de quitter les États-Unis, nous avions fait le tour du personnel clef — prise de vues, son, costumes. Et ceux que nous voulions ont semblé intéressés par le projet. De vieux amis, à George et à moi, avec qui nous avions déjà travaillé. Nous étions au comble du bonheur.

Dès que nous avons mis le pied à Londres, je savais que ma

première tâche serait de m'occuper des costumes. Le film se passait en 1890. L'homme que nous avions recruté était brillant. Et comique, de surcroît. En guise de bienvenue, il m'a fait porter une splendide gerbe de fleurs. Et un mot disant qu'il était absent pour le week-end, et qu'on ne pouvait pas le joindre par téléphone. J'ai donc appelé le lundi.

« Allô ! Bonjour. Je suis très heureuse. Les fleurs étaient très belles. Vous êtes aimable. Je suis tellement contente que nous travaillions ensemble... Est-ce que je n'ai pas quoi ? Reçu votre lettre ? Non. Je n'ai pas eu de lettre. À quel sujet ?... Vous ne pouvez pas quoi ?... Vous n'allez pas nous prendre ? Vous avez accepté un autre contrat ? Je ne comprends pas... je ne comprends rien du tout... Vous ne pensiez pas que le projet allait se faire ? Mais pourquoi n'avez-vous pas téléphoné ? Si on vous a fait une proposition plus intéressante, vous auriez pu téléphoner et dire simplement : "Kate, j'ai une proposition plus intéressante." Bon sang ! Nous plaquer comme ça... maintenant... alors que nous sommes à la veille de... c'est une plaisanterie. Vous avez eu des mois... je n'arrive pas à y croire...

« Je vois. Vous n'avez pas pensé au téléphone... Vous ne savez pas quoi dire ? Eh bien moi non plus. Je ne vois pas ce que je pourrais dire, d'ailleurs. Ni vous non plus. Quel...

« Nous sommes pourtant amis. Vous ne pouvez pas laisser un ami en rade. Je ne comprends pas. Il aurait été tellement facile d'appeler et de dire : "Écoutez, Kate, on vient de me faire une proposition fantastique que je ne peux pas refuser. Est-ce que cela vous dérange beaucoup ? Vous pouvez vous adresser à Untel. Il est libre. J'ai vérifié. Et Machin pourrait se charger de la confection... et..."

« Oh ! bien sûr, j'aurais été extrêmement déçue. Mais j'aurais dit D'ACCORD. Bien obligée. C'est ça, l'amitié. Mais nous lâcher de cette façon. Et au dernier moment. C'est une plaisanterie... Je suis consternée... abasourdie. Personne ne se conduit ainsi... »

Eh bien si. Lui par exemple. Et nous nous sommes retrouvés sans personne pour les costumes.

Neil Harder, notre producteur, qui avait beaucoup travaillé en Angleterre, s'est mis en quête de quelqu'un d'autre. Il a appelé David Walker, qui avait fait *La charge de la brigade légère*, pour Tony Richardson et lui. Walker n'avait pas envie de reprendre le flambeau, mais il a vu que nous étions dans l'embarras. Et dans un moment de faiblesse, il a dit oui.

Il n'a pas été à la fête. Pas d'essayeuses. Il a fini par persuader Jean Hunneysett de se charger de mes tenues et de celles d'Anna Massey. Parfait pour nous. Mais les autres ? Il y avait trois autres productions concernant la même époque, à Londres. Une vraie razzia s'était opérée chez les loueurs de costumes qui n'avaient plus un costume 1890. Faire faire quelque chose, surtout un costume masculin, était virtuellement impossible. Nous étions dans un joli pétrin. Délais impossibles : pas le temps de réfléchir — ni de discuter — ni de trouver des tissus — ni de connaître nos points faibles respectifs. Je veux surtout parler de mes défauts à moi. Les cols à faire de plus en plus hauts. Les drapés pour dissimuler ce qui déborde ici, ce qui pendouille là. Pas le temps pour lui de se familiariser avec... avec cette CHOSE que l'on identifie à moi.

Un jour particulièrement comique. David Walker devait passer à mon appartement pour que nous discutions de l'allure générale à donner à Miss Moffat. Les couleurs. Les étoffes. Non sans une pointe d'horreur, je l'ai vu débarquer avec Miss Hunneysett — la couturière qui devait réaliser les costumes. Elle était apparemment charmante, efficace. Elle était venue prendre mes mesures. Elle a ouvert une sorte de sac dont elle a sorti un tout petit corset. J'ai jeté un rapide coup d'œil à l'article. Cinquante centimètres de tour de taille, à mon avis. Elle m'a regardée.

« Oui ? »

Elle a tenté de masquer son désarroi.

« J'ai toujours cru que vous étiez très... euh... Sur l'écran vous paraissez avoir... »

Bien entendu, elle avait regardé les films de la séance de minuit, où j'avais trente ou quarante ans de moins. Et quarante-cinq centimètres de tour de taille. Elle a délacé à la hâte le dos du corset, mais elle ne pouvait espérer parvenir à y enserrer la taille qu'elle avait sous les yeux.

« Bon, essayez... non... À vrai dire, je crois qu'il serait mieux que je... Voyons... Oui... Miss Hepburn... vous savez... Je ne suis pas sûre que vous ayez vraiment besoin d'un corset. Euh... j'ai cru comprendre que vous ôtez vos vêtements entre chaque prise... oui... Il risque d'être assez peu pratique pour vous de... »

David Walker a volé au secours de Miss Hunneysett.

« Vous allez porter des vestes. Nous y mettrons des baleines. C'est beaucoup mieux qu'un corset.

— Vous allez porter des vestes.

— Mes côtes…, ai-je commencé.

— Oui, je sais, a-t-il interrompu. Enfin, je vois à quoi vous faites allusion. Elles sont saillantes. »

Comment ne pas rire ? C'était comique. En fin d'après-midi, j'avais l'impression d'être une sculpture de Henry Moore. Et on ne corsète pas un Henry Moore.

J'ai fait ensuite connaissance avec la maquilleuse. Ann Brodie. Nous avons procédé à une espèce d'essai dans ma salle de bain. Il pleuvait et il faisait sombre. Les ampoules n'étaient pas très puissantes. J'ai une vue correcte. Entendez par là que je parviens à faire la différence entre un homme et un chien. Mais les détails m'échappent incontestablement. Je l'entendais penser : « Elle a toujours utilisé les placards de fond de teint, et ce n'est pas à son âge que je vais la faire changer. J'ai toujours trouvé qu'elle avait un visage bien à elle. Alors pourquoi la bousculer ? Je vais lui faire plaisir. Ne pas me lancer dans une bonne recette. »

Elle m'a plu. Elle était gentille. Dominait son trouble.

« Non. Ça ne se voit pas du tout. Si vous n'aviez rien dit, je ne m'en serais jamais rendu compte. »

Oui. Gentille.

Elle a cité un certain Ray Gow comme coiffeur. Lequel s'est révélé faire partie des coiffeurs sachant coiffer. Ce qui n'est pas fréquent. Lorsqu'une personne s'attaque à vos cheveux brosse en main, vous vous sentez aussitôt… comment dire ? En confiance, ou au désespoir.

J'ai expliqué : « Bon, si j'essaie d'avoir des boucles au pays de Galles — où il pleut tout le temps, je crois… Pas question de faire attendre George. Il n'apprécie pas du tout. Il ne comprend rien aux problèmes de cheveux.

— Non. Pas de laque. Vous avez le cheveu trop fin. Et puis l'eau de Londres est très dure. Oui, il y en a épais. On va juste donner du volume. Froisser. Regardez ces épis. »

Il était formidable. Il avait le tour de main. Et il connaissait les angoisses du comédien.

« Ah oui ! Je vois. La brosse. Pas de peigne. Bien sûr que

je m'en débrouille. En crachant un peu sur les pointes rebelles. Pour les faire rentrer dans le rang. Voilà. »

Il a vu ma corbeille de bigoudis sur ma table de chevet. Des papillotes de papier journal très serré.

« Ces choses... ce sont vos bigoudis ? Je m'en sers aussi.

— Vraiment ?

— Oui.

— Vous êtes bien la première personne à me dire qu'elle...

— Mais si. Il n'y a rien de mieux. Ils absorbent l'eau. Mais vous le savez aussi bien que moi. Professeur. Pas d'histoires. Et l'eau du pays de Galles est une merveille. Douce. La perfection. Vous avez de beaux cheveux.

— Merci. »

Vous le voyez, nous nous sommes entendus comme larrons. Grâce aux bigoudis en papier journal dont nous ne nous sommes jamais servis.

David Walker, le styliste, avait un assistant — Bob Ringwood. Ce dernier devait prendre les choses en main pendant le tournage. Ce qu'il a fait. Et ce n'était pas rien. Ajustez. Teignez ! Tout de suite ! Élargissez. Rétrécissez. Salissez. Lavez. Usez. Emballez. Sortez.

Nous avions un accord avec un directeur photo qui avait déjà travaillé pour nous. Lui, son opérateur, son cadreur, son second assistant devaient être disponibles. Les trois étaient des professionnels hors pair. Le dessus du panier. Le directeur photo règle généralement l'éclairage. Le cadreur est à la caméra, suit les acteurs, et fait le cadrage. Le troisième est responsable de la mise au point. Des boulots importants et délicats. C'est eux qui ont le dernier regard sur votre allure, eux qui sont l'œil du public. Naturellement, le réalisateur décide de la façon de jouer la scène, mais c'est le cadreur qui doit suivre et cadrer subtilement. Nous étions ravis d'être en de si bonnes mains.

Deux semaines avant le début du tournage, coup de fil de mon vieil ami le directeur photo : « Je ne peux pas faire le film.

— Quoi ?... *quoi ?*

— Nous ne pouvons pas faire le film. Nous sommes tous crevés. Et puis ma fille est en vacances pour l'été. Et mes dents... Nous sommes lessivés.

— Ça alors ! C'est un drôle de moment pour... Moi aussi, je suis crevée. Tout le monde est crevé. Et après ? On ne commence pas avant deux semaines — trois peut-être. Vous avez le temps de vous reposer...

— C'est que... ma fille. Elle... c'est ses dernières vacances avec nous...

— Votre fille ? Vous étiez au courant depuis des mois... je n'arrive pas à croire que vous nous laissiez choir comme de vieilles chaussettes... c'est trop tard. »

Puis, à l'intention de Phyllis qui se trouvait à côté du téléphone : « Les dernières vacances de sa fille avec eux... je vais devenir folle. Moi, cela risque d'être mon dernier film ! »

J'ai continué : « Si vous étiez dans de telles dispositions, pourquoi ne pas avoir appelé ? George ou moi sommes faciles à joindre. Il y a de cela des semaines. Quand nous avions encore une chance de trouver une autre équipe...

— Mais mon agent vous a dit que...

— Non. C'est faux. Votre agent a dit que vous étiez fatigués. Que vous étiez tous fatigués. Normal. Et pourquoi pas ? Vous avez de la chance d'être fatigués. Vous avez du boulot. Mais elle ne nous a pas dit que vous nous laissiez choir. Je me demande comment vous pouvez seulement envisager de faire ce dont vous parlez. Simplement parce que vous n'avez pas signé de contrat. Je ne veux même plus en discuter. C'est hors de question. Une chose comme ça est impossible. Nous sommes amis... Vous êtes... C'est une vacherie, c'est irresponsable, c'est... »

J'ai raccroché. À quoi bon continuer ? J'ai rappelé le lendemain pour dire d'une voix sinistre qu'il était clair que ni lui ni les autres n'allaient faire ce film. Qu'on ne peut forcer personne, même s'il a signé un contrat. C'est comme ça. Trop déplaisant. Et trop ennuyeux.

Vous vous rendez compte ? Le deuxième lâchage. Des amis. Qu'est-ce qui se passe ? On commence par dire oui. Et puis ensuite, quand il est trop tard, on dit non. Et on laisse un soi-disant copain en rade. Avec personne. Et aucune solution de remplacement. Vite, ma bonne étoile ! Au boulot !

Le monde du cinéma londonien était une vraie ruche. Nous avons fait des tentatives. Non. Non. Non. Alors, j'ai pris le temps de réfléchir. Teddy Scaife. Il était tout gamin à l'époque d'*African Queen* où il était deuxième cameraman. Le premier cameraman était Jack Cardiff. Scaife a pas mal travaillé avec Bogie et moi lorsque Cardiff a eu sa rechute de malaria. Ensuite, il a fait plusieurs films avec John Huston. Un type gentil. Indépendant. Aimant rester à part. Mais brillant et drôle. Si on essayait ? On a essayé. Miracle des miracles, il a dit oui. Et il a trouvé un superbe cadreur, Herb Smith. Et Tony Breezer comme second assistant.

Pour la prise de son, c'était parfait. Peter Handford — l'un des meilleurs. Trevor Rutherford. Nick Flowers. Des perfectionnistes. J'aime.

Dans le même temps, j'avais fait un saut au pays de Galles avec Cukor pour faire quelques repérages. Nous avons logé dans un hôtel charmant à Llangollen. Au nord du pays. Sur la Dee. Nous avons visité toute une série de fermes, sur un rayon de quatre-vingts kilomètres. Le pays, splendide. La pluie, battante. Des montagnes en arrière-plan — Snowdon. Certaines fermes étaient très rustiques. Le lieu que nous choisirions devrait être relativement épargné par les poteaux télégraphiques et autres. Nous avons fini par nous rallier au choix de Carmen Dillon. Un village —. Isybyty-Ifan — traversé par un cours d'eau. Une certaine sévérité générale. Et une ferme toute proche — Hafod Ifan — propriété du National Trust, tenue par une famille, les Hughes. Une maison en pierre, à flanc de montagne. Avec un groupe de belles granges, tout en longueur, et également en pierre. Une ferme où on élevait le bovin — des Welsh Blacks. Une ferme pleine de vie.

Carmen nous a expliqué les constructions qu'elle pouvait ajouter ici et là pour rendre le lieu conforme au scénario. Et l'intérêt de la proximité du village. Notre visite s'étant effectuée à la fin d'une longue journée et sous une pluie battante, notre enthousiasme était relatif.

Du village, nous avions regagné Llangollen et le Royal Hotel. Un bon dîner, une bonne nuit. Le lendemain matin, en route de nouveau, direction nord-est, jusqu'à Wrexham. La houillère de Bersham était toute proche. Nous voulions que le public se rende compte qu'en 1890 des gosses de dix, onze ans allaient à la mine et faisaient des journées de travail de douze heures. Mr. Owens, le directeur, était absent. Mr. Williams nous a fait visiter. Plusieurs bâtiments étaient assez anciens pour que nous puissions les utiliser.

À la fin de notre visite, nous avons tous passé une combinaison, des gants, un casque, des bottes (moi, je n'ai eu besoin que du casque, mes vêtements normaux convenant, y compris mes chaussures). Puis nous sommes montés dans un ascenseur. Il s'agissait d'une véritable cage ouverte, à deux niveaux. Chaque niveau pouvait porter cinq personnes. Au-dessus d'un mètre soixante-dix, on n'y tenait pas debout. Le noir opaque. Soixante-deux mètres sous terre. Descente rapide, et fracassante. Une espèce de puits, grossier. Arrêt. Nous étions dans une galerie. Éclairage chiche et rail central. Une sorte de trou rond, taillé sommairement, au sol très irrégulier. Les mineurs devaient parcourir plus de trois kilomètres dans ce boyau avant d'atteindre leur lieu de travail. Chacun était muni d'une lampe et d'un appareil destiné à détecter les émanations de gaz. (Nous aussi.) Et d'un masque à gaz. Nous ne sommes allés que jusqu'à une salle où se retrouvaient les mineurs pour boire une tasse de thé. Quelques chaises. Sombre. Et vraiment, un trou dans le sol. Il y avait un courant d'air permanent. Persistant et finalement épuisant. Et on était couverts de poussier. Et il faisait assez froid. Si on avait utilisé des enfants, c'était à cause de l'exiguïté de certains endroits où les adultes ne pouvaient pas creuser.

Sur le chemin du retour, nous avons entendu une superbe voix de ténor. À laquelle se sont jointes progressivement d'autres voix pour chanter. Si profond au cœur de la terre. Nombre de leurs chants étaient des cantiques, nous a-t-on expliqué. Est-ce tellement étonnant ? Curieusement, ce lieu parvenait à être à la fois émouvant et surnaturel. En de tels moments — sous terre — où la moindre pelletée remuée risque de déclencher une force naturelle dévastatrice. Qui est le Maître ? Il est seul. Chantons en chœur. Quelle beauté... ces sonorités. Résonnant dans un puits de mine. Dur et dangereux, le travail ici. Nécessitant une sorte de courage quotidien. Les mineurs semblaient et étaient différents des autres humains. Il fallait bien qu'ils soient différents. En même temps, ils étaient très gais. Ce chant. En tel contraste avec la situation. Et en remontant à la surface nous avons constaté que nous étions littéralement recouverts de poussière de charbon.

Difficile à laver.

Nous sommes ensuite repartis vers le sud. Une traversée en diagonale du pays de Galles. Le paysage est beaucoup plus doux au centre et au sud. Nous n'avons rien trouvé qui convienne aussi bien que la ferme des Hughes. Nous sommes arrivés à Cardiff, d'où nous avons filé vers l'est, et Londres. Un long voyage. Passionnant.

Après l'acceptation de Teddy Scaife, le directeur photo, nous sommes retournés encore une fois au pays de Galles. Dans l'intervalle, la ferme des Hughes s'était enrichie d'un joli jardin d'agrément, fleuri. Une serre. D'une jolie pelouse. Le gravier avait remplacé la boue dans les allées. Il y avait aussi plusieurs nouvelles cheminées. Et quelques éléments en saillie, faux. Le tout faisait beaucoup plus civilisé. Et comme il faisait beau — il y avait seulement de la brume, sans pluie battante —, nous avons été conquis. J'ai demandé à Mrs. Hughes si je pouvais installer ma coiffeuse et mes costumes quelque part dans la maison. Elle a accepté. Une chance pour moi, car autrement, je me retrouvais dans une caravane. Et la caravane dans un champ. Ce qui signifiait qu'à chaque sortie on était couvert de boue. Et une caravane bouge toujours dès que l'on fait un geste. Et acquiert au fil des jours une allure et une odeur décourageantes. Dans la chambre d'ami orientée sud-ouest — au deuxième étage, salle de bain attenante —, je me suis fait une loge fantastique. Mes chemisiers posés à plat sur le lit. Mes chapeaux sur les colonnes du lit. Mes rubans, foulards, gants, voiles, dans une boîte sur le lit. Et il me restait de la place pour m'y allonger agréablement. Les chaussures en dessous. Et les manteaux, vestes, jupes, sur des cintres, de l'autre côté de la porte, dans le couloir. Et — fin du fin — en regardant par ma fenêtre, j'avais vue sur tout ce qui se passait. En résumé — LE PARADIS.

Pas grand-chose à raconter, en vérité. Quand le tournage est commencé, tout n'est plus qu'une question de santé, de météo — et de qualité de la distribution et de l'équipe technique. Il faut aussi, bien sûr, un scénario qui tienne le coup. Votre compétence personnelle aussi est en jeu. Êtes-vous à la hauteur ? Je crois que la plupart des gens impliqués dans une quelconque entreprise artistique se demandent secrètement s'ils sont là à cause de leur talent, ou par un coup de chance. Quand ils ont le temps de penser.

Tous les jours se ressemblent. Le travail quotidien. Avec moi, c'est réveil tous les matins à cinq heures. Petit déjeuner copieux.

Que je fais moi-même. Fruits, œufs, bacon, foies de volaille, rôti, marmelade, café. Sur un plateau. Que je remporte dans mon lit. Le délicieux silence des petits matins. J'étudie et je médite en buvant et en mangeant. Le soleil se lève. On le voit rarement faire. Mais la lumière nous parvient. Brumeuse. Se dégageant lentement. Avec de légères averses. Climat idéal pour une peau de rousse. Puis bain ou douche, froids. Un tour de vélo, si je suis prête de bonne heure — avant l'arrivée de la voiture. Départ au boulot aux alentours de sept heures.

J'avais une petite maison avec Phyllis, à Capel Garmon. Près de Betws-y-Coed. Prononcer les *w* comme des *u*. Trois cents ans, cette maison. Une belle grande cheminée dans le salon. Trois grandes plaques de schiste. Il y avait des carrières partout alentour. Nous avons agrémenté la pièce de grandes bobines de laine. Très décoratives. Rouge, bleu, blanc, chiné bleu et blanc. Une quinzaine de centimètres chacune. Pas mal de filatures visitées. Où l'on fait toute sorte de pulls, chemises, couvertures, jupes, pantalons, manteaux, capes, casquettes, sacs. Et toujours le regret de ne pas avoir acheté davantage. Avoir l'œil à tout.

Dîner sur un plateau, au coin du feu. Joli. Ma première tâche, en rentrant à la maison, est de me laver les cheveux. Je me suis toujours occupée moi-même de ce genre de soins. Cela évite les problèmes. Je le fais chaque soir. Je mets les cheveux en plis, mouillés. Ils sèchent plus ou moins devant la cheminée pendant que je dîne. Sept heures — sept heures et quart. Six jours sur sept, pendant le temps du tournage. Sinon, je vais me coucher la tête humide.

Un certain George Potter nous servait de chauffeur. Une merveille. Il savait tout faire. La menuiserie, l'électricité, la plomberie. Et il avait une joie de vivre réjouissante. Le paysage qui entourait Capel Garmon et le lieu du tournage était divin. Montagnes, vallées, cieux, fleurs, champs, fermes de pierre, granges, petites routes bordées de digitales pourpres. Moutons paissant sur les pentes — partout. Montagnes surgissant de la brume ou s'y enfonçant — à l'horizon. Chaque jour, nous sommes revenus par une route différente. Vous pouvez me croire quand je vous dis qu'il s'agit d'une expérience grisante. L'air — pur et tonifiant. L'eau — douce. L'absolue béatitude. Le transport de l'âme. La beauté de la vie. L'émerveillement.

Essayez d'imaginer une équipe de tournage — soit, en gros, une soixantaine de personnes — circulant dans et autour de votre ferme isolée, pendant trois semaines et demie. Six jours par semaine. La vedette — moi — qui prend ses quartiers à l'étage. Les gens qui se réchauffent dans votre salon. La boue et l'eau de pluie dans la maison. Un groupe qui débarque à sept heures du matin et repart à sept heures du soir.

La famille Hughes se composait de Mr. et Mrs. Hughes — une fille enceinte jusqu'aux yeux et son fils âgé de deux ans, qui ne parlait que le gallois. Le mari, qui aidait Mr. Hughes à la ferme. Six chiens de berger. Ces gens ne se sont jamais fâchés. Toujours souriants. Fournissant du café. Du thé. Un merveilleux gâteau au cassis. Vraiment quelque chose, ce gâteau, dont je donne ci-dessous la recette.

1 livre ou 3 tasses 1/4 de farine levante.
3/4 de livre de margarine.
1 tasse 3/4 de cassis.
1 tasse de sucre cristallisé.
2 œufs battus dans un peu de lait.

Incorporer la margarine à la farine. Ajouter les ingrédients secs. Puis les œufs battus dans du lait. Mixer. Mettre dans un moule tapissé de papier sulfurisé huilé. Saupoudrer le dessus de sucre brun. Placer en haut du four et laisser 15 minutes à four chaud. Baisser le thermostat et laisser cuire encore 1 heure 1/4 à four moyen.

Tous les dimanches, nous allions faire de grandes promenades à pied ou en voiture, dans la montagne. Ou au bord de la mer. Pique-niquer. Ou bien nous allions aux Bodnant Gardens. Si vous aimez l'air pur et toutes les nuances de vert, le pays de Galles est un pays pour vous.

Le tournage proprement dit a été l'habituel mélange de joie et de souffrance. Avec l'éternelle question : « Ai-je été vraiment aussi bonne que je le pouvais ? » Au début du film, je parcours les montagnes à bicyclette pour me rendre à la maison que mon oncle m'a laissée en héritage. Nous devions monter au sommet d'une pente escarpée et la caméra devait me filmer dévalant cette même pente sur un vélo de 1890 (raide et pesant une tonne). Puis, à cause de la position du soleil, il a été décidé de faire l'inverse, de me filmer en train de grimper. Ce qui était pratiquement impossible pour moi. Ils ont pris une jeune athlète de vingt-quatre ans qui était une excellente réplique de moi, et m'ont doublée dans une des prises.

Quelle humiliation ! J'ai failli en faire une attaque. Impossible d'arriver au sommet de cette fichue montagne. Manque de souffle. J'étais furieuse de cet échec. J'ai toujours été capable de me passer de doublure. Mais mes jambes ont refusé d'appuyer assez fort sur les pédales pour éviter à la bicyclette une instabilité éthylique. Tout le monde m'a trouvée idiote d'enrager parce que la jeunette parvenait à grimper et moi pas. Oui. Ils avaient sans doute raison. Mais c'est comme ça. J'enrage encore. Foutues vieilles cannes. De toute façon, la prise avec la doublure a sauté au montage. Parce que je leur ai fait peur. J'ai dit que cette séquence porterait malchance à l'ensemble.

Entendu un truc bizarre l'autre soir. Quelqu'un demandant à une personne dans mes âges : « Comment allez-vous ? »

Réponse : « Bien. Si on exclut les détails. »

C'est bien cela. N'est-ce pas ?

En rentrant à Londres, nous sommes revenus aux semaines de cinq jours. Agréable, non ? Le plateau du Lee Brothers Studio était très agréable. Nouveau, ce studio, financé par Lee Electrics. Ils m'ont installé une loge. Superbe. Avec de vraies fenêtres. Spacieuse. Douche. Baignoire. Et tout le confort. Complètement blanche. Et juste à côté du plateau où nous tournions.

Nous avons travaillé vite et bien. Les scènes étaient longues, intenses. Le décor était parfait. L'équipe intéressée parce qu'il s'agissait de la véridique histoire de Morgan Evans, un jeune homme qui fait l'immense pas séparant l'ignorance de la connaissance. Il ouvre la porte de sa vie. Aidé par un professeur — moi, Miss Moffat — qui sait ce dont il est capable à condition de continuer à travailler. Une histoire drôle, attachante, stimulante. Parce que l'on se rend compte tout à coup que le seul fait de vivre est une chance merveilleuse. Un potentiel. En allant de l'avant, on peut faire des choses. Alors en avant, vous pouvez être un gagnant. C'est quand on s'arrête que l'on est fichu.

Cinquième Partie

Phyllis

Phyllis Wilbourn est mon bras droit. Elle est venue chez moi dans le milieu des années cinquante. Son employeur, Constance Collier, était décédée. Elle a travaillé pour Constance pendant vingt-deux ans. Elle travaille pour moi depuis. Nous sommes toutes les deux octogénaires. Elle a juste un peu d'avance sur moi.

C'est une personne ignorant totalement l'égoïsme (il faut bien que je vous dise les choses comme elles me viennent), travaillant pour un monstre d'égoïsme.

Elle sait tout faire, ce qui au fil des années m'a été très précieux. C'est une bonne cuisinière. Elle est capable de parler à n'importe qui — du Président jusqu'au concierge. Elle ne prend jamais de vacances. Elle me soutient. Et elle est... comment dire ?... elle est *là* pour m'aider — me tenir compagnie — me laisser tranquille — faire des choses pour les autres que je devrais faire, moi.

Bon — tant pis —, disons les choses brièvement. Il n'y en a pas deux comme elle. C'est un ange.

Brève rencontre

Phyllis, mon amie Sarah (« Skate ») Forbes et moi étions en train de charger la voiture pour partir à New York. C'était un lundi matin. Il faisait beau, une température clémente, comme les autres jours de cet hiver. Vers dix heures et demie, nous sommes parties. Le plein d'essence, un arrêt à la poste, et nous avons pris la route 95. Presque arrivée à Madison, je vois au loin une femme sur le bas-côté, qui semble être en train de remettre un pneu dans son coffre. Je m'arrête, descends de voiture. Imitée par Skate. Phyllis reste à l'intérieur, coincée sur la banquette arrière entre les fleurs et les courses. Skate et moi étions à l'avant.

« Vous avez des problèmes ?

— Un pneu à plat et je ne sais pas changer la roue.

— Vous avez un cric ? »

Elle va voir. C'était le genre de femme un peu éberluée, dans les trente-cinq ans, le cheveu triste, la mine vaguement désemparée. J'avais déjà eu l'occasion de changer une roue et j'avais une vague idée de la façon de s'y prendre. De toute façon, je ne suis pas maladroite. Et puis je savais que personne d'autre n'allait s'arrêter. Skate l'a aidée à chercher. J'étais en train d'étudier le bas de la caisse — en me creusant la cervelle : un cric, ça se fixe dans le bas de caisse... le bas de caisse... sur le châssis... mais non... c'était autrefois, les crics se fixant au châssis.

Elles arrivent avec la pièce principale d'un cric.

« Oui… voyons, il y a un socle… une poignée… », dis-je.

Skate trouve le socle. Parfait. Elles repartent… je monte le cric, regarde de nouveau : c'est la roue avant droite qui est à plat. Je place le cric à l'endroit qui me semble convenir. Bon. Et je me dis que la foutue voiture va dégringoler. Comment on… je passe la main sur le bas de caisse. Je me dis que c'est épais.

Skate arrive avec la manivelle.

« Oui, dis-je. C'est ça. Mais je voudrais bien savoir comment on fixe le cric dans le bas de caisse pour qu'il tienne. Il devrait y avoir un mode d'emploi…

— Mais il y en a un », dit la femme.

Skate repart, trouve le manuel. Elle crie : « Oui… il y a un trou !… »

Je me couche sur la chaussée. Ah oui ! un trou… j'y suis. Bon. Tout colle. La manivelle aussi. Je trouve le système qui permet de monter et descendre. Je l'actionne. Et tout à coup — illumination — je demande : « Les freins sont serrés ?

— Oui », répond la femme. Je continue à actionner le mécanisme, et la voiture monte, monte.

Formidable.

Bon, encore un petit peu, pour pouvoir retirer la roue. Voilà… parfait… comme ça, la roue tourne sans problème. Je retire la manivelle et fais sauter les capuchons des vis qui maintiennent la roue.

Voilà, une bonne chose de faite. À présent on dévisse…

Je place la clef de la manivelle sur la tête d'écrou pour dévisser… j'essaie. Un instant, que je réfléchisse… dans le sens des aiguilles d'une montre… dans le sens inverse des aiguilles d'une montre — dans les deux cas, rien ne bouge. Et de toute façon, dès que je force un peu, la foutue roue se met à tourner. Évidemment, idiote. Tu as trop monté la voiture.

Tentative des deux autres pour maintenir la roue immobile — impossible. Je retourne au cric, pour changer la position, introduis la manivelle. Je ne sais pas pourquoi, mais le système refuse d'obéir. Bien qu'il me soit pénible d'admettre ma bêtise, je pourrai toujours m'en sortir, à supposer que je parvienne à changer la roue dans cette position, en mettant le moteur en marche et en reculant. Je me concentre donc sur le dévissage — énervée.

« Écoute, est-ce que nous nous y prenons de la bonne façon ? De quel côté il faut tourner pour dévisser ? » Je réfléchis. Comme ça — comme ça ? « Tu veux aller voir dans ma trousse de toilette, Skate ? Tu prends un flacon et tu regardes dans quel sens se dévisse le bouchon. »

Skate obtempère. Dans le sens inverse des aiguilles d'une montre.

« Bon, maintenant, empêche la roue de tourner. » Je fais un ultime effort désespéré pour dévisser l'écrou. Elles essaient d'immobiliser la roue. Échec sur toute la ligne. C'est sans espoir.

« Il nous faut de l'aide. »

Je me plante à côté de la voiture et fais signe de la main. Imitée par Skate et la femme de la voiture. Les hommes défilent les uns après les autres — sans même ralentir. Un camion. Il roule vite. Merci le MLF, me dis-je. Nous l'avons bien cherché !

Un autre camion se profile au loin...

Cette fois, je me mets carrément dans le couloir réservé aux véhicules lents et je lève les deux mains. Le chauffeur freine... s'immobilise à soixante mètres... descend... un jeune homme, mince, noir. Je m'avance vers lui.

« On a crevé... on n'arrive pas à dévisser les boulons... je ne sais pas baisser le cric.

— D'accord, d'accord », dit-il.

Il baisse le cric. Il fonctionne sur un rythme différent, et il est très sûr de ses gestes.

« Comment avez-vous... ?

— Vous donnez juste un petit coup là-dessus, madame, ensuite vous poussez vers le haut, ou vers le bas. (Démonstration.)

— Oui », dis-je, en pensant : « J'ai donné un petit coup. Peut-être que je me suis juste énervée. »

Bref, il enlève la roue, les écrous. Puis il soulève la voiture, remet la roue de secours de façon qu'elle tourne librement. Les boulons sont replacés en un tournemain, maintenus par la clef de la manivelle, tandis qu'il fait tourner la roue pour les serrer. Superbe, éblouissant — un vrai ballet. C'est beau, de changer une roue, quand on sait. Une vraie partie de plaisir.

« Vous savez, Miss, vous ressemblez exactement... la voix...

— C'est moi », dis-je en me penchant.

Absorbé par ce qu'il fait, il n'entend pas.

« Vous... comme Katharine Hepburn.

— Oui, c'est moi.

— Pardon ?

— C'est moi, je suis... »

Il pousse un hurlement, me regarde, hurle à nouveau. « Non... non, je n'y crois pas...

— C'est moi... »

Troisième hurlement, suivi d'un grand rire et d'un sifflet. « Non, ça ne marche pas, je n'y crois pas.

— Je vais le prouver. Skate, va prendre une lettre dans le paquet de courrier que j'ai laissé sur la banquette avant de la voiture. »

Nous lui montrons la lettre — le nom en capitales d'imprimerie —, une facture. Il rechigne à se laisser convaincre, non, il ne peut pas y croire et son concert de « oh ! » de « ah ! » de « non ! » et de « ça alors ! » se poursuit pendant qu'il jette la roue à plat dans le coffre.

« Je vais vous donner une preuve. Laissez-moi votre nom. Je vous enverrai une photo de moi. »

Il s'exécute — Robert Chatman. Une adresse dans le New Jersey.

Échange de poignées de main. Il se dirige vers son camion, se retourne.

« Au revoir, dis-je. Et merci beaucoup ! »

Et lui de crier dans le vide : « Inimaginable... Je n'arrive pas à y croire. Je roulais à vide, à moitié endormi et toc... Katharine Hepburn... la seule, la vraie ! »

Je rejoins les autres.

« Incroyable, dis-je en marmonnant. On se donne du mal, on essaie — ça ne marche pas. On fait des signes désespérés pour arrêter une voiture — ça ne marche pas. Puis, juste au moment où l'on va renoncer, passe un poids lourd — qui s'arrête — un homme galant — le seul, l'unique homme galant. »

Mais peut-on encore parler de galanterie ?

La voix

Il est rarement possible de dire pourquoi certaines choses blessent profondément. C'est qu'elles sont souvent idiotes. Un vague espoir, ou un petit sujet de fierté — ma façon de chanter par exemple —, ou la taille de mes yeux.

Quand j'étais petite, j'attendais toujours que quelqu'un me dise : « Comme tu as de beaux yeux ! » Le loup le dit à la grand-mère, mais à moi, personne ne l'a jamais dit.

Ou bien : « Quelle jolie voix ! Je t'ai entendue chanter et... » Mais ça, c'est une autre histoire.

Marcia Davenport, la femme de Russell Davenport, après avoir mon film *The Little Minister*, m'a dit : « C'était votre voix, quand vous chantez dans les bois ?

— Oui..., oui, Marcia. Absolument. » On était alors en 1935 ou 1936.

« Je crois que vous devriez travailler.

— Oh ! je ne suis pas très musicienne. J'ai déjà étudié, vous savez. Le violon, jadis. Pendant deux ans, avec un homme adorable. M. Beauchemin. Je devais avoir dix ou douze ans. Je... je... Disons que je n'étais pas douée. J'avais imaginé le contraire, mais je me suis vite lassée, j'ai capitulé. Impossible pour moi.

— Non, je n'essaie pas de vous faire reprendre le violon. Je parle de chanter. Avez-vous déjà travaillé votre voix ?

— Oh ! que oui — enfin, la diction. » Je me suis battue avec

Frances Robinson-Duff, pour travailler ma diction. Vous vous souvenez qu'elle avait ce système de la bougie qu'il faut souffler pour forcer l'air à venir par le diaphragme. En tout état de cause, je sentais son diaphragme, mais je n'ai jamais réussi à faire la même chose sur moi. Nous passions un temps infini à souffler. J'ai fait cela pendant des années. Je ne me plains pas. Elle m'a offert ce qu'un professeur peut offrir de mieux. Elle s'est intéressée à moi ; elle a stimulé mon imagination et m'a donné de la confiance. Mais souffler, je n'ai jamais pu. Et pendant des années, je me suis cassé la voix chaque fois que je jouais sur scène.

Les pires expériences : *The Warrior's Husband*, puis, vingt ans plus tard, *The Millionairess*, de G. B. Shaw. Deux rôles où je donnais beaucoup de la voix. Pendant *The Warrior's Husband*, en 1932, j'ai eu une extinction de voix. Une nouveauté pour moi. Je jouais sur le registre des graves, essayant d'être masculine. Les choses ont si mal tourné que j'ai été à deux doigts de devoir annuler des représentations. Mon père m'a envoyé consulter un spécialiste de la gorge à Hartford, le Dr William Dwyer. Lequel a dit à papa que jamais je ne pourrais faire de carrière, que mes cordes vocales étaient couvertes de nodules, et que j'étais dans un sérieux pétrin.

« Ne le lui dites surtout pas, a supplié Papa. Pas un mot. » Bill Dwyer n'a jamais rien dit.

La pièce était en fin de parcours, j'allais partir pour Hollywood, et mes nodules se sont mis en veilleuse.

Pour *The Lake*, la tension était d'un autre ordre. J'ai failli y laisser ma raison, mais pas ma voix. *Jane Eyre*, *Indiscrétions*, *Sans amour*, *Comme il vous plaira* — pas de problème. Puis est venu *The Millionairess*. J'ai joué à un niveau de puissance et de liberté qui était au-dessus de mes moyens, et j'ai commencé à avoir des ennuis. Nous avons créé la pièce à Londres. Au bout de six semaines environ, j'ai commencé à être enrouée, et l'état de ma gorge s'est aggravé constamment. À la fin, je ne parlais plus du tout ailleurs qu'en scène. Je me contentais d'écrire des notes.

Nous avons quitté Londres pour aller tourner aux États-Unis. Mais nous avions l'été libre. Plusieurs mois de repos. Puis, à l'automne, deux répétitions en costumes, devant un public. Ma voix s'est cassée immédiatement. Deux représentations !

Lawrence Langner a dit : « Repoussons la première.

— Fadaises, ai-je répliqué, en désespoir de cause. Où est le problème ? L'alternative est simple : je meurs ou je ne meurs pas. Je viens d'avoir tout un été de vacances. Quel est l'intérêt de se raconter des histoires ? Aller de l'avant, de l'avant. La seule question est la suivante : "Jusqu'où ?" »

Le soir de la première est arrivé. À Londres nous avions fait un tabac. Nous étions pratiquement à bureaux fermés à New York, pour dix semaines, durée de notre contrat. J'ai affronté cette première — la gorge à demi nouée. Dure épreuve. Les critiques ont été correctes. Naturellement, avec un registre vocal aussi limité, ma prestation manquait un peu d'émotion, d'aisance. Un peu terne. La pièce en a sans doute souffert, et moi aussi. Pas de vigueur. Pourtant, le personnage que je jouais n'en manquait pas vraiment.

Que faire..., que faire ?

Je suis allée consulter un médecin du spectacle. Ce sont les seuls qui comprennent que, quand on est acteur, on doit tenir à tout prix, ou mourir sur scène. « Miss Hepburn, vous êtes complètement nouée, n'est-ce pas ? Si vous commenciez par prendre un verre et vous détendre...

— Prendre un verre... Ça alors ! Je ne peux pas prendre un verre... Bon Dieu ! Ma raison ficherait le camp. Vous ne connaissez pas quelqu'un — un professeur..., je ne sais..., une personne qui puisse m'aider —, j'ai toute une troupe... Il faut absolument que je tienne. Il doit bien y avoir quelque chose... quelqu'un...

— Oui, il y a un homme, il s'appelle Alfred Dixon. Pourquoi n'allez-vous pas... ? »

À l'époque je passais mes week-ends au Columbia Presbyterian Hospital, et j'envisageais de me jeter par la fenêtre — n'importe quoi, tout... « Impossible...

— Qu'avez-vous à perdre ? a dit Bobby.

— D'accord, faites-le venir. »

Bobby Helpmann, Sir Robert, était le docteur égyptien dans *The Millionairess*, et nous étions amis. Bobby a ouvert la porte de ma chambre. Avec lui est entré un homme — ni grand ni petit, plutôt fort. Même carrément gros. Une grosse tête — les yeux très écartés — un visage large. Assise dans mon lit, je me suis dit avec désespoir : « Ce n'est pas lui qui va me sauver la vie... »

« Je m'appelle Alfred Dixon...

— Oui..., bon... et que préconisez-vous, dans un cas comme le mien ? Que pouvez-vous faire ? » J'étais hostile, fermée.

Il a tenté de m'expliquer ce qui à son avis avait provoqué mon extrême enrouement, et en quoi consistait sa méthode. Une histoire de chiens et de halètements. Mince alors. J'étais désespérée — au fond du trou — et lui me parlait de chiens haletants. Autant mourir tout de suite. Je vais me jeter par cette fenêtre, mourir. Ce type n'est qu'un gros crétin pontifiant, qu'il me laisse souffrir en paix.

J'avais peine à seulement l'écouter. J'étais brisée. « Merci, je vais réfléchir. »

Il est parti. Bobby est resté un instant. Mais comme je ne pouvais pas parler, il a fini par partir aussi. Et je suis restée à contempler le vide. Demain une autre semaine allait commencer... l'horreur...

J'ai quitté l'hôpital pour rentrer chez moi. J'étais vraiment déprimée. Au trente-sixième dessous... Que faire ? Lundi. Six jours à tirer jusqu'au dimanche. Et puis je me suis mise à réfléchir. Pas d'hystérie imbécile. Essaie. J'ai rappelé Alfred Dixon.

« J'aimerais vous voir. Tout de suite... si possible.

— D'accord... je serai là dans une heure.

— Non, je vais me déplacer. » Faire l'effort. Aller chez lui. Sur son territoire.

Je me suis donc rendue dans la 36e rue. Un immeuble minable, un peu crasseux. J'étais sur la défensive. L'élève avant moi est sortie. Je suis entrée. Il a aussitôt entamé une série d'exercices. Le principe de base de son système était d'agir sur le nerf vague, qui — chez un sujet tendu, angoissé, ce qui est l'état quasi permanent de tout acteur — provoque un raidissement de la gorge et du cou, bloquant ainsi le passage naturel et facile de l'air venant du diaphragme. Apparemment, ma tendance avait toujours été de malmener ma gorge. J'ai compris d'emblée ce dont il parlait. Je suis sûre que la bougie chère à Frances Robinson-Duff relevait de la même idée fondamentale, mais à l'époque, le message n'était pas passé. Je devais être trop bien enfermée dans mon narcissisme effréné. À présent, et alors que j'étais à deux doigts de l'asphyxie, je sentais qu'il y avait du vrai dans cette histoire. J'en ai été soulagée. Je suis restée une heure. J'allais mieux. En fait, je n'allais pas mieux du tout — en ce qui concerne mes cordes vocales du moins — et je le savais bien. Mais mon attitude mentale s'était modifiée. Au lieu de trembler à l'avance, en attendant le désastre, j'essayais de trouver un moyen — une brèche — une perche — une issue. Je ne me laissais plus porter, j'allais de l'avant. Je nageais. À contre-courant, mais je nageais.

Je suis allée le voir chaque jour. Je comprenais de mieux en mieux. Et si mon état ne s'améliorait pas, il n'empirait pas. J'ai commencé à percevoir que si je poursuivais ainsi, les choses ne s'aggraveraient pas. Je pouvais les contrôler. Je pouvais ME contrôler. Et maintenir le statu quo — sans plus. J'avais une attitude positive. Je ne coulais pas. Et...

Mais il faut que je fasse un retour en arrière. J'étais en train de vous parler de Marcia Davenport et de musique.

Elle m'a donc suggéré : « Pourquoi n'étudiez-vous pas un peu le chant ? Vous avez une voix agréable. »

Vous imaginez que j'étais aux anges.

Que pouvais-je faire ?

« Je devrais être en mesure de persuader Sam Chotzinoff de vous prendre comme élève. »

C'était un critique musical très en vue, marié à Pauline Heifetz. J'avais une ou deux leçons par semaine. Je pénétrais dans un monde dont j'ignorais tout. Toscanini était reçu à dîner chez les Chotzinoff. Toscanini ! Les enfants Chotzinoff — deux garçons — venaient jeter un œil pendant ma leçon et me gratifiaient parfois d'un compliment solennel. « Vous avez bien chanté, aujourd'hui, Miss Hepburn. » Et quand je quittais l'élégant immeuble de Park Avenue, au-dessus de la 60e rue, je me sentais l'âme musicienne. Sentiment éphémère, car bien sûr, je n'étais pas du tout musicienne. J'avais chanté une chanson dans *Sans amour*, la pièce de Philip Barry adaptée au cinéma sous le même titre par Donald Ogden Stewart, « Parlez-moi d'amour » — pas mal, mais sans plus. Oh ! mon Dieu..., j'aimerais tellement savoir chanter ! Je me vois ouvrir la bouche et émettre des sons sublimes. Mais cela reste du domaine de l'imagination. Si seulement... si seulement... blocage — je pense très fort — je ne peux pas. La même chose qu'au tennis. Ou que pour la peinture. Pourquoi, mais pourquoi donc ?

Manque de talent, c'est tout. Mais le verdict est un peu dur à avaler.

Tu n'as pas assez de talent, ma chère.

Qui a dit cela ?

Moi. La voix de ton bon sens.

Le temps a passé. J'ai oublié. Et puis... Et puis j'ai fait *Coco*. J'ai travaillé, travaillé. Avec Sue Seton. Tous les jours. J'ai appris des choses qui m'ont aussi servi pour la diction. Sue Seton avait été l'élève de Mme Sembrich. Comme Alfred Dixon, tout ce concept du son qui vient de loin, très loin sous le diaphragme et se propage par le tunnel souple — non, pas vraiment un tunnel, plutôt un puits — jusque dans la tête. « Des sons de tête disait Sue. Sentez-vous les vibrations ? » Oui, oui. La tête, pas la gorge. Dépasser la gorge. Oublier la gorge. La cage thoracique, la boîte crânienne. Ça je savais.

Je savais aussi — je veux dire, je sentais dans mes os — l'instant où il fallait commencer, et dans ma peau, comment suivre l'orchestre. J'avais à peine besoin de regarder Bobby Dolan, le chef d'orchestre. Et tout le monde allait me dire que j'étais formidable. Sauf... je ne suis pas si bête. Oh ! j'étais capable de les bouleverser — je parle du public —, j'en avais l'intime conviction. Mais ce petit filet de voix — c'est toi, Kate... *toi*. Et tu comptes bouleverser les populations avec ça... ?

Si je pouvais vous décrire l'état de terreur, d'absolu désarroi, de muette horreur qui s'emparait de moi chaque soir à l'heure fatidique. L'impression de devoir jouer au tennis sans raquette. Ou plutôt, avec une raquette sans corde — l'impuissance — la supercherie — Katie chante — pour moi, en fait, une belle démonstration de Katie *ne* chante *pas*. Et ce en dépit de toute l'assistance dévouée de Sue Seton, des exercices dans ma loge sous la direction de Lynn Masters, de l'aide d'Alfred Dixon, mort à ce moment-là...

Je vivais la réalité dans toute son horreur. Je me retrouvais dans mon trou, attendant le moment de monter sur le ring. Et eux, ils étaient là, dehors, assis — ils attendaient — et ils avaient payé leur billet très cher — et ils avaient droit à ce qu'il y a de mieux — et j'étais là, prête à me lancer — tout juste capable de susurrer. Une petite souris qui veut se faire aussi grosse que le lion.

Je me composais un visage, arrangeais ma coiffure, les chaussures, le costume, le chapeau — et puis je m'asseyais, le cœur battant… Du calme…, du calme…, personne ne s'attend à entendre la Callas…

Mais non, vous n'y êtes pas : *moi*, je m'attends à être la Callas — sinon, qu'est-ce que je fais ici ?

J'ai prié, j'ai pleuré — j'ai fait mes exercices — j'ai prié — au secours — et j'y suis allée. S'il vous plaît, mon Dieu…

Et vous savez quoi ? L'amour a franchi les feux de la rampe. Tel un flot — chaleureux…

Ça ne fait rien Katie — vous ne savez pas chanter, mais nous le comprenons — nous vous entendons — nous sommes au diapason — nous vous connaissons. Et ensemble, nous avons fait front. Et j'ai progressé — assez pour ne pas mourir. Et j'ai continué de travailler avec Sue Seton. Et Coco était un fabuleux personnage et Lynn Masters est venue tous les soirs pendant des semaines pour m'échauffer. Et j'ai pris confiance en mes capacités, et j'ai pu partir en tournée. Avec plaisir.

Que disais-je ?

Mais pour en revenir au début de ce propos, il y a des choses agaçantes.

Un jour, je reçois une lettre d'un dénommé Ben Bagley. Printemps 1979. Me proposant d'enregistrer quelques chansons de Cole Porter.

J'appelle mon amie Sue Seton.

« Puis-je passer ? J'aimerais vous parler.

— Bien sûr…, je vous attends.

— Quand ?

— Tout de suite. »

J'y vais.

Sue et moi nous sommes vues quotidiennement pour essayer de nous préparer — de me préparer, devrais-je dire — à auditionner pour Ben Bagley et un certain Arthur Siegel, qui devait m'accompagner. En vérité, il s'agit d'un excellent interprète, qui chante et s'accompagne lui-même.

Je devais être capable de chanter « Thank You So Much, Mrs. Lowsborough… Good bye ». Du Cole Porter dans mes cordes, si l'on peut dire. Il y en avait deux autres — « The Queen of Terre Haute » et « A Woman Career ». Je les trouvais moins dans mon registre. Moins évidentes. Surtout la seconde pour laquelle il fallait vraiment chanter. Bref, à force de travailler avec Sue au piano, j'ai fini par me trouver un peu meilleure — ou bien était-ce que je me sentais mieux, tout simplement ? ou que Sue, qui était adorable et pleine de sensibilité, avait réussi à me persuader que j'étais un peu meilleure ? Enfin, ce que je faisais commençait à ressembler à quelque chose. Non ? Si ?

Puis est arrivé le jour où ils devaient venir m'écouter.

Combien de fois ai-je passé ces... — parlerai-je d'auditions ? C'était... c'est toujours bien ça. Et je suppose que je fais en sorte que mon employeur constate — entende — par lui-même et ne puisse me faire aucun reproche par la suite.

Ma première audition, je l'ai passée — j'espère ne pas me tromper — en 1965, je crois — avec Ray Stark, Howard Dietz et un autre. Ils voulaient me prendre pour une comédie musicale tirée de *Mrs. 'Arris Goes to Paris*. La séance a eu lieu chez moi. J'avais travaillé avec Ruby Ward. Il paraît qu'elle avait été l'élève de Ethel Merman. Ah bon... mais elle est formidable, Ethel Merman ! Oh ! pourquoi est-ce que je n'y arrive pas — pourquoi ? Enfin..., ils ont eu l'air contents que je sois capable de chanter juste. Je ne me souviens pas de ce que j'ai chanté — et il n'y a pas eu de suite. Le spectacle ne s'est jamais monté.

La suivante, c'était avec Alan Jay Lerner, en 1969 ou 1970. Il était au piano et je chantais « Plus près de Toi mon Dieu ». Je suis très bonne pour les cantiques. Il a dit : « Bon, d'accord. Mais j'ai un script sur Coco Chanel et...

— Écoutez, Alan. Vous êtes peut-être satisfait, mais... je vais vous dire ce que j'aimerais. J'aimerais travailler avec quelqu'un — vous devez me conseiller un nom...

— Oui. Roger Edens.

— Qui est-ce ?

— Le meilleur de tous... Judy Garland...

— Est-ce qu'il... ?

— Oui... oui, je pense qu'il accepterait. »

J'ai commencé à travailler quelques chansons avec Roger. Roger était un homme extraordinaire. Il aidait les gens, dans la mesure du possible, à rendre ce qu'ils chantaient intéressant, irrésistible — bref, quelque chose. C'était un ami d'Alan, raffiné. Il était réaliste. Nous avons travaillé sur « Miss Otis Regrets », « Thank You So Much, Mrs. Lowsborough — Good bye », « I've Grown Accustomed to Her Face ».

Je me suis donné du mal. Roger n'était pas facile à satisfaire. Et puis j'avais tout à fait conscience que pour lui, j'étais à peine un peu au-dessus du niveau ZÉRO. Parfois, la froideur de son regard me glaçait l'âme. En revanche, quand par hasard j'arrivais à susciter son approbation, je rentrais chez moi dans un état de totale euphorie.

Nous travaillions quotidiennement pendant une heure au moins. Un jour Roger a dit : « Bon, nous allons faire notre audition. Nos invités seront George Cukor, Shirley Burden et sa femme, Flobelle Fairbanks, Gar Kanin et Ruth Gordon. Un dîner musical. Si vous sortez gagnante de cette épreuve, nous ferons la même chose avec Alan. »

J'ai dit : « D'accord. »

La soirée est arrivée. J'étais bien sûr morte de peur. J'ai suggéré à Roger que nous commencions par l'interlude musical et que nous dînions ensuite. Ce que nous avons fait. Roger s'est mis au piano, j'ai chanté. Et tous ces gens, qui étaient adorables, et d'excellents amis, ont été très gentils. Roger a souri. Je crois qu'il estimait que, compte tenu du caractère plus que limité de mon talent, j'avais donné le maximum de ce qu'on pouvait espérer de moi. Nous avons renouvelé la séance avec Alan. Lequel était par nature positif et enthousiaste. Son optimisme a fait le reste. Nous avons décidé que je devais courir ma chance — ou devrais-je dire qu'Alan et Freddie Brisson devaient prendre le risque... bref, que je devais faire *Coco*.

Cette dernière audition, enfin — pour Ben Bagley, avec Arthur Siegel au piano. J'étais dans mon état de panique habituel. Et eux étaient deux amours impressionnés par Katharine Hepburn. Résultat : « Est-ce qu'elle peut s'en tirer ? Pourquoi pas ? Oui..., ce n'est pas mauvais du tout. »

Il y a une chose que j'ai apprise très tôt, en jouant du tennis au Beverly Hills Hotel, avec Harvey Snodgrass.

« Harvey ! Tous ces gens qui regardent... je ne supporte pas.

— Ne vous faites pas de mauvais sang, Kate, ils ne vont pas rester. À moins d'être fou à lier, on ne reste pas des heures pour regarder jouer un joueur complètement nul. » Il n'y a pas trente-six possibilités. Il avait raison. À l'époque, j'étais jeune et je jouais un tennis médiocre. Aujourd'hui, je suis vieille, j'ai une prothèse à la hanche, et je joue un tennis médiocre. Enfin, je suis plus intéressante maintenant, parce que je persévère.

C'est la même chose pour le chant. Je ne sais pas chanter, mais j'ai une bonne diction. N'est-ce pas ? En clair, je m'en tire mieux que sur un court de tennis.

Quant à leur réaction : « Ce n'est pas mauvais du tout — hein ? », ce n'est pas mon genre — l'approbation par la négative, le côté « acceptable ». J'ai d'autres ambitions.

J'ai tout de même fait le disque pour eux. Les trois chansons de Cole Porter. Oh là là ! cette histoire — quelle est la chose qui fait défaut ?... l'ingrédient absent qui... ? Pourquoi est-ce audible et rien de plus ?

C'est pareil en peinture. On peint avec plaisir. On trouve le résultat irrésistible et on l'accroche au mur. Et puis, petit à petit, on se rend compte qu'on ne supporte plus. On finit par décrocher l'œuvre, l'exposer dans une autre pièce — une pièce où l'on passe moins souvent. Et si quelqu'un dit : « Ces lis, ils ont été peints par qui ? », on est ravi de répondre : « Par moi. » Mais au fond de soi, on sait.

Le disque avait bonne allure dans sa pochette. Je l'ai emporté à Fenwick, posé sur la grande table ronde de la cuisine, sous la lampe Tiffany. En agissant ainsi, je savais que Dick ne pourrait pas ne pas le voir. Dick — mon frère —, un mélomane.

Or, force m'est de reconnaître que le disque n'a pas bougé de sa table — vendredi, samedi. Finalement, le dimanche, j'ai...

« Tu n'as pas l'intention de mettre le disque ? »

Dick : « Quel disque ?

— Celui-là — sur la table.

— Oh !... Cole Porter. J'ai horreur de Cole Porter. »

Ô cruel destin ! Ô les blessures de la vie ! Assommée... je suis partie de la cuisine. Quel infâme salaud — une telle méchanceté... j'aurais voulu... En fait, je...

Son amie Virginia Harrington — qui est la gentillesse faite femme — se trouvait dans la cuisine pendant notre échange. Et tout à coup, j'entends... le disque. Il passait, dans le bureau. Où se trouvait également Phyllis. Mais pas Dick. Lui était toujours dans la cuisine. Vraiment, quel monstre ! Mes chansons, et il ne daignait même pas... Je suis restée dans le couloir, et j'ai écouté.

J'ai écouté attentivement, et la vérité a filtré. Pourquoi cette fureur, Katharine ? Tu es furieuse parce que tu entends... et ce n'est pas... voilà, exactement.

Ce n'est pas.

Si tu pensais que ce disque était bon, tu te moquerais bien que Dick l'écoute ou pas. Mais tu sais. Et puis tu es allée encore plus loin. Dick refuse d'écouter parce qu'il n'ose pas. Qu'aurait-il pu dire ?...

« Oh ! K... assez ! »

Je l'ai dit — on se met en colère pour des détails. Alors j'ai ri — ri de moi, parce que je savais que j'étais moi-même la cause de mon malheur — oui, puisque j'avais fait, sans faire. Ah ! la vie...

La prochaine fois...

Ou devrais-je dire : la prochaine vie ?

Les yeux

AU CABINET DU MÉDECIN

« Oui… Oui. Je comprends. La peau se rétrécit. Oui. L'œil est tiré vers le bas.

« Ce n'est pas… comment avez-vous dit ?… un ectropion sénile. Oui… je vois. Un ectropion quand même. Oui… enfin le… C'est la paupière inférieure qui se relâche…, je veux dire qui retombe… se renverse… vers l'extérieur… Oui, et la muqueuse se trouve exposée.

« Non. Ils ne pleurent pas. Enfin, si… quand je marche dans le vent… ou quand il fait froid. Oui, des larmes.

« Oui, ils deviennent rouges et ils démangent.

« Exposée, oui… je comprends. Oui, secs.

« Très énervant. Vous savez, une démangeaison… euh, oui, docteur, bien sûr que c'est énervant. Cela dit, je comprends que… Oui, on me l'a déjà dit. Il faudrait retirer un morceau de la paupière supérieure — dans le haut… et l'utiliser ensuite pour donner plus de longueur de peau entre la paupière inférieure et le menton.

« Oui, je comprends, il y aura une différence de couleur. Oui, pendant un certain temps seulement. Le maquillage. Oui, mais je ne me maquille jamais dans la vie de tous les jours…

« Eh bien, nous sommes tous amenés un jour à changer certaines de nos habitudes, n'est-ce pas ? Oui… je suppose que…

« Oh… vous préféreriez utiliser le derrière de l'oreille. Je vois. La peau est plus résistante… plus solide. Oui, je comprends parfaitement.

« Merci… oui. »

Phyllis et moi sommes retournées à la voiture.

DANS LA VOITURE, SUR LE CHEMIN DU RETOUR

« Tu vois, ce que je ne comprends pas, c'est pourquoi ils ne peuvent pas tirer un peu la peau sur le côté. Faire un rempli, quoi. Zut ! Ça me flanque des frissons… Une tache blanche sous chaque œil. Je vais ressembler au raton laveur qui vient fouiller notre poubelle. Et comment la paupière va-t-elle adhérer à l'œil ? Tu n'as jamais vu ces vieux qui ont les paupières retournées ? Ectropion sénile. Bref, ils ont plein de peau, et ça n'empêche pas la paupière de tomber. Je voudrais avoir la foi… Brrr ! Quelle horreur… les yeux. »

CONFÉRENCE

« Enchantée. Merci docteur.

« Je m'assois. Oui, très bien. Oh ! je crois qu'on pourrait parler de détérioration progressive. Je suis issue d'une famille à conjonctivite, nous sommes des gens à yeux rouges. Vous savez, les taches de rousseur, les cheveux roux. Les orgelets quand j'étais petite. Les allergies ensuite. Et puis une infection due aux staphylocoques des canaux de Venise… Non, je m'y suis baignée. J'étais censée tomber à la renverse dans un canal… et je l'ai fait. Les yeux grands ouverts. La bouche aussi. L'idée de me faire un bain d'œil ne m'est pas venue. Je me suis lavée, bien sûr… j'ai pensé à tout. Sauf aux yeux. Tous les autres orifices… mais pas les yeux. Le lendemain matin, j'avais les yeux écarlates. Non, pas les paupières… le blanc de l'œil.

« Eh bien, je me demandais s'il ne serait pas possible de faire une espèce de… comme un rempli… en tournant ici, sur le côté… parce que la paupière inférieure, c'est un peu un tissu mort… alors peut-être…

« Vous n'êtes pas d'accord. Je vois… pour vous la seule possibilité consiste à reconstituer une paupière. Mettre la paupière supérieure sous l'œil. Enfin, un morceau. Ou le derrière de l'oreille, plutôt. Oui... je vois... c'est juste qu'à mon âge, je devrais pouvoir, disons, faire encore un peu d'usage... quelques années peut-être... alors j'aimerais autant ne pas avoir une tête de raton laveur. Oui. Vous pensez que cela vaut la peine d'essayer... Oh ! certes. C'est un rayon d'espoir. »

Écoute, Phyllis, on va partir en Écosse. Toutes les deux. Puisqu'il a dit que nous pourrions au moins essayer.

DANS LA VOITURE

« Bon... nous y voilà... l'Écosse, et encore deux heures de route pour arriver à Glasgow. Il a dit qu'il pouvait s'en charger, et que nous pourrions rester quelques jours dans un hôtel. Bien entendu, les journaux diront que je me fais faire un lifting s'ils ont vent de l'affaire. Mais nous risquons aussi de passer entre les mailles du filet. Ça vaut la peine d'essayer... Allons-y. »

EN CONSULTANT LA CARTE

Là. Glasgow.

Il habite ici. L'hôtel de l'aéroport est là. Turnbury Lodge ici. À ce que je sais, la clinique chirurgicale se trouve dans Glasgow. Je vais tenter ma chance et l'appeler. Il m'a vue tellement vite...

AU TÉLÉPHONE

« Allô !... Bonjour. Oui. Le docteur... pardon, Mr. Mustarde, je vous prie... Oh ! c'est lui-même... Oui... Comment allez-vous, docteur ? Nous arrivons juste à Glasgow, et je vois sur la carte que vous habitez tout près... alors, si nous pouvions nous arrêter en passant... vous pourriez m'examiner encore une fois... Très bien... Oui, je sais où elle se trouve... Je demande sœur Charles... Oui, très bien... Oh ! deux heures, à peu près, vous ne savez pas ?... Très bien. »

« Vous pensez que cela peut apporter une amélioration ? Non, je comprends. Pas durable. Oui, qui sait ? Elle risque aussi de durer… on peut toujours espérer que le printemps sera éternel. Vous opérez un bébé à huit heures. Mon Dieu !… quelle tragédie. La moitié d'un œil seulement.

« Oh ! vous prenez la moitié de la paupière inférieure… vous l'ajoutez à la moitié supérieure pour faire une paupière haute… et ensuite quoi ? Vous refaites une paupière inférieure… et après un œil de verre.

« Alors moi, c'est de la bagatelle, finalement ? Oui, j'ai l'œil… Oh ! oui. Et je vois… comme vous dites. Je n'ignore certes pas que je jouis de toutes mes facultés. C'est seulement une question d'entretien. Je veux dire que j'aimerais rester vendable aussi longtemps que possible. Je suis dans un métier où il faut être vendable. Et si j'ai des paupières inférieures rouge vif, ça ne facilite pas les choses… plus le fait que ça démange. Alors j'y pense… je veux dire que je suis préoccupée… Bref, en conclusion, je pense que ça vaut la peine d'essayer. Si vous pensez qu'il y a quelques chances de réussite… Entendu… Rendez-vous demain, onze heures. »

À L'HÔTEL

« Vite, on entre. David (mon chauffeur anglais), prenez les bagages. Et toutes les provisions.

« Qu'en dites-vous ?… Pas si mal. Nous n'aurions pas dû nous laisser influencer par le hall. Je prends celle-ci. Il y a une baignoire. Je dois me faire un shampooing. Je risque de ne plus pouvoir le faire pendant plusieurs jours… ou semaines. »

Ils ne servaient pas de vrais repas, seulement des sandwiches, mais c'était parfait ; les sandwiches étaient bons, et bien sûr nous avions des victuailles qui restaient du voyage. Avec la fenêtre ouverte, on entendait les avions. Mais ce n'était pas gênant. Et puis il y avait des cafetières électriques, des thermos d'eau chaude, du thé, du café, du sucre, du lait, et un petit pain avec du beurre pour le matin. Sympathique.

Nous sommes arrivés à la clinique de bonne heure. Mustarde s'était engagé dans une opération plus longue qu'il n'escomptait en tentant de faire un œil à la petite fille. Je dois dire que le cas de ce bébé m'interdisait définitivement de me plaindre de mon sort. « Toi, tu as deux yeux, et depuis longtemps. »

Je suis allée faire un tour, et puis on nous a appelées. Je suis montée à l'étage. Une très jolie petite clinique privée. On m'a fait entrer dans le vestiaire des infirmières où j'ai retiré mon pantalon de gabardine — pour ne pas le froisser — ainsi que mes chaussures et mon chemisier, évidemment. On m'a ensuite donné une espèce de peignoir et prié d'attacher mes cheveux et de mettre un bonnet. J'ai obéi et traversé le couloir jusqu'à la salle d'opération. Très belle.

Je me suis allongée sur la table. On m'a recouverte — les mains solidement coincées sous le drap, vu que le docteur n'avait manifestement aucune envie que je « vienne l'aider à opérer », pour reprendre son expression. « Vous ne sentirez rien — presque rien. »

J'ai été transpercée juste à gauche de l'œil gauche par une aiguille qui s'est enfoncée directement jusqu'au crâne. Aïe !

L'anesthésie.

« Oui.

— Dites-moi... est-ce que vous sentez quelque chose ?

—Oui... euh, non... je crois... non.

— Alors je vais commencer.

— Oui. »

J'ai entendu la lame trancher la peau. Étrange sensation. Et plutôt dégoûtant. Puis j'ai senti le sang couler sur ma joue. Et lui — mais je suppose que c'était en fait une infirmière — qui l'épongeait. Il avait manifestement des petits problèmes d'hémorragie, mais bien sûr je ne m'en rendais compte que par la quantité de sang épongé. Le premier œil a été terminé. Le droit était en moins mauvais état, mais il fallait le faire aussi.

Piqûre !

« Oh ! »

Et puis tout à coup, terminé, c'était fait.

« Je peux me lever ?
— Oui, lentement... restez assise un instant.
— Je me sens bien...
— Normal, tout va bien. »

Je suis descendue de la table, j'ai fait quelques pas... « Oui, je me sens bien. Je vais reprendre ma voiture et aller directement à Turnbury Lodge, me coucher.
— Si vous longez la mer, la route est très jolie.
— Merci. Nous suivrons votre conseil.
— Je vous appelle pour prendre de vos nouvelles.
— Parfait. Merci. »

Je suis repassée par le vestiaire, j'ai remis mes chaussures, mon pantalon, ma blouse, puis je suis retournée à ma voiture, et me suis installée à l'avant, à côté de David. Et nous sommes partis.

Il faisait très chaud. Le soleil tapait contre le pare-brise. Je suis très sensible au soleil. La peau, les yeux — en fait, mes ennuis de peau et le problème de paupières qui en résultait avaient pour cause le soleil californien sur les courts de tennis. Je n'allais certes pas m'exposer au soleil quand je pouvais l'éviter — mais le tennis... pas question d'y renoncer. Et à l'époque, il n'y avait pas d'écran total. De toute façon, je transpirais tellement que rien n'aurait tenu sur ma peau plus de quelques minutes.

Nous sommes arrivés sur la côte. Direction ouest, puis sud-ouest. Sous le soleil implacable.

Nous nous sommes arrêtés le temps de faire quelques photos, et j'ai dit à Phyllis : « Je monte à l'arrière. Le soleil est trop fort pour moi. »

Elle a donc pris place à l'avant et nous sommes repartis.

Il faudrait que je précise que mes grosses lunettes noires dissimulaient les cicatrices, et que je n'avais pas de pansement. J'avais cinq ou six points de suture partant du coin de l'œil. Le chirurgien avait coupé une partie de la paupière inférieure et l'avait plus ou moins repliée vers l'intérieur pour donner plus d'adhérence par rapport au globe oculaire.

Nous sommes arrivés à Turnbury Lodge. Une sorte d'hôtel pour joueurs de golf, typiquement fin victorien, début edwardien. Perché sur une colline, et dominant le terrain de golf et la mer d'Irlande. L'accès se faisait par une route sinueuse. Qui faisait le tour de l'hôtel. Trois étages. Vastes perrons. Puis, au premier étage (nous dirions le second), nos chambres. Deux. Avec deux salles de bain. Séparées, avec un petit balcon. Très chères. Nous avons fait le tour, trouvé l'entrée principale. Deux ailes, un vaste massif de fleurs mal entretenues, des voitures stationnées. Pas trop nombreuses. Nous avons rangé la voiture. Pas trop loin de la porte. Je voulais entrer sans être vue. Les chambres avaient été réservées au nom de Phyllis.

« Écoutez (c'est moi qui parlais), allez à l'hôtel — voyez la réception — prenez les clefs — trouvez l'ascenseur — revenez me chercher — laissez les bagages. David pourra s'en occuper plus tard. »

Les voilà donc partis. Je suis restée sur la banquette arrière.

Mon Dieu ! quelle chaleur. Pire encore que sur la route, me suis-je dit. Je ruisselais. Je lève une main, ôte les lunettes, effleure à peine ma joue — baisse la main. Couverte de sang. Zut alors ! Ce n'est pas possible. Je renouvelle le geste. Encore plus de sang. Bon Dieu de bon Dieu !... la couture a lâché. Vite, les kleenex !... là... je sors quelques mouchoirs — je les plie en tampon — zut et zut ! — comment est-ce que je vais atteindre l'hôtel ? — zut et zut ! — les voilà. Oh ! c'est pas vrai, il y a un porteur qui les suit...

« Oui... David, demandez au porteur de revenir plus tard pour les bagages... faites-le passer par-derrière. Phyllis, attendez... ma cicatrice a dû se rouvrir... je saigne. Est-ce que vous savez comment on accède à nos chambres ? D'accord, guidez-moi. »

Je lui emboîte le pas.

« À gauche...

— Oui. »

Il faisait assez sombre. Il n'y avait personne dans les parages.

« Où est l'ascenseur ?

— Juste en face.

— Parfait. »

Nous atteignons la porte de l'ascenseur. Qui n'est pas là.

« Où est le bouton ?

— Je ne vois rien... »

(Phyllis a un glaucome. Dans l'obscurité soudaine, elle ne voit rien. Moi, je ne voyais pas clair parce que j'avais l'œil plein de sang.)

« Tâtez... je n'ai qu'une main. »

Nous palpons désespérément le mur. Et enfin...

« Là, j'ai le bouton. »

Arrivée de l'ascenseur.

« Fermez la porte. »

Nous montons. La porte s'ouvre. D'autres personnes arrivaient dans le couloir.

« Quels numéros, les chambres ?

— 430 et 431.

— Sortez les clefs.

— Voilà.

— Mais non, idiote... »

Nous croisons les autres personnes. Traversons le couloir.

« Ici... 430. »

Les clefs étaient énormes. Pauvre Phyllis, le mal qu'elle a eu.

La porte s'ouvre enfin.

« Très bien, parfait. Fermez la porte. Appelez et demandez de la glace. De la glace, imbécile — pour mon œil. Pour coaguler le sang. Appelez. Le téléphone. Je retire mon fourbi et je m'allonge dans la salle de bain... sur le carrelage. Ce sera plus facile à nettoyer si nous flanquons du sang partout. »

J'entre dans la salle de bain..., j'ôte mon pantalon. Et mon col roulé en coton, et mes sous-vêtements, et mes chaussures. Je sors les serviettes de toilette..., je m'allonge sur le sol..., je presse une serviette sur mes yeux. Le sang ruisselle. On ouvre la porte.

« Qu'est-ce que c'est ?

— La glace.

— Passez... appelez le docteur.

— Où ?

— Comment ça, où ? Est-ce que je sais, moi ? Chez lui... à son cabinet. Allez chercher David.

— Je suis là, Miss Hepburn.

— Bon, David, retirez vos chaussures, vos chaussettes, votre pantalon..., montez dans la baignoire, et tâchez de faire partir le sang des choses que je vais vous jeter. Vous faites juste couler un peu d'eau froide, et vous piétinez. Quant à vous Phyllis, si vous n'arrivez pas à le joindre, appelez la clinique. Il y aura peut-être un docteur capable de dire ce qu'il faut faire. Les numéros sont dans mon sac, sur mon carnet. »

Phyllis appelle un peu partout. Ne parvient pas à joindre le docteur. Elle passe donc à la clinique. Obtient un médecin.

«J'ai un docteur.

— Passez-le-moi.»

Je retourne dans la chambre — jolie vue. Je prends le téléphone.

«Apparemment, je fais une hémorragie. Je ne sais pas d'où vient le sang, parce que je ne peux pas mettre mes lunettes.

— J'ai l'impression que vous vous affolez, Miss Wilbourn (il croyait que j'étais Miss Wilbourn). Vous devriez avaler un petit whisky...

— Du *whisky*?

— Oui, un petit verre. Ensuite, vous restez en position assise dans votre lit, et cela va passer...

— En position ASSISE — moi?

— Oui, vous étiez allongée?

— Oui.

— C'est une erreur. Maintenez la tête en position verticale.

— Oui...

— Ça va mieux, maintenant?

— Oui, merci.

— Mr. Mustarde va vous appeler. Je le fais chercher.

— Merci... merci mille fois.

— Whisky...

— Whisky?

— Oui, deux... glaçons... eau gazeuse... ça s'arrête. Je suis morte.»

Bonne année

Qu'est-ce qui se passe ? Vous avez dit ? Bonne journée… Ah oui, bonne année. Oui, bien sûr. Que je suis bête. Vous aussi. Bonne année.

(On entend le bruit d'une porte qui se ferme et la pièce est dans l'obscurité.)

Elles ont bien dit bonne année ? Peut-être. Je suppose que c'est une façon de voir les choses.

Je suis couchée dans un lit de l'hôpital de Hartford. Phyllis est dans un autre lit, à trois ou quatre mètres de moi. Nous sommes dans une chambre à deux lits, au sixième étage d'un bâtiment — qui fait partie du complexe hospitalier de Hartford. Il est environ dix heures du soir, et l'infirmière qui fait le service du treize-vingt-trois heures vient de nous dire au revoir. Lin Remington — elle s'appelle. Oui, elle était là le soir du réveillon. Je lui ai dit de partir de bonne heure — pour être à temps pour les douze coups de minuit. Drôlement gentil déjà d'être venue.

Oh, tout le monde a été aux petits soins pour nous. Lin et Gail, Bernice, Sue, Kathy, Diane et Marsha et Radha se sont vraiment mises en quatre. Radha est même venue le soir de Noël. Vraiment gentil. Parce que les autres, elles ont toutes des gosses, et c'est les vacances de Noël. Pardon ? Ce que nous faisons ici ?

Oh, vous n'êtes pas au courant ? J'ai percuté un poteau télégraphique. Oui, j'ai traversé la chaussée sur la route de Fenwick à Saybrook Point. J'ai parcouru, oh disons... cinquante mètres..., puis j'ai regardé en l'air, ou en bas, ou ailleurs, bref, je ne sais pas ce que j'ai fait. Mais nous sommes allées nous encastrer dans un poteau télégraphique — de plein fouet.

Vous imaginez ? Moi, je n'arrive pas à y croire. Je suis — ou j'étais ? — une très bonne conductrice. Un problème dans la direction peut-être ? Comment diable une chose pareille a-t-elle pu se produire ? Une perte de conscience ?

En tout cas, après le choc, j'étais plus que consciente.

Bang !

Tiens... un poteau télégraphique qui sort de mon radiateur. Ça alors.

Phyllis, qui me regarde, mais sans me voir, se trouve sur la banquette avant, à côté de moi, bien que l'essentiel d'elle soit par terre, entre le siège et la boîte à gants.

Apparemment, je suis assise bien droite. Le sang coule à flots de mon nez. Ma jambe droite — et mon pied — toujours sur l'accélérateur. Enfin, façon de parler. Elle n'est plus très droite, cette jambe droite. La cheville, le pied... ils partent un peu trop à droite justement, et puis cette boue... ce sang... Bon, qu'est-ce qu'on fait, maintenant ?

« Phyllis, réveillez-vous. Réveillez-vous. Vous n'êtes pas morte, au moins ? »

Autant faire donner l'avertisseur. Appeler.

Tut... tut tut... tut tut tut. Tut... Hé ! Par ici ! *Tut tut tut !*

« Allez Phyllis. Ouvrez les yeux. » Zut. Ce nez qui saigne. Ah, la boîte de kleenex. Ça va mieux. J'ai dû prendre un coup sur le nez.

« Phyllis, mon Dieu !... ah... les voilà enfin. »

Une armada de flics.

« Ici, monsieur l'agent. Non, je n'ai rien... enfin, je suis... euh... voulez-vous faire prévenir mon frère Dick, je vous prie ? Dites-lui de venir à Hull's Marina, que j'ai eu un accident. Vous appelez Hartford — mon frère... le Dr Robert Hepburn. Vous lui dites que j'ai eu un accident. Que nous nous faisons transporter à l'hôpital de Hartford. Qu'on nous réserve une chambre à deux lits et six infirmières... Allez Phyllis. Tout va bien. Ouvrez les yeux.

« Pardon ? Oui, j'ai un permis quelque part. Mon frère Dick sera là dans un instant.

« Non, non, nous n'avons pas dérapé. Un dérapage, je m'en serais rendu compte. Non. Je pense simplement que j'ai eu l'idiotie de regarder ailleurs, ou bien, euh... en l'air... euh..., je ne sais pas. Ce poteau télégraphique... Oui, là, celui qui sort du radiateur. Ce poteau télégraphique m'a foncé dedans. Vous imaginez un peu ? Ah, ma chère Phyllis, j'aime mieux cela ! Un accident... réveillez-vous. Je suis rentrée dans un poteau télégraphique. Nous allons... hé, une minute, je vous prie.

« Qu'est-ce qu'il fait... ce flic... il prend des photos ?

« Hé, vous ! Je vous défends de me photographier. Ah ! voilà Dick. Oh ! et des ambulances. Deux ambulances. Oui, monsieur l'agent. Je crois bien que j'ai la cheville cassée... attention...

« Du calme, Phyllis... ils essaient de vous mettre sur un brancard.

« À l'hôpital de Hartford, je vous prie. Oh ! il faut d'abord aller à la clinique qui se trouve sur la route 156. D'accord. Attention à mon pied. Faites-le glisser sur...

« Oui, très bien. C'est bon. On y va.

« Vide tout le bazar dans la voiture, Dick. Mes sacs... mon permis est dans l'un d'eux. Ils avaient besoin... au revoir. »

Nous avons été séparées. Deux ambulances — une pour Phyllis, une pour moi. Première étape à la clinique, près de chez Riggio. Puis on nous a remises dans deux autres ambulances, et transportées à l'hôpital de Hartford.

Service des urgences.

« Nous allons devoir vous retirer vos vêtements, Miss Hepburn.

— Je vois... allez-y. »

Puis j'entends : « Passe-moi les ciseaux. Nous allons couper le pantalon...

— Pardon ? Vous dites ? Une minute ! Pour l'amour du Ciel..., ne le coupez surtout pas — c'est un pantalon de confection anglaise. Il y en a pour deux cent soixante-quinze dollars. Enlevez les chaussures — vous n'aurez aucun mal à retirer le pantalon ensuite.

« Si ça me fait mal ? J'imagine que oui, vous ne croyez pas ? Mais je ne sens absolument rien. C'est juste qu'à regarder... euh... »

Bref, on nous a conduites chacune de notre côté en salle d'opération. Moi, j'avais une très, très vilaine fracture, multiple et ouverte, avec des tas d'éclats d'os qui transperçaient la peau. Quant à Phyllis, elle avait le poignet gauche fracturé, une cervicale ébréchée, le coude droit brisé, et deux côtes fêlées.

Ils ont recollé les morceaux, remplacé ce qui manquait par des plaques de métal et des clous, et ils nous ont ramenées dans notre chambre.

Apparemment, ils s'y sont repris à cinq fois pour faire le plâtre de ma cheville avant d'obtenir un cliché radio satisfaisant. Le Dr Pasternak, assisté du Dr Butterfield — et le Dr Beebe. Le Dr Stevens s'occupait de l'anesthésie.

D'où vient cette odeur ? Une puanteur. Le rance. Mais oui, mes cheveux. Mon Dieu ! je me suis réveillée avec la jambe droite plâtrée de haut en bas, des orteils à l'aine.

Phyllis avait le bras gauche dans le plâtre, du poignet au coude, un système de contention sur le coude, et une minerve à porter en permanence — une pour la position couchée, une autre, plus rigide, pour marcher. Parce qu'elle pouvait marcher — oui.

Ma vie a donc recommencé ainsi. Je pouvais à peine soulever la jambe droite avec son plâtre. À cause du poids — et, bien sûr, c'était la hanche artificielle qui devait supporter cette charge. Je dois vous dire d'ailleurs que le Dr Neer a appelé. Le Dr Neer, du New York Columbia Presbyterian Hospital, qui m'avait opérée de l'épaule droite pour la seconde fois, sept semaines plus tôt ! Oui — une autre prothèse. (La première opération avait été réalisée en juin 1980. J'en avais gâché le résultat en tournant *La maison du lac*.) Quatre semaines après cette première intervention en effet, le Dr Neer m'avait prévenue que je risquais d'en compromettre le succès si je reprenais le travail avant douze ou quinze semaines. Mais que faire ? Tout le monde m'attendait. Henry Fonda — Jane — Mark Rydell, le réalisateur — Billy Williams, le cameraman — le décor — l'intendance — il fallait commencer tout de suite. Sinon, une grève générale imminente de la profession bloquerait le projet et il faudrait attendre une année entière pour avoir un autre été. Alors j'ai dit oui. On y va.

Le docteur ne s'était pas trompé. J'ai démoli l'épaule — une première fois. Je n'avais donc aucune envie de gâcher la seconde opération.

« D'accord, docteur Neer. Je comprends. C'est entendu. »

Pas de béquilles... aucun effort...

Comment faire : la cheville plâtrée n'était pas censée toucher le sol. La hanche droite, qui était une prothèse, devait éviter toute sollicitation excessive. Tout reposait donc sur la jambe gauche et le pied gauche.

Exemple : pour passer du lit au fauteuil roulant. Il fallait d'abord faire glisser la jambe plâtrée hors du lit. L'infirmière empêchant le pied de toucher le sol. Je devais poser ensuite le pied gauche à terre et sautiller sur la jambe gauche pour amener mon postérieur dans une position capable de m'assurer une assise confortable dans le fauteuil roulant. L'infirmière faisait alors descendre le cale-pied et y posait mon pied handicapé. Et en route pour les petits coins. On passait la porte.

« Attention ! *C'est étroit ! — Garez les mains ! — Garez les coudes !* »

Il fallait ensuite mettre le frein du fauteuil roulant. Dégager la jambe droite. L'infirmière tenait le pied qui ne devait pas toucher le sol. Je posais le pied gauche. Debout. Sur le carrelage, je pouvais me déplacer en pivotant sur la plante des pieds, en glissant : talon, pointe, talon, pointe, etc. arriver à peu près où je voulais, et m'asseoir. Puis me relever — talon, pointe, talon, pointe — en crabe jusqu'au fauteuil roulant. Retour à la chambre. Je restais sur mon fauteuil jusqu'au déjeuner — puis jusqu'au dîner. Et au lit. On rehaussait le pied du lit. On baissait la tête. Dodo ! Les infirmières se relayaient pour me chatouiller les orteils, qui dépassaient du plâtre. Délassant — dormir, dormir.

Et voilà — je veux dire, voilà comment les choses se sont passées. Maintenant, c'est le Jour de l'An. Tout cela remonte à presque quatre semaines. Impossible d'avoir quelqu'un pour le service de trois à onze heures. Pas étonnant, un soir de réveillon. Nous envisagions d'être chez ma sœur Marion pour le Jour de l'An.

Ce matin-là, je me suis réveillée de bonne heure et c'est l'infirmière de sept heures qui m'a emmenée à la salle de bain. J'avais les cheveux très sales. L'odeur de propreté c'est déjà un peu l'odeur de sainteté, mais comment faire ? Puis j'ai levé les yeux. Et j'ai vu, au-dessus de la cuvette des cabinets, une sorte de tuyau, terminé par une vague pomme d'arrosage.

« Gail, qu'est-ce que c'est ce truc... ce tuyau avec une pomme d'arrosage ?

— C'est pour laver les alèses.

— Et ces robinets, ils sont à eau chaude et froide ?

— Oui... eau chaude, eau froide.

— Je pourrais donc me laver les cheveux ?

— Où cela ?

— Au-dessus de la cuvette des toilettes. Vous n'auriez qu'à vous servir du tuyau. Vous voyez ce que je veux dire ? Je passe la jambe valide autour de la cuvette. Vu ? Je me penche au-dessus de la cuvette. Je reste assise dans le fauteuil, poussé tout contre le siège. Vous faites passer ma jambe plâtrée dans la douche, en coinçant le plâtre contre le rebord pour qu'il ne glisse pas. La tête au-dessus de la cuvette. Allez — on y va. Prenez mon shampooing. Vite. Ça va marcher.

« Allons-y... c'est parti... moteur... on dégage la jambe droite. Bien. Prenez le tuyau. Passez-moi le shampooing. Bien. Mouillez-moi les cheveux. Encore... chaude, l'eau... c'est mieux. Oui... assez. Le shampooing maintenant. Bien... suffit. Je vais frotter. Oh ! que ça fait du bien ! Oui, oui... bon, maintenant, Gail... ici... ici... frottez. Rincez. Bien... bien... la serviette, je vous prie. Fermez le robinet... terminé.

— Terminé. Séchez. »

Une grande première. Vous imaginez ! Quel triomphe ! Les cheveux propres ! Le Jour de l'An, de surcroît. C'est un signe — bonne année. Oui, tiens, que diable. Bonne et heureuse année !

Sixième Partie

L'amour

Je vais maintenant vous parler de Spencer.

Peut-être vous dites-vous que vous avez attendu bien longtemps. Mais voyons les choses comme elles sont. Moi aussi. J'avais trente-trois ans.

Il me semble avoir découvert le véritable sens des mots «Je t'aime». Ils veulent dire : je te place toi, tes intérêts, ton confort, au-dessus de mes propres intérêts et de mon propre confort, parce que je t'aime.

Et cela signifie ?

Je t'aime. Cela signifie quoi ?

Réfléchissez.

Nous utilisons ces mots avec tant de légèreté.

L'AMOUR n'a rien à voir avec ce que vous espérez recevoir, mais seulement avec ce que vous entendez donner — c'est-à-dire tout.

Ce que vous recevrez en retour est variable. Mais sans aucun rapport avec ce que vous donnez. Vous donnez parce que vous aimez et que vous ne pouvez vous empêcher de donner. Avec beaucoup de chance, vous serez peut-être aimée en retour. Ce qui est exquis mais ne se produit pas nécessairement.

L'amour implique une dévotion totale. Et ce total englobe tout — ce qu'il y a de bon en vous, et ce qu'il y a de mauvais. Je suis consciente que dans mon cas il y a du mauvais à inclure.

J'aimais Spencer Tracy. Lui, ses intérêts et ses exigences passaient en premier.

Ce n'était pas évident pour moi qui étais d'un égoïsme farouche.

Le sentiment que j'avais pour S. T. était unique. J'aurais fait n'importe quoi pour lui. Ce que j'éprouvais... quels mots pourraient le dire ? — la porte entre nous était ouverte en permanence. Sans aucune réserve d'aucune sorte.

Il n'aimait pas ceci, il n'aimait pas cela. Je changeais ceci et cela. Il pouvait s'agir de qualités auxquelles j'étais personnellement attachée. Peu importe. Je les changeais.

La nourriture — nous mangions ce qu'il aimait.

Nous faisions ce qu'il voulait.

Nous vivions la vie qui lui plaisait.

J'en tirais un grand plaisir. Savoir qu'il était heureux.

Je n'avais certes pas été dans ces dispositions avec mes autres amants. J'attendais d'eux qu'ils me plaisent. C'est une relation toute différente. Comme une fête réussie. Mais ce n'est pas l'amour.

Luddy m'aimait — en ce sens du terme. Il faisait absolument tout ce qui était en son possible pour me rendre heureuse.

Luddy me protégeait et me donnait confiance.

Je protégeais Spencer et lui donnais confiance.

J'ai vécu les deux types d'expérience les plus fabuleuses.

J'aimais mon père et ma mère. Avec moi, ils pouvaient toujours avoir le dernier mot. S'ils voulaient quelque chose, je le faisais. Et par bonheur, eux aussi m'aimaient — et j'en avais conscience — et j'en étais très heureuse.

Il existe une différence gigantesque entre aimer et aimer bien. Généralement, nous utilisons le verbe « aimer » pour dire en fait « aimer bien ». Je pense que très peu de gens sont un jour en situation de dire qu'ils aiment. Je crois qu'aimer bien correspond à une relation beaucoup plus facile. Fondée sur le raisonnable. L'amour, lui, est aveugle.

Qu'avait-il en lui qui me fascinait ? Oh ! la réponse n'est pas difficile à trouver. Il possédait un fantastique sens de l'humour. Il était drôle. Irlandais jusqu'au bout des ongles. Il était capable de rire, de faire naître le rire. Il avait une façon amusante de voir les choses — certaines choses, dirai-je.

Ils formaient une bande — Spencer Tracy, James Cagney,

Pat O'Brien, Frank Morgan, Frank McHugh. Ils se retrouvaient chaque semaine, le jeudi soir. On disait « la nuit irlandaise ». Cela se passait chez Romanoff. Parfois chez Chasen. Et *pour finir* chez moi, quand j'habitais la maison des Boyer. J'allais me coucher — ou bien je débarrassais le plancher et allais dormir ailleurs. J'avais une cuisinière merveilleuse — et une superbe salle de projection. Je faisais préparer à manger — je prévoyais un film — et la nuit irlandaise pouvait se dérouler. Je crois que la tradition s'est perdue d'elle-même. Nous sommes tous les mêmes, non ? Je sais que j'ai fini par quitter la maison Boyer pour aller m'installer dans la minuscule maison de Spence, qui nous était louée par George Cukor. Spence n'allait pas très bien, et il valait mieux pour lui que je sois sur place. C'en était fini des nuits irlandaises.

Les gens m'ont demandé ce que Spence avait de spécial pour que je reste avec lui pendant près de trente ans. C'est une question à laquelle il m'est pratiquement impossible de répondre. Sincèrement, je ne sais pas. La seule chose que je puis dire, c'est que jamais je n'aurais pu le quitter. Il était là — je lui appartenais. Je voulais qu'il soit heureux — bien — tranquille. J'aimais veiller sur lui — l'écouter — le nourrir — lui parler — travailler pour lui. J'essayais de ne pas le déranger — de ne pas l'agacer — de ne pas l'ennuyer — de ne pas le contrarier, l'énerver. Je luttais pour changer toutes les qualités dont je sentais qu'elles lui déplaisaient. Certaines, que je rangeais parmi mes principaux atouts, avaient me semblait-il le don de l'irriter. Je les rayais, les gommais autant que je pouvais.

Quand il est arrivé vers la fin de sa vie — soit les six ou sept dernières années —, j'ai virtuellement cessé de travailler rien que pour être *là*, afin qu'il ne s'ennuie pas, ne se sente pas seul. Je l'ai fait avec plaisir. Je peignais — j'écrivais — j'étais en paix et nourrissais l'espoir qu'il vivrait toujours.

Ce qu'il avait ? Je le trouvais... totalement — totalement — total ! Il me plaisait vraiment — profondément — et je voulais qu'il soit heureux. Je ne pense pas qu'il ait été très heureux. Je ne fais pas allusion à ce qu'il pouvait dire ou faire pour en tirer des conclusions. Comment exprimer cela ?... qui est heureux, finalement ? — moi, je suis heureuse. Je suis d'une nature heureuse : j'aime la pluie — j'aime le soleil — la chaleur — le froid — les montagnes, la mer — les fleurs — les... bref, j'aime la vie et j'ai toujours eu de la chance. Comment pourrais-je ne pas être heureuse ?

Je ne verrouille pas les portes. Je ne suis pas rancunière. La seule chose que je n'aime pas trop, c'est le vent. Le vent me perturbe. Je parle du vent dans les cieux.

Spence n'aimait pas le froid — il n'aimait pas l'excès de chaleur — il... — disons qu'il aimait son confort. Je crois que tout est dit.

C'était un grand acteur — simple. Il savait trouver le ton juste. Sans jamais en rajouter. La perfection, rien de plus, rien de moins. Pas de complication. Son jeu semblait spontané. Il savait faire rire. Il savait faire pleurer. Il savait écouter.

Quelqu'un m'a demandé un jour pourquoi j'avais comparé Spencer Tracy à une pomme de terre au four. Je crois que c'est parce que je le considère comme un acteur primaire. Dans ses interprétations, il y avait tout de lui — la peau, la chair, tout. Il ne restait qu'à consommer, déguster. De ce point de vue, la seule personne qui soit de la même trempe que lui, c'est Laurette Taylor.

Je dois tout de même préciser que l'histoire de la pomme de terre au four ne vaut que pour l'incroyable perfection de ses interprétations. Dans sa *vie*, Spencer était à mille lieues de cela. C'était l'être humain le plus compliqué qui se puisse imaginer.

Je viens de penser à une chose. Il ne se protégeait pas — il était *incapable* de se protéger.

Comment expliquer ce que je viens de dire ? Il me semble que la plupart des acteurs ont une sorte de coquille d'autoprotection, derrière laquelle ils peuvent se cacher même pendant qu'ils jouent. Quelles que soient les circonstances, nous pouvons toujours nous protéger. Pas Spence. Il n'avait pas de coquille.

Peut-être est-ce pour cette raison que, à l'âge vulnérable entre tous, il s'est mis à boire — et il buvait trop parfois. C'était quelqu'un de fort. Il pouvait arrêter. Et il lui est arrivé de passer de longues périodes sans boire du tout — un an, ou deux, ou trois. Et puis... mais il arrêtait, et il a fini par ne plus le faire.

Il ne se laissait pas enfermer dans des situations qui le torturaient.

Nous avons fait neuf films ensemble.

La femme de l'année.
La flamme sacrée.
Sans amour.
Le maître de la prairie.
L'enjeu.
Madame porte la culotte.
Mademoiselle Gagne-Tout.
Une femme de tête.
Devine qui vient dîner.

Nous n'avons jamais répété ensemble à la maison. Pratiquement jamais discuté le scénario. C'était étrange. Moi, j'ai toujours aimé participer au scénario. Spence, non. Il lisait un script. Disait oui ou non. Point final.

On m'a demandé un jour quand je suis tombée amoureuse de Spencer. Je ne m'en souviens pas. Immédiatement. Nous avons fait notre premier film ensemble et j'ai su tout de suite que je le trouvais irrésistible. Oui, exactement cela, irrésistible.

Quand j'ai connu Spencer, son père était déjà mort. Je n'ai jamais rencontré sa mère. Je ne sais pas grand-chose d'aucun des deux. Son père était un grand buveur. Je ne pense pas qu'il ait été très proche de l'un ni de l'autre. Rien à voir avec la relation que j'avais avec mes parents. Son frère Carroll gérait sa carrière. Mais ils n'étaient pas à proprement parler... bref, ils avaient deux personnalités radicalement différentes. Carroll était marié avec une femme qu'il avait connue chez eux, dans le Wisconsin — Dorothy. J'ai aujourd'hui trouvé une amie en la personne de Susie, la fille de Spence. Elle lui ressemble beaucoup, mais avec une nature plus facile.

On m'a aussi interrogée sur les relations de Spence avec mes parents. Bien sûr, ils se sont rencontrés. Il est venu plusieurs fois à Hartford, et à Fenwick. Mais ils n'ont jamais été proches. Je crois que mes parents l'aimaient bien — mais Spence se sentait un peu mal à l'aise avec eux. Après tout, c'était un homme marié. Je ne pense pas que cela chagrinait mes parents outre mesure. Mais en ce qui concernait Spence, c'était comme cela — il n'était pas très à l'aise... tendu. Nous étions donc rarement ensemble lorsque j'allais chez moi.

Je n'ai aucune idée de ce que Spence éprouvait pour moi. Je peux seulement dire que s'il ne m'avait pas trouvée à son goût, il ne serait pas resté avec moi. Tout bêtement. C'est une chose dont il ne parlait pas, et je n'en parlais pas non plus. Nous avons simplement passé vingt-sept années ensemble dans ce qui a été pour moi le bonheur absolu.

C'est ce qu'on appelle l'AMOUR.

Adieu à la maison de Californie

Chère petite maison…, je t'abandonne. C'est mon dernier regard, ou presque. Les coins — les lumières — les ombres. Les bons jours et les mauvais jours. C'est ici que j'ai vécu — c'était ma maison. Ta maison, mais la mienne aussi pendant tant d'années. Les nuits — les jours — les conversations. Tu te mettais dans le fauteuil à bascule, Spencer. Tu te souviens quand j'ai acheté ce vieux fauteuil à bascule en crin de cheval ? Il était dans une vitrine d'une vieille boutique décatie d'Olvera Street. Un squelette. Je veux dire, pas de rembourrage — rien que des ressorts dans un cadre et les barreaux incurvés du système à bascule. Tu étais nerveux — tu aimais te balancer. Mr. Schwartz, de chez Fanny Brice, pourrait le refaire — un rembourrage en crin de cheval. Il avait une si jolie forme, ce fauteuil. Le haut du dossier légèrement incurvé, et l'extrémité des accoudoirs un peu relevée — une jolie inclinaison, aussi. Maniable et léger, pour un siège rembourré. Ce fauteuil, il me le faut. Le propriétaire était un Chinois. Le fauteuil avait appartenu à son grand-père. Non, a-t-il dit, pas à vendre. Mais je suis revenue cent fois à la charge. Je lui ai dit combien tu avais besoin de t'y asseoir, de t'y balancer. Et il a fini par me le céder. Chèrement. Il n'y a pas perdu. Moi non plus. Toi non plus. C'était ton fauteuil, dans ton coin. La table de chêne à abattants était ta table — assez grande. Une bonne lampe : socle en osier — beaucoup d'ampoules —

beaucoup de lumière. Tous tes livres préférés. Et l'encyclopédie, et l'*Oxford Dictionary*, et la radio, et la commande TV, et à gauche la table du téléphone et un tabouret. Deux téléphones. Tu étais bien. J'espère que tu voyais le feu. On faisait un feu pratiquement chaque soir. Été comme hiver. Il y avait ce fauteuil tapissé de rouge où je m'installais. Je le déplaçais en fonction des circonstances. Pas trop lourd. Il semble plus lourd aujourd'hui. Il ne l'était pas à l'époque.

La pièce était faite en planches de châtaignier vermoulu. Le plafond, plutôt haut, se terminait par un carré de un mètre de côté qui aurait pu être une lucarne, mais n'en était pas une. Il y avait le bureau à un bout — de face, sous une verrière. Encadré de portes-fenêtres. Ce bureau était une de mes créations. Tu avais habité un temps dans un abominable petit appartement de South Beverly Drive, au fond d'une allée en retrait de la rue proprement dite. Le rendre agréable relevait de la gageure impossible. En désespoir de cause, nous avions commandé à Erik Bolin — un ébéniste français — deux lambrequins de bois pour placer devant les rideaux. Lorsque tu as déménagé, j'ai récupéré ces ornements pour en faire le dessus du bureau — en les posant sur deux petites commodes de trois tiroirs, larges de soixante-quinze centimètres et exécutées spécialement pour moi par le menuisier, et en découpant un morceau dans la partie centrale du bas afin de ménager un espace pour les jambes. Gros succès — pour quarante dollars. Beaucoup de place. Avec des niches parfaites pour ranger les annuaires du téléphone. J'ai dessiné ensuite un manteau de cheminée en châtaignier pour installer au-dessus d'un foyer sensiblement trop petit et construit en briques émaillées blanches, et qui devait faire trois mètres de long. Les montants encadraient la cheminée avec une entaille à quinze centimètres de haut, pour faire étagère. Le manteau faisait dix centimètres d'épaisseur. Le contraste châtaignier-briquettes blanches était séduisant. La cheminée paraissait plus grande.

Papa avait déniché un joli buffet d'angle à Cromwell, dans le Connecticut. Du pin — il était placé à gauche de la cheminée. Il reviendra à Fenwick avec moi. Ma chaise africaine se trouvait à côté du buffet. Il y avait un grand tapis blanc de type moquette, et par-dessus un sublime tapis navajo — rouge rosé sur fond blanc, avec du noir et du bleu roi, trois mètres sur trois mètres soixante environ. Ancien, intéressant — je l'ai acheté à Seattle lorsque je jouais *A Matter of Gravity*. Tu ne l'as jamais vu ce tapis, n'est-ce pas ? — non. En face du bureau, à l'autre extrémité de la pièce, une paroi entièrement vitrée. Des panneaux hauts — larges — coulissants. Donnant sur le patio — sans vue — une lumière un peu trop éblouissante, à vrai dire. J'ai fait confectionner une espèce de très joli store tissé. Tu t'en souviens. Tu pouvais rester dans ton fauteuil — avec cette jolie lumière — qui donnait du mystère au patio.

Étrange, d'être sur le départ. Après ta mort, je ne supportais pas l'idée de quitter cette maison. Je l'ai gardée — avec les livres sur la table de chêne. Je m'assois dans ton fauteuil, maintenant. Les livres n'ont jamais été bougés. Stupide, je sais. J'essayais de te garder présent. Aujourd'hui, nous partons tous les deux. On m'a fait une offre pour la vieille Thunderbird. Je voulais la conserver, mais elle est vraiment devenue trop inconfortable. Whitney (le chien de George), un labrador blond, a lacéré le cuir des sièges. Et puis elle n'a pas été bien entretenue. La pauvre. J'aimais tant la conduire — même si je le fais moins souvent aujourd'hui. Je commence à me dire qu'elle va en faire une crise cardiaque. Mais c'est ta voiture — pardon, la mienne. J'ai dû la racheter à Louise quand tu es mort.

Je suis assise dans ta chambre pour t'écrire tout cela. Tu aimais que tout soit fermé — pour te protéger de l'extérieur ? Moi je ne ferme jamais les fenêtres. Elles sont ouvertes, les grandes baies qui donnent sur le patio. Si tu veux, tu peux tirer les stores blancs — moi, je n'ai pas envie. Ton lit est toujours à la même place. À côté de la porte de la salle de bain. Couché, on voit toute la chambre et un bout de ciel. Le bout de ciel juste au-dessus de ce vieux bananier informe laissé à l'abandon, fidèle au poste depuis des années, là, sur la terrasse du haut, où il fait ses feuilles immenses qui pourrissent, se brisent et virent au brun, toujours aussi laides. Je les vois, parce que je me suis installée dans ta chambre, et je prends mon petit déjeuner au lit, très tôt, chaque matin, et j'ai vue sur cet arbre idiot qui pousse derrière le patio. Il ne donne même pas de bananes. Il est toujours là — mal taillé. Albert refuse de le faire. Il a un faible pour ces feuilles mortes.

Parfois — souvent, en fait — je pense à toi quand je suis dans ce lit — où je me retourne sans cesse sur le matelas. Tu te souviens à la fin — enfin, nous ne savions pas que la fin était proche, mais elle l'était —, j'installais une couette et mon oreiller à même le sol. Parfois, j'apportais même les gros coussins du salon. Tu avais pris tes somnifères. Les lumières étaient éteintes — j'avais la tête pratiquement à l'extérieur, grâce aux grandes baies vitrées qui donnaient sur le patio. Je tirais un peu le store pour avoir un filet d'air. Toi, tu te fichais bien qu'il y ait de l'air ou pas. Tout ce que tu voulais, c'était sentir la sécurité de la maison bien fermée autour de toi. Nous faisions un brin de conversation. Ton problème c'était... dormir. Je faisais l'essentiel de la conversation. Je devine bien que mon bavardage devait t'ennuyer. Mais à mon avis, cela devait t'être égal. J'étais là. J'étais manifestement à toi. Et tu savais que tu avais quelqu'un sur qui compter. Pourtant, tu t'agitais. Tu tournais et virais, et tu soupirais. Qu'est-ce qu'il y a ? Qu'est-ce qui se passe ? Mille questions te tracassaient. Tu ne connaissais aucune paix. Jamais tu n'aurais dû vieillir. Mais tu n'avais que soixante-sept ans. Tu étais torturé par une espèce de sentiment de culpabilité. Un malheur terrible. Était-ce une incapacité à t'accepter ? Aucun acteur ne t'arrivait à la cheville. Ni à toi, ni à Laurette. Je l'ai toujours dit — toujours pensé. Et vous étiez tous les deux Irlandais. Et vous souffriez du même mal à vivre. Cherchant l'un et l'autre une sorte d'oubli. Dans la boisson — le rire — ou autre chose. Jouer était facile, n'est-ce pas ? Tu savais. Toute cette fébrilité qu'il fallait à tout prix soulager. Jouer la comédie était un exutoire.

Ça a commencé bizarrement, non ? À l'époque, j'habitais la maison d'Edgar Bergen. Bob McKnight, mon vieil ami, avait passé l'été avec moi. Pourquoi est-ce que je ne l'épouserais pas ? Je le connais... je l'aime bien... et nous avons le tennis en commun. Nous nous connaissons depuis mes quinze ans. Je l'ai invité pour l'été. Nous deux — toi et moi — devions tourner ensemble *La femme de l'année*, avec George Stevens. Nous venions d'être présentés. Tu trouvais que j'avais les ongles sales. Je pense que tu me prenais pour une lesbienne. Mais tu as vite changé d'avis. N'est-ce pas ? C'était au tout début des années quarante — en 41, je crois. Mike Kanin et Ring Lardner étaient dans le coup, par l'intermédiaire de Garson. Ils n'avaient encore rien fait de spectaculaire. J'avais envoyé à la Metro une première version de soixante-dix-huit pages racontant l'histoire d'un journaliste sportif — toi — et d'une commentatrice politique à la Dorothy Thompson — moi. En annonçant un prix de deux cent cinquante mille dollars pour le tout. Une moitié — cent vingt-cinq mille dollars — pour moi ; l'autre, pour le scénario.

Mais c'est juste avant qu'ils achètent les droits. Avant la maison — avant nous.

Je suis dans l'avion, maintenant. Il pleut. Nous sommes le 21 novembre 1978. Les meubles devaient être chargés dans le camion aujourd'hui. Mais je n'ai pas voulu, pas sous la pluie battante. Et il pleuvait vraiment à verse.

Étrange expérience, que celle de vider cette maison. C'est chose faite, à présent. Morceau par morceau, c'est soi que l'on évacue. Après presque trente années. Les amis viennent — Susie et Susan. (La fille de Spence et son amie.) Elles ont emporté quelques objets. L'œuf de cristal avec son signe astrologique. Un cadeau que t'avait fait ma nièce Kathy Houghton. Tu es né un 5 avril. Elles ont pris des livres d'art — l'édition originale du *Vieil homme et la mer*, dédicacée par Hemingway : « Spencer from Papa. » Et cette merveilleuse carte de Noël que t'avait envoyée le général Montgomery, écrite de sa main. Il est assis à une table. En face de Winston Churchill avec son grand chapeau — genre stetson — cowboy. Ils étaient sous une tente et prenaient un verre ensemble. Détendus. Susie adorait cette photo. Elle la fera encadrer. Je lui ai raconté cette superbe histoire de ta traversée à bord du *Queen Mary*. Tu te souviens ? Tu as été invité à l'apéritif dans la cabine du capitaine. Montgomery était présent.

« Spencer Tracy ? C'est bien cela ? » a-t-il demandé.

Et tu as dit : « Oui, parfaitement.

— Et vous venez d'où ? » (Rien dans ses yeux ne laissait supposer qu'il savait qui tu étais.)

« Hum... de Californie, comme il convient sans doute de dire, as-tu répondu sans daigner être plus précis.

— Où cela, en Californie ?

— Disons Los Angeles... la banlieue, pour être exact.

— C'est un bel État.

— Oui...

— Vous y êtes né ?

— Non… les gens nés en Californie sont apparemment très rares.

— Depuis combien de temps vous… ?

— Oh… de longues années… non… si.

— Vous êtes là-bas pour votre travail ?

— Si l'on veut… oui.

— Un métier ayant un lien particulier avec la Californie, peut-être ?

— Pas vraiment. Quoique, si, je suppose qu'on peut dire qu'il s'agit d'un métier lié à… encore que…

— Encore que quoi ?

— Oh, rien du tout… »

Il était résolu à te faire dire que tu étais acteur de cinéma. Et tu étais tout aussi résolu à ne pas le lui dire. Il faisait visiblement un numéro en prétendant ne pas savoir que Spencer Tracy était un acteur de cinéma, et que tu étais cet acteur… Je t'entends d'ici me dire que j'ai massacré cette histoire.

J'ai aussi donné à Susie le petit tableau encadré et rehaussé de pierreries que t'avait offert Stanley Kramer, un Noël. Et ces petits sujets : un orchestre, en argent et en cuivre — encore un cadeau de Kramer —, huit figurines. Tu t'en souviens ? Nous venions de terminer *Devine qui vient dîner*. J'ai trouvé le carton. Il nous les offrait à tous les deux. « Puisse cette musique durer toujours. » Mais en fait, c'était pour toi. J'ai donc pensé qu'ils devaient revenir à Susie. J'ai gardé le carton. Et le croquis au crayon de Toulouse-Lautrec — des chevaux et des hommes — dans un cadre doré. Je te l'avais offert pour un Noël. Bill Self a pris le bateau sur la cheminée. Et il a acheté une petite table qui était dans ta chambre. La seule autre chose que j'ai vendue, c'est la table en chêne à abattants, près de ton fauteuil. À Alan Shayne. Il voulait les deux grands fauteuils — de chaque côté de la cheminée. Mais Betty Bacall les désirait, et je n'avais pas le choix vu qu'il s'agissait de copies que j'avais fait faire à partir de fauteuils lui appartenant. Elle a une maison de campagne, maintenant, et les originaux sont restés en ville. Ils sont parfaitement inconfortables — mais très beaux. Nous emportons le reste avec nous — les lettres, les télégrammes. Ceux et celles qui concernaient ta carrière, je les ai donnés à Susie. J'ai gardé tous les plus tristes, ceux que j'ai reçus à ta mort.

Tant de choses se sont passées dans cette petite maison — cette nuit où tu es mort. Tu étais allé te coucher. Quand j'ai estimé que tu étais assoupi, je me suis glissée hors de ta chambre. Toujours pareil. Tu avais la sonnerie juste à côté de toi, et le cordon — trois kilomètres de cordon. Je prenais toujours la sonnerie avec moi quand je m'éloignais — que ce soit à l'intérieur ou à l'extérieur —, de façon à toujours entendre si tu avais besoin de moi. Cette nuit-là, tu n'as pas sonné. Il devait être trois heures du matin. Tu as eu envie d'une tasse de thé chaud. Tu te souviens comme nous laissions toujours la bouilloire branchée au cran le plus bas ? Non, tu n'as pas sonné. Mais je t'ai entendu marcher dans le couloir. Puis entrer dans la cuisine. Je me suis levée. J'ai enfilé mes pantoufles et suis allée vers la cuisine. Au moment de pousser la porte, il y a eu un bruit de porcelaine brisée, suivi d'un choc mat — important. C'était toi, tu tombais. J'ai franchi la porte. Oui — c'était toi. Tu étais... mort. Comme si tout était fini. Subitement. D'un seul coup. FIN.

Oui... le moteur s'était arrêté. Trois heures du matin. 10 juin 1967. Arrêté net — BANG ! La boîte casse. Le contenant était devenu trop petit pour tout ce... — quels termes employer ? — ... toute cette fureur intérieure. La paix enfin. Je le souhaite de tout cœur.

Je me suis baissée et je t'ai pris dans mes bras — mort. Pas de vie — pas de pouls — mort. Spence est mort. Il n'est plus en vie. Il n'habite plus son corps. Il est parti. Ses yeux sont fermés. Toutes ces taches sur lui, du thé. Il ne s'est rendu compte de rien...

Cher, cher ami — parti. Tu as de la chance. C'est la plus belle sortie. On passe la porte et — terminé.

Je suis restée là. Oui... de la chance. Bravo Spence. Bravo. Bien joué. Tu détestais te sentir mal sans savoir pourquoi. Mais tu n'as pas été vraiment malade. Pas de souffrance, ni d'angoisse, ni de détresse. Tu étais indépendant — tu es parti. Pour toujours.

Que faire... que faire, mon Dieu ? Parti.

Appeler Phyllis. Elle habitait en haut de la colline — au 1300 Tower Grove Drive. Le nid de John Barrymore. Nous en avions fait une sorte d'atelier. Elle dormait là-bas. Notre maison dans les arbres. Lucarnes — hauts plafonds — fenêtres —

soleil — la lumière du Seigneur. Nous cultivions des orchidées. Je peignais. Mal. Mais avec plaisir. Et les gens venaient prendre le thé — mais c'était il y a longtemps. La vue était jolie.

J'ai appelé Phyllis. « Spence est mort.

— J'arrive... »

Toi, mort. Je t'ai installé sur un tapis. Tu étais trop lourd pour moi. Quand je dis « je »... je veux dire que j'ai appelé Willie et Ida Ghezy, qui habitent la maison voisine. Elle était notre femme de ménage. Willie était l'aide-jardinier de George Cukor. Et le nôtre aussi — Spence louait la maison à George. Ils sont venus et m'ont aidée à remettre Spence dans son lit. Et j'ai tiré les couvertures et allumé les bougies. Il avait l'air tellement heureux d'en avoir fini avec la vie qui, malgré tous ses succès, avait été pour lui un terrifiant fardeau. Tranquille. Lui qui avait tant tourné et viré dans ce lit. Personne capable de l'aider réellement. Chacun construit sa propre prison. En fait, je ne l'ai jamais connu, je crois. Et il est le seul à m'avoir percée à jour — comprise. Je crois avoir été pour lui un réconfort. Je l'espère. Cher ami.

Que suis-je censée faire à présent ? Prévenir la famille ? Appeler Stanley Kramer ? M'en aller — non..., si —, appeler ensuite. Phyllis est arrivée. Nous avons déménagé toutes mes affaires — vêtements, objets personnels — et nous les avons mises dans ma voiture. Et puis j'ai réfléchi... bon Dieu, Kath, bon Dieu... qu'est-ce que tu fais, là — tu vis avec cet homme depuis près de trente ans. C'est chez toi. Non ? Cette maison est une partie de toi. Ces murs — ce toit — ce bout de terre. J'ai tout retransporté dans la maison. On ne renie pas trente années de sa vie.

Bon, alors ? J'avais appelé le docteur. « Oui... il est mort.. infarctus. La plus belle mort. Oui, il a de la chance. »

Prévenons Howard Strickling, le directeur des relations publiques à la MGM. Lui saura ce qu'il faut faire et comment contrôler la presse.

Nous avons eu Howard. Il allait venir, tout de suite. Puis George Cukor.

« Habillez-vous, George. Descendez. Spence est mort.

— J'arrive. »

J'ai appelé la famille — sa femme, Louise ; ses enfants, Susie et John. Et son frère Carroll, et la femme de Carroll, Dorothy. Spence est mort.

Ils ont commencé à arriver. Cunningham & Walsh, les pompes funèbres, ont été prévenus par Carroll.

La famille est entrée.

« Il est là, dans cette pièce.

— Nous prenons un peu de café et mangeons un peu — œufs ? Bacon ? Un toast ? Des fruits ? Tout ce que...

— Je vous en prie, continuez...

— Bien sûr, prenez la tasse avec vous...

— Je vous en prie... » C'était Louise.

Elle a traversé le couloir avec sa tasse de café. Elle était dans une situation délicate — c'était incontestable. Elle n'avait jamais capitulé. Et voilà qu'il était mort. Et qu'il ne reviendrait plus jamais. Elle avait rêvé — espéré — imaginé qu'il le ferait un jour. Mais tous ses espoirs étaient morts avec lui. Cette drôle de femme — moi — était manifestement à ses côtés quand il est mort. Pourtant il est à moi — oh — oh — oh...

Arrivée des employés des pompes funèbres. « Quel costume ? Le vieux pantalon gris et la veste de tweed marron — la vieille —, tout est prêt. »

Ils ont sorti les vêtements.

« Mais c'est mon mari — c'est moi qui devrais choisir...

— Louise... quelle différence cela fait-il ? »

Et soudain lui n'était plus là, et eux s'en allaient et Dorothy réclamait les clefs de la maison.

Phyllis répondait : « Je vous demande pardon ? Les clefs de sa maison — de notre maison ? » Et Dorothy s'est tue — réduite au silence par l'élégance et l'indignation anglaises.

Susie avait eu un malaise et Phyllis l'avait fait sortir dans le patio. On avait administré deux cachets à Johnny qui était passablement perturbé par cette mort et tout ce qu'il y avait autour — la maison étrangère, ces gens bizarres, car il était sourd, et la vie compliquée. Tant de choses lui échappaient.

Le docteur est parti à son tour. Il n'y avait plus rien à faire. Puis George. Puis Howard Strickling. Il s'occuperait de la presse. Il était six heures.

Tous ces événements attachés à cette petite maison. Notre petite maison. Ce sentiment étrange en la vidant. Pire — non, peut-être pas pire, mais je me demande —, je n'ai jamais revu la maison de mes parents après l'avoir vidée. Je ne supportais même pas de passer devant le 201 Bloomfield Avenue. Ils en faisaient tellement partie intégrante. Et aujourd'hui, cette maison. Toutes les années vécues ici. Quand tu es mort, je l'ai gardée parce que c'est tout ce qui me restait de toi. Pendant longtemps, elle est restée exactement identique à ce qu'elle était avec toi. Et puis elle a évolué lentement. J'ai commencé à jeter tous tes médicaments, et tel objet, et tel autre. J'ai conservé… je conservais depuis des années le pyjama et le peignoir de flanelle dans lesquels tu es mort. Ils étaient posés sur le vieux fauteuil de chêne de la chambre quand j'habitais la maison. Tu les portais quand tu es parti pour le funérarium. Tu es resté là-bas plusieurs jours, non pas veillé mais… je crois qu'on dit « exposé ». J'y descendais une fois que tout le monde était parti, et je m'attardais un moment. Dérisoire, en réalité. Mais que restait-il d'autre ? Et au fond de mon cœur, je devais me réjouir. Toi — l'être adorable, tout de rire et de liberté — et si plein de tristesse — étais-tu triste ? Pourquoi — quelle raison ? Était-ce la surdité de John et ton sentiment de responsabilité ? Pensais-tu que tu aurais dû rester marié ? Mais tu étais toujours marié avec Louise. Je crois que c'est ce qu'elle voulait. Elle était incapable d'accepter le fait que son mariage était un échec. Je ne pense pas qu'elle était consciente qu'il en allait rarement autrement après la naissance d'un enfant handicapé. La femme centre toute son énergie sur cet enfant. Et le mari s'éloigne insensiblement. Mû par une incapacité à concevoir qu'un enfant de lui puisse être autrement que parfait. Et la femme n'est pas en mesure de comprendre ce qui se passe dans la tête de son mari. Le chagrin, les exutoires pour noyer le chagrin — la boisson pour oublier les exutoires. À la fin… tu te retrouves la victime d'une situation qui n'est que le résultat de l'incertitude, du doute. Tu ne pouvais pas la quitter si elle ne voulait pas être quittée. Elle s'était occupée de tout pour Johnny. Que faire ? Que faire ? Je dois dire que j'étais incapable de savoir ce que j'aurais fait si je m'étais trouvée à ta place. Rien — tu n'as rien fait. Et le temps a passé. Je ne me suis pas battue pour le mariage. Et apparemment, nous étions de plus en plus heureux en dépit de tes problèmes de santé. Nous menions une toute petite vie. Mais plaisante. J'avais l'impression de t'être indispensable, et j'en étais comblée. À une époque où la plupart des femmes de mon âge s'effondraient parce qu'elles cessaient d'être désirables — sur le plan privé ou professionnel —, moi, on me voulait vingt-quatre heures sur vingt-quatre. Tu t'inquiétais de me voir saborder plus ou moins ma carrière. Je ne risquais absolument pas de m'interroger sur mon éventuelle carrière vu que je n'étais pas sur le marché, comme on dit. Libre — enfin libre, selon moi — de ce foutu... MOI.

Rétrospectivement, je suppose qu'à présent je suis influencée par Susie et le fait que je la connaisse désormais. Notre rencontre a été une expérience à la fois drôle et émouvante. Je jouais au tennis tous les jours avec Alex Olmedo, au Beverly Hills Hotel. Un jour j'y suis allée avec le chien Lobo. Le chien de Spencer et le mien. Trois ans environ — moitié policier — moitié coyote — deux fois plus petit qu'un policier — le poil lisse — une oreille dressée, l'autre couchée. Il lui manquait un bout de queue. C'était un corniaud, doté de l'heureux tempérament des corniauds, malin, avec une belle tête pleine d'élégance, de gros yeux joyeux. Il était mon ami et m'accompagnait partout. Il se donnait des grands airs et levait aisément le museau. Drôle. Bref, il est visible que je l'aimais beaucoup.

Nous avons donc franchi la grille du tennis. Tout à coup, nous emboîtant presque le pas, a surgi une jeune fille, toute rougissante — le visage écarlate et aussi le cou — mais l'air déterminé.

« C'est Lobo, n'est-ce pas ?

— Oui, c'est Lobo. » Qui... qui ? Non, impossible. Si, c'est elle, Susie — c'est Susie. La fille de Spence.

« Il a l'air d'aller bien.

— Oui, il va bien, Susie. »

Nous nous sommes brutalement trouvées en panne de mots — silence.

Puis j'ai dit : « Écoutez, Susie, si vous avez envie de faire connaissance avec moi, cela peut s'arranger très facilement. Vous savez où j'habite et vous connaissez le numéro de téléphone. Quand vous voudrez... »

Elle a appelé. Et nous sommes devenues amies. Comme cela...

En réalité, c'est grâce à elle que je me suis demandé si je n'aurais pas dû insister pour clarifier la situation — ce qui m'aurait permis de voir Susie et Johnny avec Spence. Les choses auraient certainement été plus simples. Et Spence se serait senti moins coupable. Cela aurait eu le mérite de l'honnêteté

Après la mort de Spence — quelques jours après — j'ai appelé Louise et lui ai dit : « Vous savez, Louise, nous pouvons devenir amies, vous et moi. Vous l'avez connu au début, moi à la fin — du moins pouvons-nous le prétendre —, si cela pouvait faciliter les choses pour les enfants.

— Oui, a-t-elle dit. Mais voyez-vous, moi, je croyais que vous n'étiez qu'une rumeur... »

Pendant près de trente ans ? Une rumeur ? Que répondre à une chose pareille ? La blessure était profonde, fondamentale — ancrée — jamais elle ne guérirait. Pendant près de trente ans, Spence et moi nous étions vus constamment — pour le meilleur et pour le pire. Une rumeur. En refusant définitivement d'admettre que j'existais, elle restait — elle, l'épouse — et elle envoyait des cartes de Noël. Spence — le coupable. Elle — la victime. Et moi — oh ! moi, j'avais été élevée dans un milieu anticonformiste. Et puis je n'avais pas brisé leur mariage. La cassure était consommée bien avant mon entrée en scène. Comme je l'ai déjà dit, je ne suis jamais parvenue à établir ce qui serait le moins douloureux pour Spence. Alors je n'ai jamais abordé la question, sauf pour dire : « Pour moi, tout va bien. Et ne me laisse pas d'argent — l'argent est source d'histoires et j'ai largement de quoi vivre. » Et puis en Californie, je ne m'affichais jamais avec lui. Personne n'a jamais fait de photo de nous ensemble — dans le monde — de photo intime, s'entend. Et avec le temps, les médias nous ont laissés tranquilles. Le respect se gagne, avec le temps. Il n'y a donc pas eu de vagues.

Je pense aujourd'hui que j'ai choisi la voie de la facilité. Il vaut mieux clarifier les choses. Parce que tout le monde alors — en l'occurrence, Susie et Johnny — aurait pu nous voir ensemble. Savoir. Mais c'était pousser Louise dans ses retranchements — en faire la perdante. Elle y aurait aussi, je crois, gagné en noblesse. Une suprême honnêteté. Qui lui aurait facilité les choses à lui — pour faire ce qui était le plus simple et le plus évident. Il aurait eu alors le meilleur de ces deux mondes. Et s'il avait pu la sentir dans cette disposition d'esprit, il aurait été débarrassé de son sentiment de culpabilité.

Oui — mais pour agir de la sorte, il aurait fallu qu'elle soit une sainte. Et après ? Quel mal y a-t-il à la sainteté ? C'est peut-être trop demander, j'en conviens. Louise était dans une situation désespérée.

De mon côté... j'ai péché par orgueil. Je n'ai pas poussé à l'action. Je l'ai laissé faire. Et il était paralysé.

Je dois dire que j'en ai tiré une leçon — il faut savoir exactement l'importance que l'on attache aux choses. Et décider ensuite de se battre. Ou de ne pas se battre. Vous aimez quelqu'un ? Si vous aimez quelqu'un, et que cette personne exprime à l'évidence son désir de rompre, et que vous sachiez parfaitement que tout est fini — il faut laisser cette personne partir ! Se faire cette fleur. La noblesse. À long terme, l'effet est meilleur que si vous vous cramponnez en rappelant en permanence, à l'autre autant qu'à vous-même, que votre vie commune est un désastre. Et puis c'est honnête. C'est savoir aller de l'avant. Dans un mauvais mariage, le statu quo n'est jamais productif. Un nouveau type de relation peut ouvrir de nombreuses portes bénéfiques pour tous les intéressés. Cet échec figé n'est que stérile.

« Allô !

— Bonjour.

— Bonsoir.

— Comment va Johnny ?

— Comment va Susie ?

— Comment allez-vous... »

Creux. Interminable. Jusqu'à la mort Triste. Une erreur installée à vie sur vos genoux.

Les choses sont ce qu'elles sont. Elles ne changeront plus maintenant. Spence est mort. Louise s'est estompée. Et elle est partie à son tour. Je suis sûre que pour elle aussi le fardeau aura été lourd à porter. Faire le voyage sur une route qui n'existe pas.

Le matin de l'enterrement. Plutôt, le dernier soir du rosaire, ou peu importe le nom de cette période où l'on reste exposé au funérarium. J'y suis allée après que tout le monde était parti. Je suis entrée.

« Désolé, Miss Hepburn, le cercueil est fermé. Mr. Carroll Tracy m'a donné l'ordre de le fermer. Je... voulez-vous que... ?

— Non... non... laissez... cela n'a pas vraiment d'importance. C'est seulement que j'avais quelques petits objets... tant pis. Laissez. Je ne vais pas rester longtemps. »

J'aurais aimé voir son visage encore une fois, mais quelle différence ? — hier... aujourd'hui... demain... Il n'était plus là — Papa n'était plus là — Maman n'était plus là. Leur histoire est dite. Et moi, je suis toujours là, et dans mon cœur, ils font encore si fort partie de moi. Ils sont moi. J'ai eu de la chance, non ? Je marche pour eux trois. Triste que le cercueil soit fermé. Je me demande s'ils ont trouvé le petit tableau peint par moi — des fleurs — que j'ai glissé sous leurs pieds. Je ne crois pas. Et peu importe — des objets. Il ne faut jamais se battre pour des objets. C'est ce que disaient Papa et Maman. Les objets ne comptent pas. C'est vrai, et plus rien ne peut lui faire de mal à présent.

Le lendemain a eu lieu la cérémonie à l'église catholique, à Hollywood, en bas de Santa Monica Boulevard. Ni Phyllis, ni moi, bien sûr, n'avons envisagé d'y assister — trop voyant. Je me suis mise à penser à l'ultime voyage de Spence à travers la ville, et j'ai dit à Phyllis : « Allons jusqu'aux pompes funèbres le voir partir. »

Nous y sommes allées. Nous avons jeté un œil. À part le corbillard, il n'y avait personne. Nous nous sommes donc engagées dans l'allée.

« Personne ne vient ?

— Non.

— Pouvons-nous participer ?

— Pourquoi pas ? »

Nous les avons donc aidés à hisser Spence à la place prévue pour lui dans le corbillard. Nous avons claqué la portière, et ils sont partis, et nous avons suivi. Son cortège. Melrose Avenue, puis à gauche dans Vermont Avenue, puis nous avons aperçu l'église Eux ont continué. Nous nous sommes arrêtées. Adieu l'ami... c'est ici que nous te quittons...

Nous avons fait demi-tour. Vers la maison.

Cher Spence

Qui a jamais pensé que je t'écrirais une lettre ? Tu es mort le 10 juin 1967. Mon Dieu, Spence, cela fait maintenant vingt-quatre ans. C'est long. Es-tu enfin heureux ? Est-il doux ce repos que tu goûtes ? Répare-t-il vraiment toute l'agitation et le tourment de ta vie ? Tu sais, je ne t'ai jamais cru quand tu parlais de tes insomnies. Je me disais : Oh... tu exagères... tu dors... si tu ne dormais pas, tu serais mort. D'épuisement. Rappelle-toi cette nuit où... je ne sais pas..., tu te sentais si mal. Alors je t'ai dit : Va te coucher, va. Je vais m'étendre sur le sol à côté de toi et te parler pour t'endormir. Je vais parler, parler, parler, et tu trouveras cela tellement ennuyeux que tu n'auras pas d'autre échappatoire que le sommeil.

Je l'ai fait, j'ai pris un gros coussin et Lobo le chien. Et je suis restée à te veiller en caressant Lobo. Je te parlais de toi et du film que nous venions de terminer — *Devine qui vient dîner* —, et de mon atelier, et de ton manteau de tweed neuf, et du jardin et de tous les sujets gentiment soporifiques — la cuisine, les commérages sans intérêt —, mais tu continuais de t'agiter dans tous les sens — à droite, à gauche — les oreillers trop bas — la couverture à tirer — et ainsi de suite. Pour finir — et je dis bien pour finir — tu t'es calmé. J'ai attendu quelques instants — et je suis sortie sur la pointe des pieds.

Tu me disais la vérité, n'est-ce pas ? Tu avais vraiment des insomnies.

À l'époque, je me demandais toujours... pourquoi? Je me le demande encore. Tu prenais des pilules. Très fortes. J'imagine que tu dirais que, sans elles, tu n'aurais jamais dormi. Pour toi la vie n'était pas une chose facile, n'est-ce pas?

Quels étaient tes plaisirs? Tu aimais le bateau, surtout par gros temps. Tu aimais le polo. Mais un jour Will Rogers est mort dans un accident d'avion. Et tu n'as plus jamais joué au polo. Jamais. Le tennis, le golf, non, pas vraiment. Tu faisais quelques balles. Non sans talent. Je ne crois pas que tu aies jamais vraiment manié un club. La natation? Tu n'aimais pas l'eau froide. La marche? Non, ce n'était pas ton truc. Cela faisait partie des choses que l'on peut faire tout en pensant — à tout, à rien, à quoi, Spence? À quoi? À une chose précise comme la surdité de Johnny, ou le fait d'être catholique, et mauvais catholique? Pas de réconfort, jamais. Je me souviens du père Ciklic te disant que tu te concentrais sur ce que la religion avait de négatif, jamais sur ce qu'elle offrait de positif. Il devait s'agir d'une chose fondamentale et permanente.

Et le plus incroyable. Toi — le plus grand acteur de cinéma. Je le dis parce que je le crois et que j'ai entendu nombre de gens de la profession, et non des moindres, le dire aussi. De Laurence Olivier à Lee Strasberg en passant par David Lean. Annoncez ce que vous voulez. Toi, tu savais le faire. Tu savais le faire avec cette simplicité somptueuse et directe : tu savais, point final. Tu n'as jamais su entrer dans ta propre vie, mais tu pouvais devenir un autre. Un tueur — un prêtre — un pêcheur — un chroniqueur sportif — un juge — un journaliste. Et ce, instantanément.

Tu avais à peine besoin de travailler. Tu apprenais un texte en un rien de temps. Quel soulagement! Être un autre, l'espace de quelque temps. Tu n'étais pas toi — tu étais en sécurité. Tu adorais rire, n'est-ce pas? Tu ne manquais jamais ces grands comiques qu'étaient Jimmy Durante, Phil Silvers, Fanny Brice, Frank McHugh, Mickey Rooney, Jack Benny, Burns and Allen, Smith and Dale, et ton préféré, Bert Williams. Les histoires drôles. Tu savais les raconter — et avec brio. Tu savais rire de toi. Tu appréciais infiniment l'amitié et l'admiration de gens comme les Kanin, Frank Sinatra, Bogie et Betty, George Cukor, Vic Fleming, Stanley Kramer, les

Kennedy, Harry Truman, Lew Douglas. Avec eux tu t'amusais, tu étais drôle, tu te sentais bien.

Mais il fallait retourner aux vicissitudes de la vie. Et zut, un petit verre — non — si — peut-être. Puis, terminée la boisson. Là, tu étais très fort, Spence. Tu étais capable d'arrêter. Ce pour quoi je te respectais beaucoup. Peu commun.

À ce sujet, tu disais : on n'est en sécurité que deux mètres sous terre. Mais pourquoi les échappatoires ? Pourquoi toujours cette fuite — ce besoin d'échapper à l'être remarquable que tu étais ?

Pourquoi, Spence ? Je voulais te demander. Savais-tu pourquoi ?

Pardon ? Je ne t'entends pas...

L'échelle et ceux qui m'ont aidée à monter

Oui, j'ai de la chance d'avoir rencontré des gens. Bien sûr — mes parents — et puis encore Luddy. Oh ! Luddy — qu'aurais-je fait — qu'aurais-je pu faire sans toi ? Eddie Knopf — mon premier engagement. Il m'a regardée et m'a donné ma chance. Oui, soyez la bienvenue — venez parmi nous. C'était à Baltimore en 1928. Oh ! là ! là ! Puis il est parti pour New York. Encore une fois il a pris le risque — il m'a donné un grand rôle — et il m'a virée. Mais j'avais été repérée. Oui — par Arthur Hopkins. Il avait un joli rôle dans une petite pièce. Un peu prétentieux. Le spectacle a tenu deux jours, mais il m'a donné un autre emploi — doublure de Hope Williams dans *Holiday*. Et Luddy encore, et mon amie Alice Palache — « Tu es superbe, Kate... tu es absolument... » Qu'aurais-je fait sans ce genre de soutien ?

Laura Harding — la force qu'elle m'a communiquée. Et la sophistication. Elle se trouvait, *elle*, merveilleuse, et elle m'a persuadée que je l'étais, *moi*.

Phyllis Wilbourn — *toujours* présente, vingt-quatre heures sur vingt-quatre, sept jours sur sept. Pour toujours.

George Cukor. Le nombre de films !

Ainsi, soixante et quelques années durant, le groupe a grandi. Mes soutiens — mes sauveurs. Ils m'ont donné du courage. Et il en faut pour arriver en haut de l'échelle.

Ma chère amie Laura Fratti — elle m'a appris à faire semblant de jouer du piano sur scène et à l'écran. Cette performance fait d'elle un génie.

Je suis sûre que je vais oublier nombre de ceux qui m'ont aidée — les fidèles qui étaient là tous les jours — pour me pousser, m'écouter — me protéger — me conduire en voiture. Charles Newhill, pendant quarante-trois ans — L.C. Fisher, et aujourd'hui, Jimmy Davis.

Et Norah — la pensée — sans condition — la nourriture — l'infinie attention — l'amour. « Miss Hepburn, vous êtes servie. »

Et Sharon Powers — écoutez — sans vous — le chaos.

Tony Harvey. Un ami — un véritable ami.

David Eichler — *ma* Philadelphia Story à moi.

Scott Berg — mon critique attitré.

Et, bien sûr, Cynthia McFadden — ma camarade qui se souvient de ma vie mieux que moi.

Freya Manston — mon agent —, qui m'a convaincue d'écrire ce livre.

Et encore mes parents, Peg, Bob, Dick, Marion, Kathy Houghton.

Souvenirs — tous — merci.

Et enfin — Sonny Mehta, directeur de Knopf.

Voilà.

Filmographie

A BILL OF DIVORCEMENT *(Héritage)*, 1932, RKO.
Réalisation : George Cukor. Scénario : Howard Estabrook et Harry Wagstaff Gribble, d'après la pièce de Clemence Dane. Avec John Barrymore, Billie Burke, David Manners, Henry Stephenson, Paul Cavanagh, Elizabeth Patterson.

CHRISTOPHER STRONG, 1933, RKO.
Réalisation : Dorothy Arzner. D'après le roman de Gilbert Frankau. Avec Colin Clive et Billie Burke.

MORNING GLORY, 1933, RKO.
Réalisation : Lowell Sherman. D'après la pièce de Zoe Akins. Avec Douglas Fairbanks Jr. et Adolphe Menjou.

LITTLE WOMEN *(Les quatre filles du docteur March)*, 1933, RKO.
Réalisation : George Cukor. Scénario : Sarah Y. Mason et Victor Heerman, d'après le roman de Louisa May Alcott et sa saynète, *Jo's Boys*. Avec Frances Dee, Jean Parker, Joan Bennett, Edna May Oliver, Paul Lukas, Douglas Montgomery, Spring Byington, Henry Stephenson, Samuel Hinds, Mabel Colcord, John Davis Lodge, Nydia Westmer.

SPITFIRE *(Mademoiselle Hicks)*, 1934, RKO.
Réalisation : John Cromwell. Scénario : Jane Murfin et Lulu Vollmer, d'après la pièce de Lulu Vollmer, *Trigger*. Avec Robert Young, Ralph Bellamy, Martha Sleeper, Hugh Ghere.

THE LITTLE MINISTER, 1934, RKO.
Réalisation : Richard Wallace. D'après une pièce de James M. Barrie. Avec John Beal et Alan Hale.

BREAK OF HEARTS, 1935, RKO.
Réalisation : Philip Moeller. D'après une nouvelle de Lester Cohen. Avec Charles Boyer et John Beal.

ALICE ADAMS, 1935, RKO.
Réalisation : George Stevens. Scénario : Jane Murfin, d'après le roman de Booth Tarkington. Avec Fred MacMurray et Fred Stone.

SYLVIA SCARLETT *(Sylvia Scarlett)*, 1936, RKO.
Réalisation : George Cukor. Scénario : Gladys Unger, John Collier et Mortimer Offner, d'après le roman de Compton MacKenzie. Avec Cary Grant, Brian Aherne, Edmund Gwenn, Natalie Paley, Dennie Moore, Lennox Paule, Bunny Beatty.

MARY OF SCOTLAND *(Marie Stuart)*, 1936, RKO.
Réalisation : John Ford. Scénario : Dudley Nichols, d'après la pièce de Maxwell Anderson. Avec Fredric March, Florence Eldridge, Douglas Walton, John Carradine, Monte Blue, Jean Fenwick, Robert Barrat, Gavin Muir, Ian Keith, Donald Crisp, Moroni Olsen.

A WOMAN REBELS *(La rebelle)*, 1936, RKO.
Réalisation : Mark Sandrich. D'après un roman de Netta Syrett. Avec Herbert Marshall et Van Heflin.

QUALITY STREET, 1937, RKO.
Réalisation : George Stevens. D'après la pièce de James M. Barrie. Avec Franchot Tone, Fay Bainter, Joan Fontaine.

STAGE DOOR *(Pension d'artistes)*, 1937, RKO.
Réalisation : Gregory La Cava. D'après la pièce de George S. Kauf man et Edna Ferber. Avec Ginger Rogers, Adolphe Menjou, Constance Collier, Lucille Ball.

BRINGING UP BABY *(L'impossible M. Bébé)*, 1938, RKO.
Réalisation : Howard Hawks. Scénario : Dudley Nichols et Hagar Wilde, d'après une nouvelle de Hagar Wilde. Avec Cary Grant, Charlie Ruggles, May Robson, Barry Fitzgerald, Walter Catlett, Fritz Feld, Lena Roberts.

HOLIDAY *(Vacances)*, 1938, Columbia.
Réalisation : George Cukor. Scénario : Donald Ogden Stewart et Sidney Buchman, d'après la pièce de Philip Barry. Avec Cary Grant Doris Nolan, Edward Everett Horton, Jean Dixon, Lew Ayres.

THE PHILADELPHIA STORY *(Indiscrétions)*, 1940, MGM.
Réalisation : George Cukor. Scénario : Donald Ogden Stewart, d'après la pièce de Philip Barry. Avec Cary Grant, James Stewart, Ruth Hussey, John Howard, Roland Young, John Holliday, Mary Nash, Virginia Weidler, Henry Daniell, Lionel Page, Rex Evans.

WOMAN OF THE YEAR *(La femme de l'année)*, 1942, MGM.
Réalisation : George Stevens. Scénario : Ring Lardner Jr. et Michael Kanin. Avec Spencer Tracy, Fay Bainter, Minor Watson, William Bendix, Reginald Owen, Dan Tobin, Roscoe Kearns.

KEEPER OF THE FLAME *(La flamme sacrée)*, 1942, MGM.
Réalisation : George Cukor. Scénario : Donald Ogden Stewart, d'après le roman de I. A. R. Wylie. Avec Spencer Tracy, Richard Whorf, Margaret Wycherly, Forrest Tucker, Frank Craven, Horace McNally, Percy Kilbride, Darryl Hickman, Donald Meek, Howard da Silva, Audrey Christie.

STAGE DOOR CANTEEN *(Le cabaret sous les étoiles)*, 1943, United Artists.
Réalisation : Frank Borzage. Scénario : Delmer Daves. Avec Cheryl Walker, Elsa Maxwell, Tallulah Bankhead, Edgar Bergen, Johnny Weissmuller, George Raft, Harpo Marx, Count Basie et Benny Goodman (et leurs orchestres).

DRAGON SEED *(Les fils du dragon)*, 1944, MGM.
Réalisation : Jack Conway et Harold S. Bucquet. Scénario : Jane Murfin et Marguerite Roberts, d'après le roman de Pearl Buck. Avec Walter Huston, Aline MacMahon, Akim Tamiroff, Turhan Bey, Hurd Hatfield, J. Carrol Naish, Agnes Moorehead, Henry Travers, Frances Rafferty, Jacqueline de Wit.

WITHOUT LOVE *(Sans amour)*, 1945, MGM.
Réalisation : Harold S. Bucquet. Scénario : Donald Ogden Stewart, d'après la pièce de Philip Barry. Avec Spencer Tracy, Lucille Ball, Gloria Grahame, Keenan Wynn, Patricia Morrison, Carl Esmond, Felix Bressart.

UNDERCURRENT *(Lame de fond)*, 1946, MGM.
Réalisation : Vincente Minnelli. Scénario : Edward Chodorov, d'après un sujet de Thelma Strabel. Avec Robert Taylor, Robert Mitchum, Edmund Gwenn, Jayne Meadows, Marjorie Main, Clinton Sundberg, Dan Tobin, Kathryn Card, Leigh Whipper, Charles Trowbridge, James Westerfield, Billy McLain, Bess Flowers, Sarah Edwards, Betty Blythe, Sylvia Andrew.

THE SEA OF GRASS *(Le maître de la prairie)*, 1947, MGM.
Réalisation : Elia Kazan. Scénario : Marguerite Roberts et Vincent Lawrence, d'après le livre de Conrad Richter. Avec Spencer Tracy, Melvyn Douglas, Robert Walker, Phyllis Thaxter, Edgar Buchanan, Harry Carey, Ruth Nelson, Robert Armstrong, James Bell, Charles Trowbridge, Russel Hicks, Morris Ankrum, Robert Barrat, William Phipps, Trevor Bardette.

SONG OF LOVE *(Passion immortelle)*, 1947, MGM.
Réalisation : Clarence Brown. Scénario : Ivan Tors, Irmgard von Cube, Allen Vincent, Robert Ardrey, d'après la pièce de Bernard Schubert et Mario Silva. Avec Robert Walker, Henry Daniell, Paul Henreid, Leo G. Carroll, Else Janssen, Gigi Perreau, Roman Bohnen, Ludwig Stossel, Tala Birell, Kurt Katch, Henry Stephenson.

STATE OF THE UNION *(L'enjeu)*, 1948, MGM.
Réalisation : Frank Capra. Scénario : Anthony Veiller et Miles Connolly, d'après la pièce de Howard Lindsay et Russel Crouse. Avec Spencer Tracy, Van Johnson, Angela Lansbury, Adolphe Menjou, Lewis Stone, Howard Smith, Charles Dingle, Mabel Turner, Raymond Walburn, Margaret Hamilton, Art Baker, Irving Bacon, Arthur O'Connell, Francis Pierlot.

ADAM'S RIB *(Madame porte la culotte)*, 1949, MGM.
Réalisation : George Cukor. Scénario : Ruth Gordon et Garson Kanin. Avec Spencer Tracy, Judy Holliday, Tom Ewell, David Wayne, Jean Hagen, Hope Emerson, Eve March, Clarence Kobb, Emerson Treacy, Polly Moran, William Wright, Elizabeth Flournoy.

THE AFRICAN QUEEN *(La Reine africaine)*, 1951, United Artists.
Réalisation : John Huston. Scénario : James Agee et John Huston, d'après le roman de C. S. Forester. Avec Humphrey Bogart, Robert Morley, Peter Bull, Theodore Bikel, Walter Gotell, Gerald Ohn, Peter Swanwick, Richard Marner.

PAT AND MIKE *(Mademoiselle Gagne-Tout)*, 1952, MGM.
Réalisation : George Cukor. Scénario : Ruth Gordon et Garson Kanin. Avec Spencer Tracy, Aldo Ray, William Ching, Sammy White, Phyllis Pova, Gordon Mathews, Lois Smith, Charles Buchinski [Bronson], Jim Backus, Chuck Connors, Gussie Moran, Frank Parker, Betty Hicks, Beverley Hanson, Helen Dettweller.

SUMMERTIME *(Vacances à Venise)*, 1955, United Artists.
Réalisation : David Lean. Scénario : David Lean et H. E. Bates, d'après la pièce d'Arthur Laurents, *The Time of the Cuckoo*. Avec Rossano Brazzi, Isa Miranda.

THE RAINMAKER *(Le faiseur de pluie)*, 1956, Paramount.
Réalisation : Joseph Anthony. Scénario : Gore Vidal, d'après la pièce de N. Richard Nash. Avec Burt Lancaster, Wendell Corey, Earl Holliman, Wallace Ford, Lloyd Bridges.

THE IRON PETTICOAT *(Whisky, vodka et jupon de fer)*, 1956, MGM.
Réalisation : Ralph Thomas. Scénario : Ben Hecht, d'après une nouvelle de Harry Saltzman. Avec Bob Hope, James Robertson Justice.

THE DESK SET *(Une femme de tête)*, 1957, 20th Century-Fox.
Réalisation : Walter Lang. Scénario : Phoebe et Henry Ephron, d'après la pièce de Robert Fryer et Laurence Carr. Avec Spencer Tracy, Gig Young, Joan Blondell, Dina Merrill, Sue Randall, Neva Patterson, Harry Ellerbe, Nicholas Joy, Diane Jergens, Merry Anders, Ida Moore, Rachel Stephens, Fanny Ogg.

SUDDENLY LAST SUMMER *(Soudain, l'été dernier)*, 1959, Columbia.
Réalisation : Joseph L. Mankiewicz. Scénario : Gore Vidal, Tennessee Williams, d'après la pièce de Tennessee Williams. Avec Elizabeth Taylor, Montgomery Clift, Mercedes McCambridge, Albert Dekker, Gary Raymond, Mavis Villiers, Patricia Marmont, Maria Britneva, Joan Young, David Cameron, Sheila Robbins, Roberta Wooley.

LONG DAY'S JOURNEY INTO NIGHT, 1962, Embassy.
Réalisation : Sidney Lumet. D'après la pièce de Eugene O'Neill. Avec Ralph Richardson, Jason Robards Jr., Dean Stockwell, Jeanne Barr.

GUESS WHO'S COMING TO DINNER *(Devine qui vient dîner)*, 1967, Columbia.
Réalisation : Stanley Kramer. Scénario : William Rose. Avec Spencer Tracy, Sidney Poitier, Katharine Houghton, Alexandra Hay

THE LION IN WINTER *(Le lion en hiver)*, 1968, Avco Embassy.
Réalisation : Anthony Harvey. Scénario : James Goldman, d'après sa pièce. Avec Peter O'Toole, Jane Merrow, John Castle, Anthony Hopkins, Rosemary Harris, Nigel Terry, O. Z. Whitehead, Timothy Dalton, Nigel Stock, Kenneth Ives.

THE MADWOMAN OF CHAILLOT *(La folle de Chaillot)*, 1969, Warner Bros / Seven Arts.
Réalisation : Bryan Forbes. Scénario : Edward Anhalt, d'après la pièce de Jean Giraudoux, traduite en anglais par Maurice Valency. Avec Charles Boyer, Claude Dauphin, Dame Edith Evans, John Gavin, Paul Henreid, Oskar Homolka, Margaret Leighton, Giulietta Masina, Nanette Newman, Richard Chamberlain, Yul Brynner, Donald Pleasence, Danny Kaye.

TROJAN WOMEN *(Les Troyennes)*, 1971, Cinerama Releasing.
Réalisation et scénario : Michael Cacoyannis, d'après la tragédie d'Euripide. Avec Vanessa Redgrave, Geneviève Bujold, Irene Papas.

ROOSTER COGBURN *(Une bible et un fusil)*, 1975, Universal.
Réalisation : Stuart Millar. Scénario : Martin Julien, d'après le personnage créé par Charles Portis dans son roman *True Grit* (Cent dollars pour un shérif). Avec John Wayne, Anthony Zerbe, Richard Jordan, John McIntire, Strother Martin, Paul Koslo, Jack Colvin, Jon Lormer, Richard Romancito, Lane Smith, Warren Vanders, Jerry Gatlin, Mickey Gilbert, Chuck Hayward, Gary McLarty, Tommy Lee.

OLLY, OLLY, OXEN FREE, 1978, Sanrio Film Dist.
Réalisation : Richard A. Colla. Scénario : Maria L. de Ossio, Eugene Poinc et Richard A. Colla. Avec Kevin McKenzie.

ON GOLDEN POND *(La maison du lac)*, 1981, Universal.
Réalisation : Mark Rydell. Scénario : d'après la pièce d'Ernest Thompson. Avec Henry Fonda, Jane Fonda, Dabney Coleman, Doug McKeon, William Lindeau.

THE ULTIMATE SOLUTION OF GRACE QUIGLEY, 1984, MGM/UA.
Réalisation : Anthony Harvey. Scénario : A. Martin Zweiback. Avec Nick Nolte, Elizabeth Wilson.

Oscars pour *Morning Glory* et *Devine qui vient dîner*.

Films tournés pour la télévision

THE GLASS MENAGERIE, 1973, ABC.
Réalisation : Anthony Harvey, d'après la pièce de Tennessee Williams. Avec Joanna Miles, Michael Moriarty, Sam Waterston.

A DELICATE BALANCE, 1973, CTV.
Réalisation : Tony Richardson, d'après la pièce d'Edward Albee. Avec Paul Scofield, Lee Remick, Kate Reid, Joseph Cotten, Betsy Blair.

LOVE AMONG THE RUINS *(Il neige au printemps)*, 1975, ABC.
Réalisation : George Cukor. Scénario : James Costigan. Avec Laurence Olivier, Richard Pearson, Leigh Lawson, Colin Blakely, Joan Sims, Gwen Nelson, Robert Harris, Peter Reeve, John Blythe, Arthur Hawlett, Frank Forsythe, John Heller.

THE CORN IS GREEN, 1979, CBS.
Réalisation : George Cukor. Scénario : d'après la pièce d'Emlyn Williams. Avec Ian Saynor.

MARIAGE INTERDIT, 1986.
Réalisation : George Schaeffer. Avec Harold Gould, Denholm Elliott, Brenda Forbes.

Crédits Photos

(Les numéros renvoient aux pages des hors-texte)

Premier hors-texte (pages 1 à 16)

5 - *Milieu et bas* : Photo Martin Munkácsi. Avec l'aimable autorisa tion de Joan Munkácsi Hammes
12 - *En haut* : Photo White Studios. The Billy Rose Theatre Collection ; the New York Public Library for the Performing Arts ; *en bas* : Photofest
13 - *En haut* : Anita Stewart Photo Publishing Co
15 - *En haut et en bas* : Viacom
16 - *En haut* : Vandamm Studio ; *en bas* : Copyright 1933 RKO Pictures, Inc Tous droits réservés

Second hors-texte (pages 1 à 32)

1 - *En haut* : Copyright 1934 RKO Pictures, Inc. Tous droits réser vés ; *au milieu* : Copyright 1933 Turner Entertainment Co. Tous droits réservés ; *en bas* : Copyright 1933 RKO Pictures, Inc. Tous droits réservés
2 - *En haut à gauche* : Photo et copyright 1991 John Bryson ; *au milieu* : Vandamm Studio ; *en bas* : UPI/Bettmann Archive
3 - *En bas* · The George Cukor Collection. Cliché selon l'aimable autorisation de The Academy of Motion Picture Arts and Sciences
4 - *En bas à droite* : Kobal Collection
5 - *En bas* : The George Cukor Collection. Cliché selon l'aimable autorisation de The Academy of Motion Picture Arts and Sciences

6 - *En bas* : Kobal Collection
7 - Columbia
8 - *En haut* : API/Wide World
9 - *En haut et au milieu* : Copyright 1936 RKO Pictures, Inc. Tous droits réservés
10 - *En haut* : The Everett Collection ; *au milieu* : Copyright 1938 RKO Pictures, Inc. Tous droits réservés ; *en bas* : Copyright 1937 RKO Pictures, Inc. Tous droits réservés. Cliché selon l'aimable autorisation de The Academy of Motion Picture Arts and Sciences
11 - *En haut* : Copyright 1940 Turner Entertainment Co. Tous droits réservés ; *au milieu et en bas* : Richard Tucker
12 - *En bas* : Copyright 1942 Turner Entertainment Co. Tous droits réservés
13 - *En haut* : Photo et copyright Rhoda Nathans ; *en bas* : Copyright 1949 Turner Entertainment Co. Tous droits réservés
14 : PNC TV
15 - *En haut à droite* : Embassy Pictures ; *en bas à droite* : Per-Olow
16 - *En haut* : Avco Embassy
17 - *En haut* : Friedman-Abeles ; *au milieu à droite* : American Shakespeare Festival ; *en bas* : Allan Studios
18 - *Au milieu* : Irene Selznick Collection ; *en bas* : Michael Kurtz
19 - *En bas* : Kobal Collection
20 - Photo prise par Irving Penn, copyright The Condé Nast Publications, Ldt
21 - *En haut* : Copyright 1942 Turner Entertainment Co. Tous droits réservés ; *en bas à gauche* : Photo et copyright 1991 John Bryson ; *en bas à droite* : Globe Photos, Inc.
22 - *En bas* : Avec l'aimable autorisation de Tania Rose
24 - *En bas* : Photo et copyright 1991 John Bryson
28 - *En haut* : Photo Brian Seed. *Life* magazine, copyright Time Warner, Inc.
29 - *En bas* : Photo et copyright 1991 John Bryson
31 - Jack Grant
32 - Copyright James Radichcs

Table

Troisième Partie

Quatrième Partie

Cinquième Partie

Sixième Partie

Cet ouvrage a été composé par Charente-photogravure
et imprimé par la S.E.P.C. (St-Amand-Montrond/Cher)
pour le compte des Éditions Presses Renaissance

Achevé d'imprimer en octobre 1991

Dépôt légal : octobre 1991.
N° d'impression : 2329.

Imprimé en France